"十三五"国家重点出版物出版规划项目

海洋生态科学与资源管理译丛

沿海国200海里以外大陆架外部界限划界案执行摘要选编（2011—2017）

方银霞 尹 洁 唐 勇 编译

海洋出版社

2018年·北京

图书在版编目（CIP）数据

沿海国 200 海里以外大陆架外部界限划界案执行摘要选编：2011—2017/方银霞，尹洁，唐勇编译. —北京：海洋出版社，2018.11

ISBN 978-7-5210-0246-1

Ⅰ. ①沿… Ⅱ. ①方… ②尹… ③唐… Ⅲ. ①大陆架-划界-国际法 Ⅳ. ①D993.5

中国版本图书馆 CIP 数据核字（2018）第 264961 号

译丛策划：王 溪
责任编辑：屠 强 王 溪
责任印制：赵麟苏

海洋出版社 出版发行

http://www.oceanpress.com.cn
北京市海淀区大慧寺路 8 号 邮编：100081
北京朝阳印刷厂有限责任公司印刷 新华书店北京发行所经销
2018 年 11 月第 1 版 2018 年 11 月第 1 次印刷
开本：889mm×1194mm 1/16 印张：13.5
字数：280 千字 定价：90.00 元
发行部：62132549 邮购部：68038093 总编室：62114335

海洋版图书印、装错误可随时退换

序　言

　　根据 1982 年《联合国海洋法公约》（以下简称《公约》）第六部分大陆架及其附件二的规定，如果沿海国陆地领土的自然延伸超过自领海基线量起 200 海里，则该沿海国可以主张 200 海里以外的大陆架。若划定 200 海里以外大陆架的外部界限，沿海国必须将确定外部界限的相关数据资料（以下简称"划界案"）提交大陆架界限委员会（以下简称"委员会"）审议，在委员会建议的基础上划定的大陆架外部界限才具有确定性和拘束力。截至 2017 年 12 月底，委员会共收到 78 份划界案和 6 份修订划界案，所有划界案执行摘要均已在委员会网站上公布。

　　大陆架和专属经济区划界是通过法律途径对世界海洋区域进行重新分配，包括沿海国之间的海域划界和沿海国大陆架与国际海底区域之间的划界，前者直接涉及当事国海洋权益，后者则涉及包括我国在内的国际社会的共同利益。上述情况不可避免地导致了两方面的利益冲突，一是引发沿海国之间的划界争端，二是沿海国尽可能最大化地扩展其大陆架范围，侵犯作为全人类共同财产的国际海底区域的利益。因此，海洋划界事关国家的主权、安全、资源开发以及对管辖海域内诸多活动的管理和管制，对沿海国的根本利益和长远利益都有着重大而深远的影响，一直受到各国的高度关注。

　　目前，大量沿海国的实践正不断地促进大陆架法律制度的新发展。大陆架划界的主要法律依据和基础是《公约》第七十六条，这是一个涵盖海洋法学、自然科学和划界技术等多因素的复杂条款，既涉及地质学、地球物理学、沉积学和测深学等许多科学技术问题，又涉及大陆架法律制度实质内涵的扩展等国际法理论问题，这些问题在国际上已经引发了许多争论。同时，《公约》的规定总是一般性的，而全球各划界海域的具体情况却是特殊的，如何在特殊的、具体的地理地质条件下适用《公约》的一般规定，在理论上和实践上都是亟须解决的问题。随着大陆架划界实践的不断发展，对《公约》有关条款的科学和法律解释及其适用性研究已经成为国际社会关注的热点问题和前沿领域，我国作为《公约》缔约国理应在这些问题上提出主张、表明我国的立场，但这些均需要建立在对《公约》相关条款的法理和技术问题深入研究的基础上。

　　划定海洋边界，既是沿海国家面临的一项历史性任务，也是全球国际关系中的一个重要领域。我国政府也高度重视相关工作，设立专门科研专项支持 200 海里外大陆架划界相关研究工作，在此基础上，我国于 2012 年 12 月 14 日提交了我国东海部分海域 200 海里以外大陆架外部界限划界案（划界案执行摘要收录于本书中），并于 2013 年 8 月 15 日按规定向委员会做了正式陈述。自然资源部第二海洋研究所是大陆架划界科技问题研究工作的牵头单位，牵头主持了两期关于专属经济区与大陆架划界技术研究的海洋公益性行业科研专项项目，并再次获得国家重点研发计划项目的资助，持续开展大陆架划界相关研究。在国家重点研发计划项目"海洋划界决策支持系统研发与应用（2017YFC1405502）"、海洋公益性行业科研专项"外大陆架划界与国际海底资源关系评估辅助决策系统研制和示范应用（201205003）"，以及国家自然科学基金"菲律宾板块残留脊的俯冲构造演化和地质属性的研究意义（41476048）"等项目的支持下，自然资源部第二海洋研究所密切跟踪国际大陆架划界最新动态和进展，及时对沿海国向委员会新提交的划界案执行摘要进行翻译整编。为方便相关科研人员参阅，2015 年已将部分译文编撰成书——《沿海国 200 海里以外大陆架外部界限划界案执行摘要与初步信息选编》，由海洋出版社正式出版。随着划界案的不断提交，这次将截至 2017 年底所有的划界案执行摘要译文再次编撰成书，本书主要包括 22 份划界案执行摘要和 6 份修订划界案执行摘要。

本书收录的沿海国划界案执行摘要原文全部源于委员会官方网站（网址为 http://www.un.org/depts/los/clcs_new/clcs_home.htm），并按照沿海国提交的时间先后顺序排列。本书提及的有关《公约》引文内容，均参照 2014 年版《联合国海洋法公约》（海洋出版社出版），各划界案的格式与体例均基本遵循委员会网站所公布的资料原文，并对图件做了必要的翻译，最大限度地保留了图件原貌。本书省略了原文所载的大量坐标点表格，但保留了原执行摘要的大部分文字内容和图件，完整准确的表述请遵照原文。自然资源部第二海洋研究所的方银霞研究员、尹洁助理研究员、唐勇研究员和马乐天助理研究员等参与了本书的翻译与校对工作，稿件的最后审稿由方银霞研究员完成。由于划界案执行摘要包含了涉及法律和自然科学等领域的专业术语，翻译难度大，受编译者水平限制，翻译内容难免存在疏漏和不足，敬请读者谅解并批评指正。此外，本书译文不代表编译者就所及问题的任何立场，特此申明。

编译者

2018 年 10 月

于杭州

目 录

划界案

圭亚那划界案 ……………………………………………………………………（3）
墨西哥划界案：墨西哥湾东部多边形区 ………………………………………（10）
坦桑尼亚划界案 …………………………………………………………………（19）
加蓬划界案 ………………………………………………………………………（25）
丹麦划界案：格陵兰岛南部海域 ………………………………………………（27）
图瓦卢、法国和新西兰联合划界案：托克劳 …………………………………（33）
中国划界案：东海部分海域 ……………………………………………………（39）
基里巴斯划界案 …………………………………………………………………（46）
韩国划界案：中国东海 …………………………………………………………（53）
尼加拉瓜划界案 …………………………………………………………………（57）
密克罗尼西亚划界案：欧里皮克海岭 …………………………………………（61）
丹麦划界案：格陵兰岛东北部海域 ……………………………………………（69）
安哥拉划界案 ……………………………………………………………………（75）
加拿大划界案：大西洋 …………………………………………………………（81）
巴哈马划界案 ……………………………………………………………………（91）
法国划界案：海外领土圣皮埃尔和密克隆群岛 ………………………………（97）
汤加划界案：劳-科尔维尔脊西部区域 ………………………………………（101）
索马里划界案 ……………………………………………………………………（113）
西非七国联合划界案 ……………………………………………………………（122）
丹麦划界案：格陵兰岛北部海域 ………………………………………………（131）
西班牙划界案：加那利群岛 ……………………………………………………（139）
阿曼划界案 ………………………………………………………………………（149）

修订案

俄罗斯修订案:鄂霍茨克海 …………………………………………………………（157）

俄罗斯修订案:北冰洋 ……………………………………………………………（162）

巴西修订案:南部大陆边缘 ………………………………………………………（186）

巴西修订案:赤道大陆边缘 ………………………………………………………（191）

阿根廷修订案:北部海域 …………………………………………………………（197）

帕劳修订案 …………………………………………………………………………（202）

划界案

圭亚那划界案

圭亚那划界案执行摘要[①]

1 概述与目的

圭亚那共和国（以下简称"圭亚那"）于 1982 年 10 月 10 日签署了《联合国海洋法公约》（以下简称《公约》），并于 1993 年 11 月 16 日递交了第 16 份《公约》批准书，成为《公约》的缔约国。根据第三○八条的规定，《公约》于 12 个月后也就是 1994 年 11 月 16 日对其生效。圭亚那在 2008 年 9 月 25 日签署了关于执行《公约》第十一部分的协定。

《公约》第七十六条第 1 款规定了国家管辖的大陆架的概念：

> 沿海国的大陆架包括其领海以外依其陆地领土的全部自然延伸，扩展到大陆边外缘的海床和底土，如果从测算领海宽度的基线量起到大陆边的外缘的距离不到二百海里，则扩展到二百海里的距离。

《公约》第七十六条第 3 款中规定了大陆边（缘）的概念[②]：

> 大陆边包括沿海国陆块没入水中的延伸部分，由陆架、陆坡和陆基的海床和底土构成，它不包括深洋洋底及其洋脊，也不包括其底土。

第七十六条第 2 款对大陆架外部界限做出了限定，不超过第 4 至第 6 款所规定的范围：

[①] 本划界案于 2011 年 9 月 6 日提交。
[②] 中文版《公约》第七十六条中的"大陆边（the continental margin）"即科学概念的"大陆边缘"，本书中除引用《公约》内容时用"大陆边"，其他一般使用科学术语"大陆边缘"。

沿海国的大陆架不应扩展到第 4 至第 6 款所规定的界限以外。

《公约》还建立了一套程序，沿海国依照大陆架界限委员会（以下简称"委员会"）所作关于划界案的建议，确定其 200 海里以外大陆架的外部界限，如第七十六条第 8 款所述：

从测算领海宽度的基线量起二百海里以外大陆架界限的情报应由沿海国提交根据附件二在公平地区代表制基础上成立的大陆架界限委员会。委员会应就有关划定大陆架外部界限的事项向沿海国提出建议，沿海国在这些建议的基础上划定的大陆架界限应有确定性和拘束力。

在《公约》附件二第四条中进一步说明了上述程序，并补充了要求，需告知委员会：

拟按照第七十六条划定其二百海里以外大陆架外部界限的沿海国，应将这种界限的详情连同支持这种界限的科学和技术资料，尽早提交委员会，而且无论如何应于本公约对该国生效后十年内提出。沿海国应同时提出曾向其提供科学和技术咨询意见的委员会内任何委员的姓名。

尽管《公约》附件二第四条对沿海国提交划界案有十年期限的规定，但 2011 年 5 月 14 日至 18 日召开的第十一次《公约》缔约国会议提出，直到 1999 年 5 月 13 日委员会通过了《大陆架界限委员会科学和技术准则》（以下简称《科学和技术准则》）之后，各国才有依照《公约》第七十六条第 8 款提交材料的基准文件。考虑到各缔约国，特别是包括小岛屿发展中国家在内的发展中国家在遵循《公约》附件二第四条所定时限方面遇到的各种问题，缔约国会议决定：

（1）对于《公约》在 1999 年 5 月 13 日以前对其生效的缔约国的谅解是，《公约》附件二第四条所述十年期间应从 1999 年 5 月 13 日开始起算；
（2）应继续审查各国、特别是发展中国家履行《公约》附件二第四条要求的能力方面的一般性问题。

圭亚那已经确认了在面向大西洋的南美东北部海域，其管辖权可以延伸到从领海基线量起 200 海里以外的大陆架区域。

《公约》认为各国在确定大陆架外部界限时可能产生国际海洋边界划定的争议，如《公约》第八十三条第 1 款规定：

海岸相向或相邻国家间大陆架的界限，应在国际法院规约第三十八条所指国际法的基础上以协议划定，以便得到公平解决。

《公约》规定，所有 200 海里以外的大陆架外部界限都应该依据第七十六条第 4 至第 6 款的规定建立，且依据第七十六条第 10 款的规定，不会妨害国家之间大陆架边界的划定。

本条的规定不妨害海岸相向或相邻国家间大陆架界限划定的问题。

依照《公约》第一三四条第 4 款的规定，可进一步区分国际大陆架划界和沿海国大陆架外部界限的确定。

本条的任何规定不影响根据第六部分大陆架外部界限的划定或关于划定海岸相向或相邻国家间界限的协定的效力。

《公约》附件二第九条同样敦促委员会在审议划界案和编写委员会建议时，采取谨慎的办法：

委员会的行动不应妨害海岸相向或相邻国家间划定界限的事项。

基于上述规定和原则，圭亚那提交了关于划定其大陆边缘北部大陆架外部界限的划界案，供委员会审议，所提交的划界案不妨害此后任何国家进行任何可能的划界。
根据《公约》的相关规定，圭亚那通过联合国秘书长向委员会提交了划界案。

(1) 履行《公约》附件二第四条以及第七十六条第 8 款规定的义务；
(2) 遵循《公约》第七十六条第 1 至第 7 款包含的方法；
(3) 根据国际法，不妨害与其他任何国家之间的大陆架划界问题。

相应地，圭亚那将以委员会建议为基础，保留确定 200 海里以外大陆架外部界限的权利，以及所有后期与其他国家可能签订的海洋边界协议的权利。
根据《公约》和《科学和技术准则》（CLCS/11、CLCS/11/Corr. 1、CLCS/11/Add. 1、CLCS/11/Add. 1/Corr. 1）的规定，本划界案包括的数据和信息，用于支持圭亚那 200 海里以外扩展大陆架外部界限的确定。

2 大陆架外部界限

《公约》提供了两条互补的规定，来定义大陆边（缘）和大陆架外部界限。第一个规定是第七十六条第 3 款，定义了大陆边（缘）：

> 大陆边包括沿海国没入水中的延伸部分，由陆架、陆坡和陆基的海床和底土构成，它不包括深洋洋底及其洋脊，也不包括其底土。

第二个规定是第 4 款（a）项（1）目和（2）目，规定了建立大陆架外部界限的方法，加上第七十六条第 5 款和第 6 款的规定，以四个规则为基础的复杂公式确定大陆架外部界限的位置。其中两条规则是扩展性的，而另外两条是限制性的。两条扩展性规则此处被称为公式，它们之间是"或"的关系：

> （1）按照第 7 款，以最外各定点为准划定界线，每一定点上沉积岩厚度至少为该点至大陆坡脚最短距离的百分之一；
> （2）按照第 7 款，以离大陆坡脚的距离不超过六十海里的各定点为准划定界线。

对上述两个公式之间采用"或"，这表示，只要有一条公式线延伸至 200 海里以外，就能确保大陆架的外部界限在这个距离以外。因此，200 海里以外大陆架的界限可以延伸至定点构成的线，该定点沉积物厚度至少为该点至大陆坡脚最短距离的 1%，或者延伸至距离大陆坡脚 60 海里处，以距离测算领海宽度的基线量起较远者为准。

使用"或"同样表示，当使用两种公式的时候，它们的外部包络线决定了沿海国对大陆架拥有的权利的最大范围。如果外部包络线的任何部分延伸至 200 海里以外，就可以满足从属权利检验，并且沿海国可使用第 4 款至第 6 款中的规定来确定 200 海里以外扩展大陆架的外部界限。

外部界限的确定是履行第七十六条规定的重要程序，即采用 1% 沉积物厚度公式以及大陆坡脚外推 60 海里公式的外部包络线。但是，仍需要遵循限制规则来确定大陆架的外部界限。

两个公式所形成的外部包络线受到两条线的限制，委员会将其定义为限制线。根据第 5 款，运用两条限制线可以确定大陆架外部界限不能超过的范围。

> 组成按照第 4 款（a）项（1）和（2）目划定的大陆架在海床上的外部界限的各定点，不应超过从测算领海宽度的基线量起三百五十海里，或不应超过连接

二千五百公尺深度各点的二千五百公尺等深线一百海里。

根据上述规定，圭亚那 200 海里以外大陆架外部界限的确定运用了沉积物厚度公式线和大陆坡脚外推 60 海里公式线以及 350 海里限制线。

2 500 米等深线外推 100 海里的限制线因为未超出 350 海里限制线的范围，所以在本划界案中它没有用于确定大陆架的外部界限。

2.1　沉积物厚度公式

搜集的测深数据和地球物理数据证明延伸到领海以外直至大陆边外缘的海底区域的海床和底土，均属于圭亚那陆地领土的自然延伸（第七十六条第 1 款）。地球物理调查数据证明了圭亚那的权利可以延伸到 200 海里以外大陆架的外部界限，并确定了界限的坐标。

地球物理调查数据用于以下目的：① 证明从陆坡开始延伸直到 200 海里以外大陆架外部界限的沉积物的连续性，从而证明满足《科学和技术准则》第 2.2 部分规定的从属权利检验；② 为了使用沉积物厚度公式，利用地震数据计算 200 海里以外大陆架区域的沉积物厚度，从而确定沉积物厚度定点，在该定点处沉积岩厚度至少为该点与大陆坡脚之间最短距离的 1%［第七十六条，第 4 款（a）项（1）目］；③ 在圭亚那边缘盆地的陆坡坡度变化不大的海域，使用相反证据方法确定陆坡基部区域。最远处的沉积物厚度定点有助于圭亚那 200 海里以外大陆架外部界限的划定。

通过寻找陆坡基部区域的坡度变化最大之处，以及第七十六条第 4 款和《科学和技术准则》第 7 章规定的相反证据方法来确定大陆坡脚。本划界案中大多数大陆坡脚点是使用坡度变化最大的规则确定的，只有两个大陆坡脚点因为相对恒定不变的陆坡坡度而使用相反证据规则确定。

2.2　大陆坡脚外推 60 海里公式

通过测深和地形数据，证明延伸到领海以外直至大陆边外缘的海底区域的海床和底土，均属于圭亚那陆地领土的自然延伸（第七十六条第 1 款）。地形和地球物理数据证明了圭亚那的权利可以延伸到 200 海里以外大陆架的外部界限，并确定了界限的坐标。

采用弧形包络线的方法，利用距离公式（第七十六条第 4 款），并根据第 7 款的规定确定了距离大陆坡坡脚不超过 60 海里的定点。

2.3　350 海里限制

两条公式线确定的外部包络线受到两条线的限制，委员会将其定义为限制线。根据第七十六条第 5 款，运用两条限制线可以确定大陆架的延伸不可超出的外部界限：

组成按照第 4 款（a）项（1）和（2）目划定的大陆架在海床上的外部界线的各定点，不应超过从测算领海宽度的基线量起三百五十海里，或不应超过连接二千五百公尺深度各点的二千五百公尺等深线一百海里。

本划界案采用圭亚那沿岸低潮线为领海基线来确定 350 海里限制线的位置。由于沉积物厚度公式线几乎全部位于 350 海里线之外，因此，需要使用 350 海里限制线来确定圭亚那大陆架的外部界限。

3　提供咨询意见的委员会委员

圭亚那收到了来自委员会的现任委员 Galo Carrera-Hurtado 教授和前任委员 Karl Hinz 教授的咨询意见。

4　不存在争端

圭亚那大陆边缘的海洋区域与其他国家存在主张重叠。但在该区域内不存在关于 200 海里以外的大陆架外部界限划界案的争端。根据第七十六条第 10 款的规定，本划界案不妨害国家之间的大陆架划界。

5　负责编写划界案的主要机构

以下是圭亚那负责编写本划界案的机构：
- 外交部；
- 地质与矿产委员会。

以下机构为划界案的编写提供了科学和技术支持：
- 位于汉诺威代表德国联邦经济合作与发展部的德国地球科学与自然资源联邦研究所；
- 位于伦敦的英国联邦秘书处特别咨询服务部；
- 联合国环境规划署大陆架项目在挪威的全球资源信息数据库——阿伦达尔中心通过其一站式数据服务点提供了数据。

圭亚那还获得了两次关于履行第七十六条的科学和技术培训，该培训由联合国海洋事务与海洋法司举办，分别在阿根廷的布宜诺斯艾利斯及特立尼达和多巴哥的西班牙港举办。

6　大陆架外部界限

图 1 显示了圭亚那从测算领海宽度的基线量起 200 海里以外的大陆架外部界限，根据

《公约》第 7 款，该界限由连接以经纬度坐标确定的各定点划出长度各不超过 60 海里的若干直线构成。表 1 列出了划定其大陆架外部界限各定点的坐标（略）。

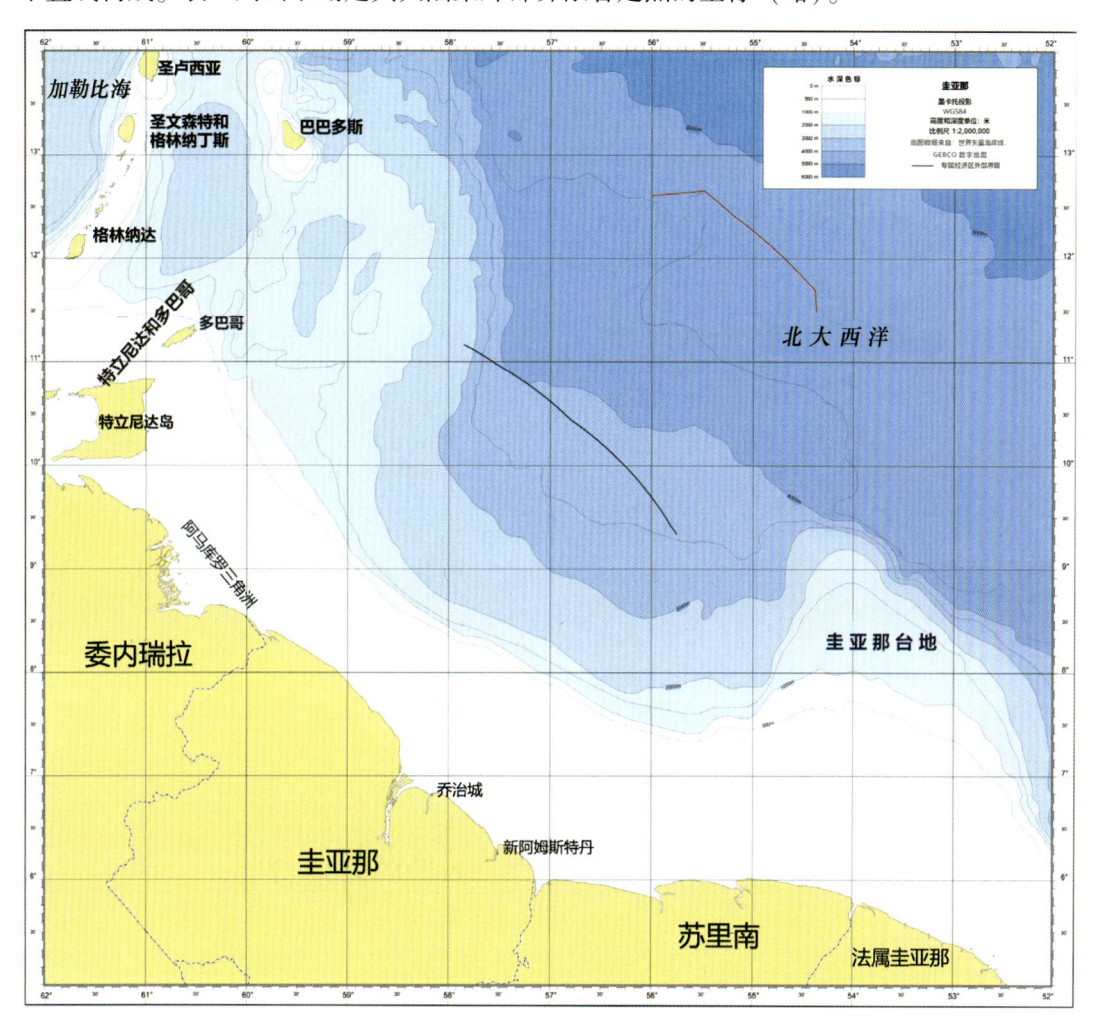

图 1　圭亚那 200 海里以外大陆架外部界限示意图

其中红线为大陆架外部界限，黑线为 200 海里线

墨西哥划界案：墨西哥湾东部多边形区

墨西哥关于东部多边形区域的部分划界案执行摘要[①]

1 概述与目的

《公约》第七十六条第1款规定了国家管辖的大陆架概念：

> 沿海国的大陆架包括其领海以外依其陆地领土的全部自然延伸，扩展到大陆边外缘的海床和底土，如果从测算领海宽度的基线量起到大陆边的外缘的距离不到二百海里，则扩展到二百海里的距离。

《公约》第七十六条第3款定义了大陆边（缘）：

> 大陆边包括沿海国陆块没入水中的延伸部分，由陆架、陆坡和陆基的海床和底土构成，它不包括深洋洋底及其洋脊，也不包括其底土。

第七十六条第2款对大陆架外部界限做了限制，不超过第4至第6款所规定的范围。

> 沿海国家大陆架不应扩展到第4至第6款所规定的界限以外。

《公约》还建立了一套程序，以便于沿海国依照委员会就划界案所提出的建议，确定200海里以外大陆架的外部界限，如第七十六条第8款所述。

> 从测算领海宽度的基线量起二百海里以外大陆架界限的情报应由沿海国提交根据附件二在公平地区代表制基础上成立的大陆架界限委员会。委员会应就有关

[①] 本划界案于2011年12月19日提交。

划定大陆架外部界限的事项向沿海国提出建议,沿海国在这些建议的基础上划定的大陆架界限应有确定性和拘束力。

《公约》附件二第四条中进一步说明了上述程序,并做补充要求,需要告知委员会:

> 拟按照第七十六条划定其二百海里以外大陆架外部界限的沿海国,应将这种界限的详情连同支持这种界限的科学和技术资料,尽早提交委员会,而且无论如何应于本公约对该国生效后十年内提出。沿海国应同时提出曾向其提供科学和技术咨询意见的委员会内任何委员的姓名。

尽管《公约》附件二第四条对沿海国提交划界案有 10 年期限的规定,但 2011 年 5 月 14 日至 18 日召开的第十一次《公约》缔约国会议提出,直到 1999 年 5 月 13 日委员会通过了《科学和技术准则》之后,各国才有依照《公约》第七十六条第 8 款提交材料的基准文件。考虑到各缔约国,特别是包括小岛屿发展中国家在内的发展中国家在遵循《公约》附件二第四条所订时限方面所遇到的各种问题,缔约国会议决定:

> 对于《公约》在 1999 年 5 月 13 日以前对其生效的缔约国的谅解是,公约附件二第四条所述十年期间应从 1999 年 5 月 13 日开始起算;
> 应继续审查各国、特别是发展中国家履行公约附件二第四条要求的能力方面的一般性问题。

第十八次《公约》缔约国会议于 2008 年 6 月 13 日至 30 日举行,会议通过了委员会工作量的决定,以及关于缔约国,尤其是发展中国家履行《公约》附件二第四条以及 SPLOS/72 号文件(a)段中包含的决定(SPLOS/183),该决定第一段写到:

> 1. 决定
> (a)达成以下谅解:满足《公约》附件二第四条和 SPLOS/72 号文件(a)段所载决定所述的期限要求的方式可以是向秘书长送交一份初步资料,其中载有有关 200 海里以外大陆架外部界限的指示性资料,并说明根据《公约》第七十六条的要求以及《大陆架界限委员会议事规则》和《大陆架界限委员会科学和技术准则》编制划界案情况和打算提交划界案的日期;
> (b)在收到根据《公约》第七十六条的要求以及委员会《议事规则》和《技术准则》提交的划界案之前,委员会将不审议根据上文(a)分段提出的初步资料;

(c) 沿海国根据（a）分段提出的初步资料不影响根据《公约》第七十六条的要求以及委员会《议事规则》和《技术准则》提交的划界案，也不影响委员会对划界案的审议；

(d) 在收到根据上文（a）分段提出的初步资料后，秘书长将通知委员会和会员国，并向公众提供这些资料，包括在委员会网站上公布。

根据第十八次《公约》缔约国会议决议，墨西哥合众国（以下简称"墨西哥"）履行了义务，于2009年5月6日提交了关于墨西哥湾东部多边形区域200海里以外大陆架外部界限的初步信息，并说明了划界案的编写情况，以及依照《公约》第七十六条、《大陆架界限委员会议事规则》（以下简称《议事规则》）和《科学和技术准则》的规定计划提交的预定日期。

墨西哥政府已经确认了分别位于墨西哥湾东部和西部的两个多边形区域，能够将其国家管辖权延伸至距离测算领海宽度的基线量起200海里以外的大陆架。西部多边形分别由墨西哥和美国两国的200海里专属经济区的外部界限框定，东部多边形则分别由墨西哥、美国和古巴三国的200海里专属经济区的外部界限框定。图1显示了两个多边形区域的地理位置和形态。

《公约》认为各国在确定大陆架外部界限时可能产生国际海洋边界划界的争议，如《公约》第八十三条第1款规定：

海岸相向国或相邻国家间大陆架的界限，应在国际法院规约第三十八条所指国际法的基础上以协议划定，以便得到公平解决。

《公约》同样承认，存在有效协议的海洋区域内，应依据协议进行大陆架划界，如第八十三条第4款规定：

如果有关国家间存在现行有效的协定，关于划定大陆架界限的问题，应按照该协定的规定加以决定。

墨西哥和美国分别于1978年5月4日和2000年6月9日签订的两份国际海洋边界协议，对延伸至200海里处的国家管辖权范围内的重叠海域，以及西部多边形200海里以外大陆架重叠部分进行了说明。附件A.1和A.2中包含了已生效的协议副本，依据《联合国宪章》第一〇二条，两份协议均已提交联合国秘书长交存。

西部多边形区域的200海里以外大陆架外部界限部分划界案已于2007年12月13日提交委员会。委员会于2009年3月31日通过了关于该部分划界案的建议。2009年5月20日，墨西哥是第一个依据《公约》第七十六条第9款的规定将关于墨西哥湾西部多边形

200海里以外大陆架外部界限的海图和相关信息，包括大地测量数据提交联合国秘书长交存的国家。墨西哥也是第一个于2009年10月21日向国际海底管理局秘书长提交关于大陆架外部界限的国家。

综上所述，特别是第八十三条第4款的规定，很明显，墨西哥和美国的大陆架都无法延伸至2000年6月9日两国边界协议中规定的国际海洋边界以外的西部多边形区域内。

墨西哥和古巴以及墨西哥和美国分别签订了国际海洋边界协议，对东部多边形区域延伸至200海里处的国家管辖范围内的重叠海域进行划界。美国和墨西哥之间通过1978年5月4日签订的条约划定了双方的海洋边界。墨西哥与古巴之间则通过1976年7月26日两国照会达成的协议划定了双方的海洋边界。附件A.1和A.3包含了生效协议的副本，两份协议已经根据《联合国宪章》第一○二条的规定提交联合国秘书长交存。但是，对于东部多边形200海里以外大陆架外部界限区域存在重叠的可能，沿海国间迄今为止还未达成任何划界协议。图2显示了1976年墨西哥和古巴协议中划定的国际海洋边界以及1978年和2000年墨西哥与美国协议中划定的国际海洋边界。

《公约》规定，任何200海里以外的大陆架外部界限都应该依据第七十六条第4至第6款的规定划定，依据第七十六条第10款的规定，外部界限将不妨害国家之间大陆架划界。

> 本条的规定不妨害海岸相向或相邻国家间大陆架界限划定的问题。

应通过《公约》第十一部分中第一三四条第4款的规定，进一步区分国际大陆架划界和沿海国大陆架外部界限的确定。

> 本条的任何规定不影响根据第六部分大陆架外部界限的划定或关于划定海岸相向或相邻国家间界限的协定的效力。

除此之外，《公约》附件二第九条同样敦促委员会在审议划界案和编写委员会建议时，采取谨慎的办法。

> 委员会的行动不应妨害海岸相向或相邻国家间划定界限的事项。

此规定适用于特定情况，沿海国对大陆架的权利基础并不由划界本身决定。墨西哥注意到了委员会《议事规则》附件一第三条：

> 虽有《公约》附件二第四条规定的十年期间，沿海国可以就其一部分的大陆

架提出划界案，以避免妨害在大陆架其他部分划定国家间边界的问题，有关大陆架其他部分的划界案可以在以后提出。

在此基础上，墨西哥政府编写的第二个部分划界案仅涉及墨西哥湾东部多边形区域，第二个部分划界案的编写考虑如下：

● 墨西哥与美国于1978年5月4日签订的条约所建立的双边海洋边界，以及墨西哥和古巴于1976年7月26日的照会达成的协议中建立的双边海洋边界；

● 达成明确谅解，依照第七十六条第10款，第七十六条的规定不妨害墨西哥湾内相向或相邻沿海国之间的大陆架划界。古巴政府在2009年6月1日提交的划界案执行摘要中引用了该谅解，美国政府在2009年6月30日的照会也引用了该谅解。因此，将来在墨西哥湾东部区域的任何200海里以外大陆架双边界限都应根据国际法，特别是《公约》第八十三条第1款的规定来划定。

依照《公约》上述规定，以及委员会《议事规则》附件一，墨西哥通过联合国秘书长向委员会提交了第二个部分划界案：

(1) 履行《公约》第七十六条第8款和附件二第四条规定的义务；
(2) 依照《公约》第七十六条第1至7款中规定的方法；
(3) 根据国际法，不妨害墨西哥湾东部多边形区域国家间的大陆架划界。

依照《公约》和《科学和技术准则》，本部分划界案包含的数据和信息用于支持墨西哥在东部多边形区域200海里以外大陆架外部界限的确定。

2 东部多边形区域大陆架的外部界限

《公约》提供了两条互补的规定，来定义大陆边（缘）和大陆架外部界限。第一个规定是第七十六条第3款，定义了大陆边（缘）：

> 大陆边包括沿海国没入水中的延伸部分，由陆架、陆坡和陆基的海床和底土构成，它不包括深洋洋底及其洋脊，也不包括其底土。

第二个规定为第4款（a）项（1）目和（2）目，以及第七十六条第5款和第6款，以四个规则为基础的复杂公式确定大陆架外部界限的位置。其中有两条规则是扩展性的，另外两条是限制性的。两条扩展性规则此处被称为公式，它们之间是"或"的关系：

(1) 按照第7款，以最外各定点为准划定界线，每一定点上沉积岩厚度至少为该点至大陆坡脚最短距离的百分之一；
(2) 按照第7款，以离大陆坡脚的距离不超过60海里的各定点为准划定界线。

对上述两个公式之间采用"或",这表示,只要有一条公式线延伸至 200 海里以外,就能确保大陆架的外部界限在这个距离以外。因此,200 海里以外大陆架的界限可以延伸至定点构成的线,该定点沉积物厚度至少为该点与大陆坡坡脚之间最短距离的 1%,或者延伸至大陆坡坡脚外推 60 海里处,以距离测算领海宽度的基线量起较远者为准。

使用"或"同样表示,当使用两种公式的时候,它们的外部包络线决定了沿海国家对大陆架所拥有的权利的最大范围。如果外部包络线的任何部分延伸至 200 海里以外,就可以满足从属权利检验,并且沿海国将可使用第 4 至第 6 款中的规定来确定 200 海里以外扩展大陆架的外部界限。

外部界限的确定是履行第七十六条规定的重要程序,即采用 1% 沉积物厚度公式线以及大陆坡坡脚外推 60 海里公式线的外部包络线。但是,仍需要遵循限制规则来确定大陆架的外部界限。

两个公式线所形成的外部包络线受到两条线的限制,委员会将其定义为限制线。根据第 5 款,运用两条限制线可以确定大陆架外部界限不能超过的范围。

> 组成按照第 4 款(a)项(1)和(2)目划定的大陆架在海床上的外部界限的各定点,不应超过从测算领海宽度的基线量起三百五十海里,或不应超过连接二千五百公尺深度各点的二千五百公尺等深线一百海里。

根据上述规定,墨西哥湾东部多边形区域 200 海里以外大陆架外部界限的确定仅使用了大陆坡坡脚外推 60 海里公式,没有使用 1% 沉积物厚度公式,且向外扩展的距离公式线均未超出 350 海里限制线和 2 500 米等深线外推 100 海里限制线。

2.1 大陆坡坡脚外推 60 海里公式

测深和地形数据证明了延伸到领海以外直至大陆边外缘的海底区域的海床和底土,均为墨西哥陆地领土的自然延伸(第七十六条第 1 款)。水深调查和地形特征证明了墨西哥的大陆架可以延伸到 200 海里以外,并确定了大陆架外部界限的坐标。

根据地形数据,将坡度变化最大的点定为大陆坡脚点并确定其地理坐标。采用弧形包络线的方法,使用距离公式〔第七十六条第 4 款(a)项(2)目〕,并根据第 7 款的规定确定了距离大陆坡脚不超过 60 海里的定点。这些定点构成了墨西哥 200 海里以外大陆架的外部界限(图 2)。

2.2 350 海里限制

两条公式线确定的外部包络线受到两条线的限制,委员会将其定义为限制线。根据第七十六条第 5 款，运用两条限制线可以确定大陆架的延伸不可超出的外部界限：

> 组成按照第 4 款（a）项（1）和（2）目划定的大陆架在海床上的外部界线的各定点，不应超过从测算领海宽度的基线量起三百五十海里，或不应超过连接二千五百公尺深度各点的二千五百公尺等深线一百海里。

收集了大地测量基准信息用以确定距离测算东部多边形区域领海基线量起 350 海里限制线的位置。墨西哥 200 海里以外大陆架的外部界限点未超出 350 海里限制线。

3 提供咨询意见的委员会委员

墨西哥收到了委员会委员 Galo Carrera-Hurtado 先生的咨询意见。

4 不存在争端

墨西哥湾东部多边形区 200 海里以外的大陆架区域，与周边邻国可能存在主张重叠，迄今为止，海岸相向或相邻国家间并未进行划界。东部多边形区域可能发生主张重叠，但并不意味着存在争议。墨西哥基于此编写了本部分划界案，即便委员会提出建议，并且，墨西哥政府在建议的基础上确定了外部界限，东部多边形区域 200 海里以外大陆架划界仍然需要遵循国际法基础上的国家间的协议。因此，向委员会提交的 200 海里以外大陆架外部界限划界案不存在边界争端。

5 负责编写划界案的机构

负责编写本划界案的机构包括（按字母顺序）：
- 能源部；
- 外交部；
- 海军部；
- 国家统计局；
- 墨西哥国家石油公司。

6 大陆架外部界限

图 3 为墨西哥湾东部多边形区域 200 海里以外大陆架外部界限示意图。出于谨慎考虑，外部界限的两个端点未完全与该区域其他国家的专属经济区界限相连。表 1 列出了确定墨西哥东部多边形区域大陆架外部界限的定点的坐标（略）。

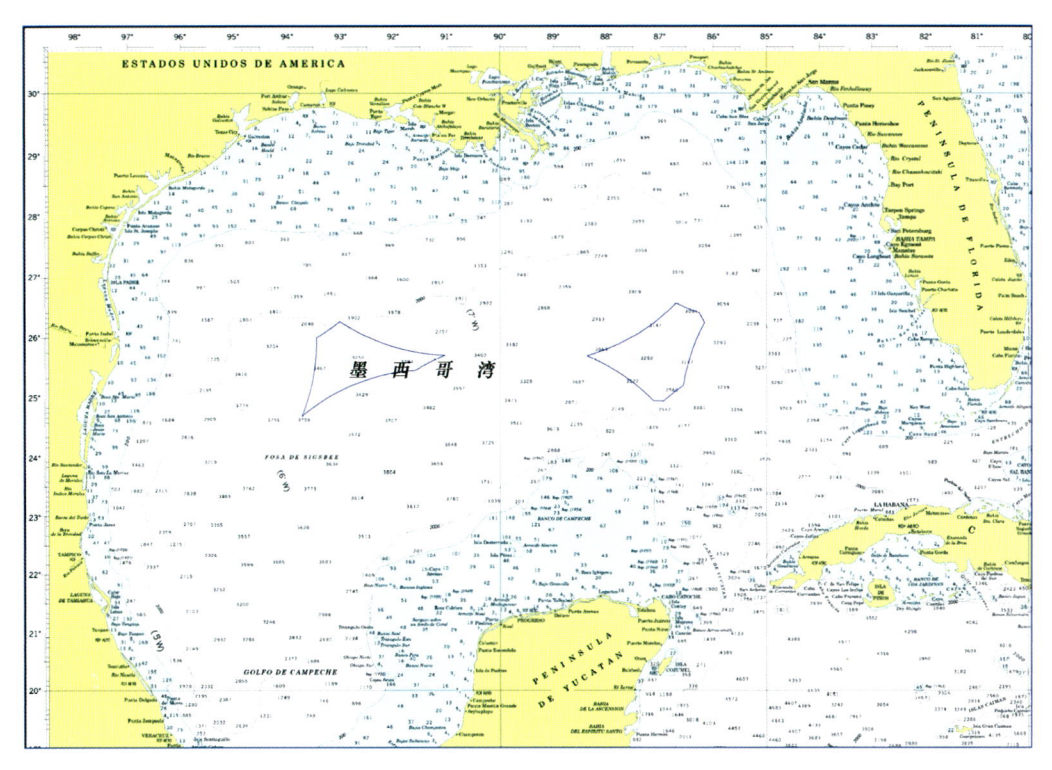

图 1　墨西哥湾 200 海里以外的东部和西部多边形区域示意图

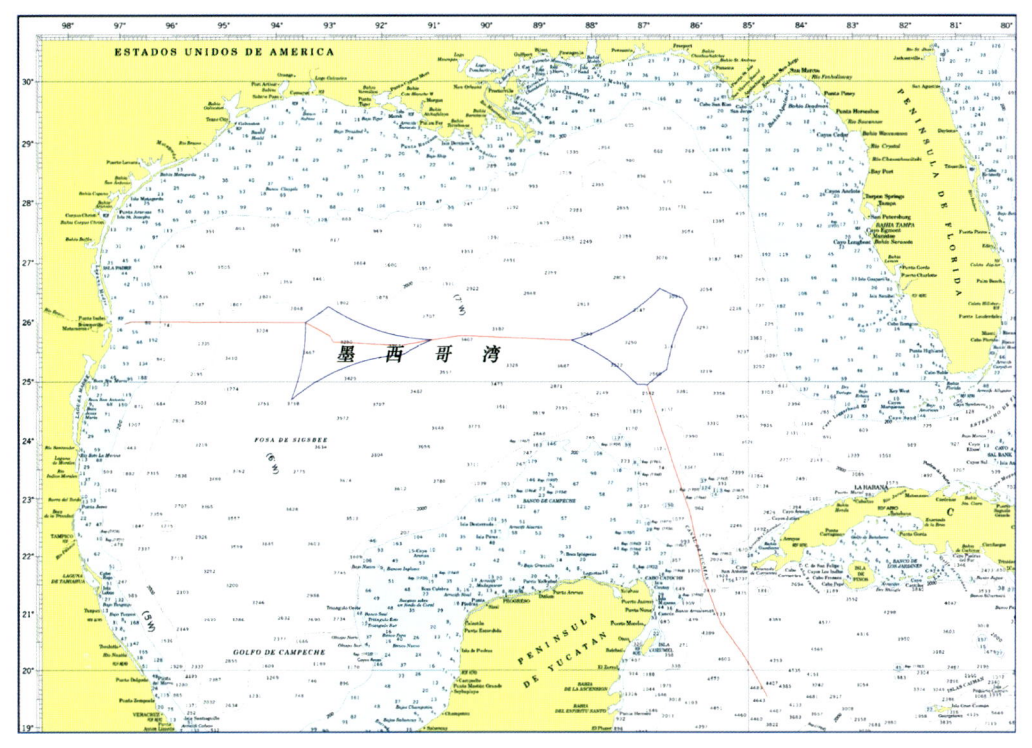

图 2　在墨西哥湾已生效的墨西哥与其他国家间的海上边界图

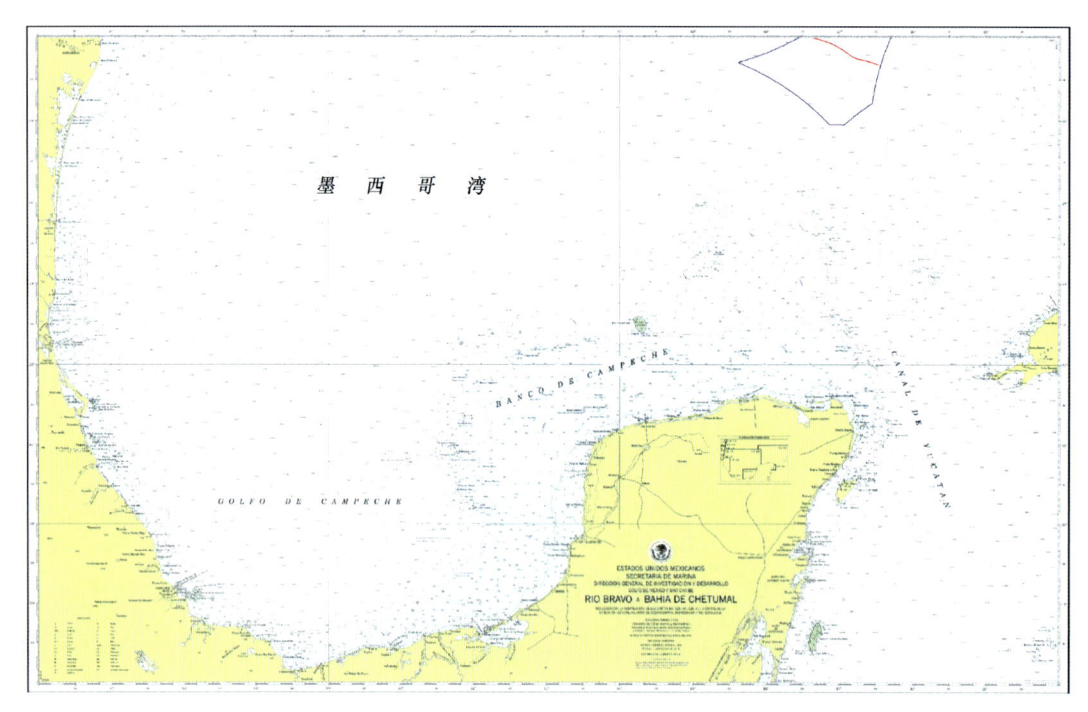

图 3　墨西哥湾东部多边形区域 200 海里外大陆架外部界限示意图

坦桑尼亚划界案

坦桑尼亚划界案执行摘要[①]

1 导言

本执行摘要为坦桑尼亚联合共和国（以下简称为"坦桑尼亚"）依照1982年《公约》第七十六条第8款提交给委员会的划界案的一部分。

坦桑尼亚位于东非地区，为主权独立的沿海国，南北向位于1°00′—11°45′S之间，东西向位于29°15′—41°00′E之间，北接肯尼亚共和国和乌干达，西北与卢旺达和布隆迪接壤，西临刚果民主共和国，西南与赞比亚共和国接壤，南临马拉维共和国和莫桑比克共和国。坦桑尼亚在印度洋的海域分别与东部的塞舌尔共和国和东南部的科摩罗相向（图1）。

坦桑尼亚的人口大约为44 485 000，总面积为948 740平方千米，其中陆地面积约为889 460平方千米。坦桑尼亚的海岸线从坦桑尼亚—肯尼亚边界开始由北向南延伸至坦桑尼亚—莫桑比克边界，长约1 400千米。

坦桑尼亚是《公约》的缔约国，于1982年12月10日签署《公约》，并于1985年9月30日批准《公约》。《坦桑尼亚领海和专属经济区法》确定了其领海和专属经济区，并于2009年通过第17号法令做了修订。依据在2009年5月7日召开的第十八届《公约》缔约国会议上通过的决定（SPLOS/183），坦桑尼亚提交了说明大陆架外部界限的初步信息。

依照《公约》第七十六条第1款，坦桑尼亚的大陆架包括其领海以外，依其陆地领土的全部自然延伸扩展到大陆边外缘的海底区域的海床和底土，但不应扩展到第七十六条第4至第6款所规定的界限以外，或如果从测算坦桑尼亚领海宽度的基线量起到大陆边外缘的距离不到200海里，则扩展到200海里的距离。

《公约》第七十六条第4至第6款详细规定了沿海国确定其大陆边外缘以及大陆架超过测算领海宽度的基线量起200海里的情形下划定大陆架外部界限的方法。

[①] 本划界案于2012年1月18日提交。

依照《公约》第七十六条第 7 款，沿海国应连接以经纬度坐标确定的各定点划出长度各不超过 60 海里的若干直线，确定其扩展至 200 海里以外的大陆架外部界限。

坦桑尼亚编写本划界案用于支持其 200 海里以外的大陆架外部界限的确定。

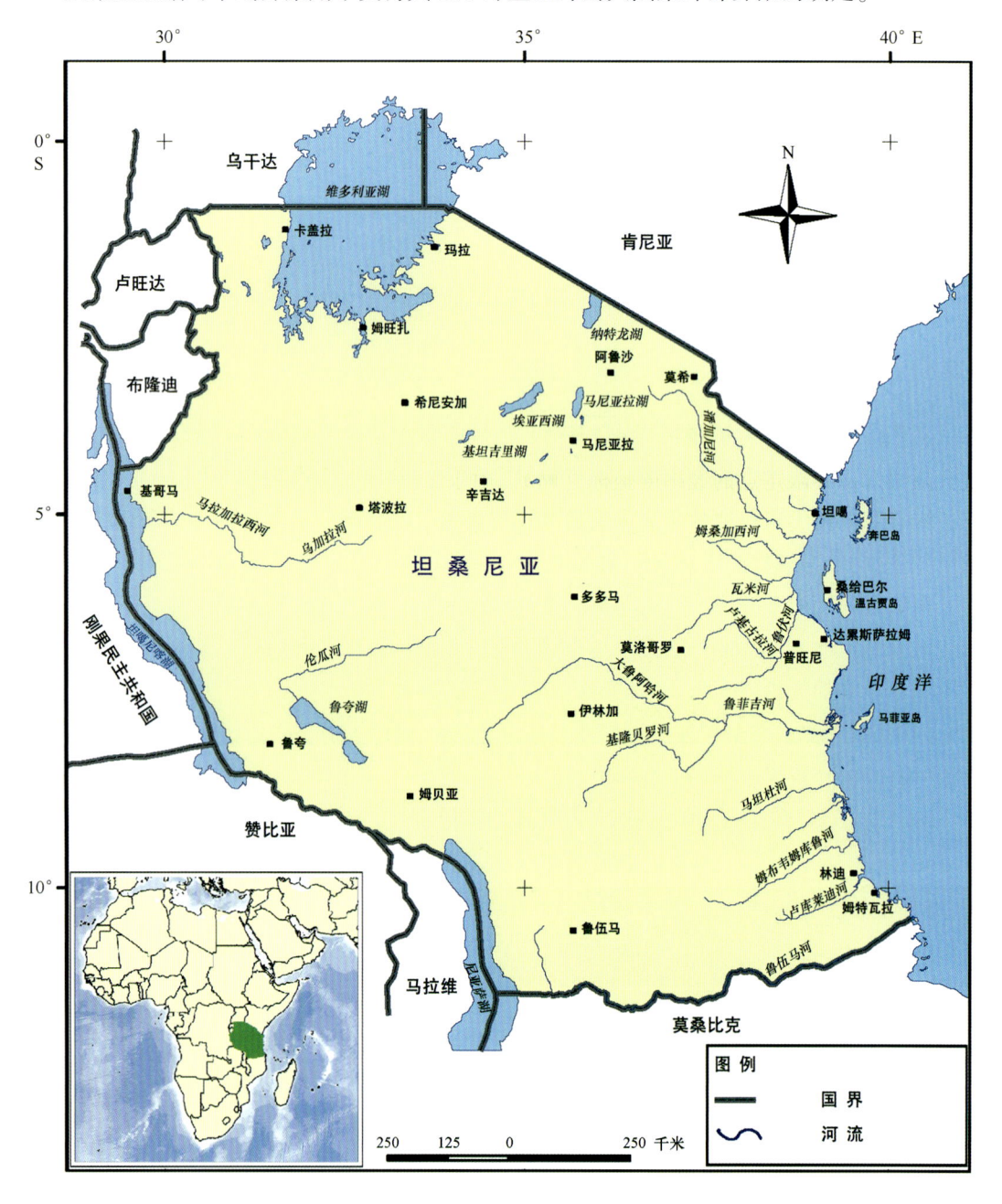

图 1 坦桑尼亚地图

为了编写本划界案，依照委员会于 2008 年 4 月 17 日通过的《议事规则》（CLCS/40/

Rev.1）和委员会于 1999 年 5 月 13 日通过的《科学和技术准则》（CLCS/11），坦桑尼亚适用了《公约》第七十六条的相关规定。

根据《议事规则》附件三和《科学和技术准则》第 9.1.3 段至 9.1.6 段，本划界案包含三个独立的部分：

（1）执行摘要；

（2）主体案文（包含分析和说明材料）；

（3）科学和技术支撑数据。

2 地图和坐标

图 2 描绘了坦桑尼亚依照第七十六条第 7 款规定划出的定点确定的扩展大陆架外部界限。

本执行摘要的两份附录为依照第七十六条确定的坦桑尼亚扩展大陆架外部界限的定点的坐标列表。附录一（URT-ANN-001_18-01-2012）列出了以十进制度数表示的确定扩展大陆架外部界限定点的经纬度坐标（略）。附录二（URT-ANN-002_18-01-2012）列出了以度、分、秒表示的确定扩展大陆架外部界限定点的经纬度坐标（略）。

3 援引的第七十六条规定

第七十六条第 4 至第 6 款规定了在大陆边从测算领海宽度的基线量起超过 200 海里的任何情形下，沿海国（如坦桑尼亚）划定其大陆边外缘时应采用的公式和限制。

依照第七十六条第 7 款的规定，沿海国的大陆架如从测算领海宽度的基线量起超过 200 海里，应连接以经纬度坐标标出的各定点划出长度各不超过 60 海里的若干直线，划定其大陆架的外部界限。

坦桑尼亚适用了《公约》第七十六条第 4 款（a）项（2）目的规定，使用大陆坡脚外推 60 海里公式通过从属权利检验。

坦桑尼亚援引了《公约》第七十六条第 1、2、3 款、第 4 款（a）项（2）目、第 5 和第 7 款，以支持本划界案中扩展大陆架外部界限的划定。本执行摘要第 6 部分对坦桑尼亚大陆架外部界限做了概要介绍。

4 提供咨询意见的委员会委员和参与编写的机构

在本划界案的编写过程中，坦桑尼亚得到了委员会委员 Lawrence Awosika 教授的帮助和咨询意见。

本划界案的编写是在国家指导技术委员会的指导下开展的，该委员会分别由土地、住房和人居发展部（MLHHSD）常任秘书和桑给巴尔土地、住房和能源部（MLHE）调查和

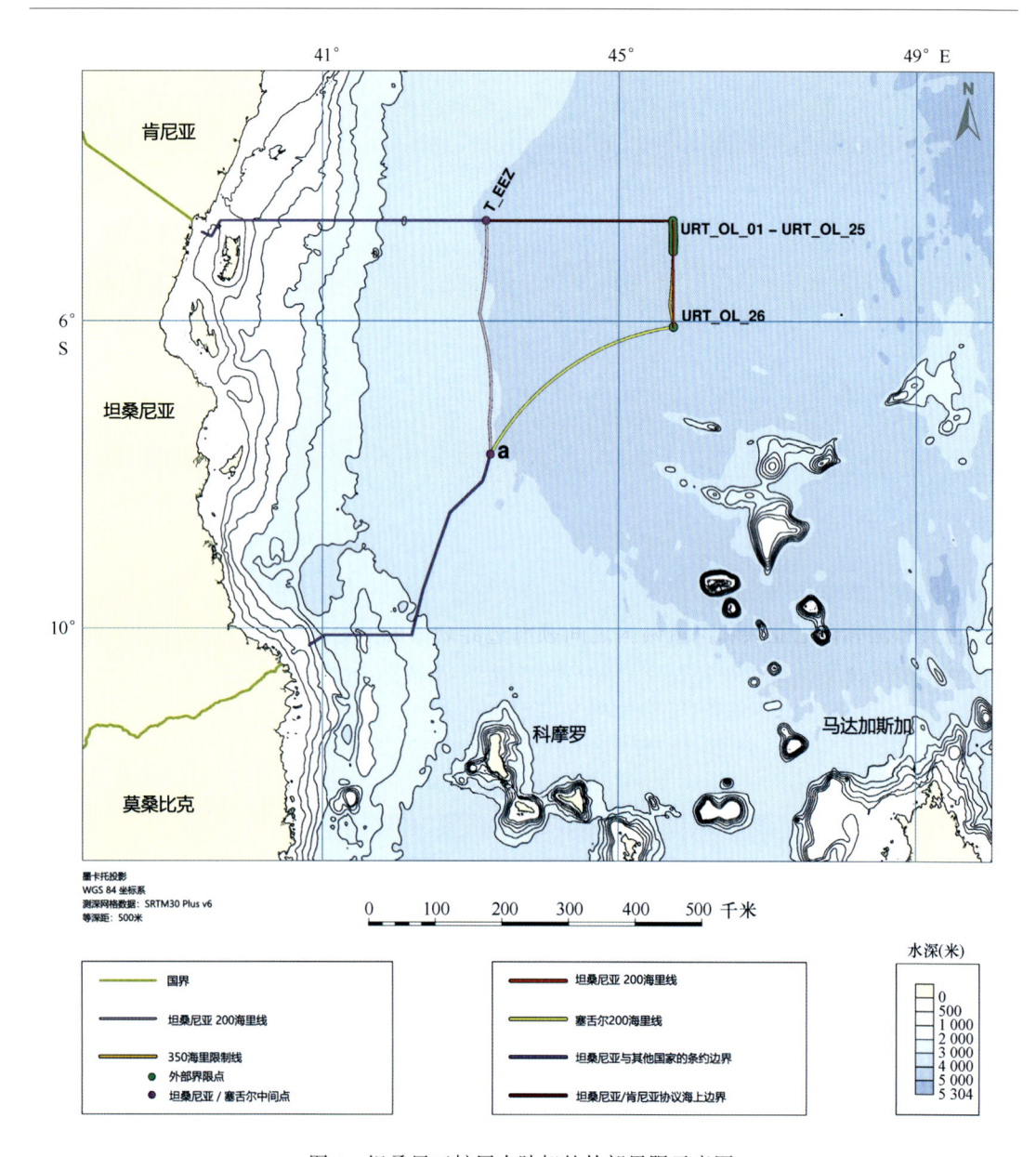

图 2　坦桑尼亚扩展大陆架的外部界限示意图

测绘司司长担任主席。本项目的技术部分由技术核心小组（TCG）执行。

下列部门和组织参与了本划界案的编写（人员名单略）：

- 土地、住房和人居发展部；
- 外交与国际合作部；
- 能源和矿产部；
- 土地、住房和能源部（桑给巴尔）；
- 总检察署；

- 坦桑尼亚石油开发公司；
- 海洋科学研究所-达累斯萨拉姆大学；
- 阿迪大学-达累斯萨拉姆。

划界案的编写还得到了坦桑尼亚石油开发公司，土地、住房和人居发展部，土地、住房和能源部，英国 WesternGeco 公司，联合国环境规划署/全球资源信息数据库-阿伦达尔中心一站数据库提供的科学数据，如测深数据、地质数据、地球物理数据和钻井数据。同时联合国环境规划署/全球资源信息数据库-阿伦达尔中心、挪威 Geocap AS 公司、美国德克萨斯州休斯顿的 GX Technology 公司以及德国联邦地球科学与自然资源研究所提供了技术支持。本项目获得了坦桑尼亚政府财政和挪威皇家政府的财务支持。

5 海洋划界和不存在争端

坦桑尼亚与其北部邻国肯尼亚和东部邻国塞舌尔存在海域主张重叠。

坦桑尼亚和肯尼亚分别于 1975 年 12 月 17 日和 1976 年 7 月 9 日交换了照会《坦桑尼亚联合共和国和肯尼亚共和国就两国之间领海边界划分的照会》，就两国之间的海洋边界划分签订了协议①。通过照会，两国已经约定了用于划分两国的领海和专属经济区的单一界限。

此外，两国已于 2009 年 6 月 23 日签订协议，将海洋边界从 1976 年协议中的位置扩展至大陆架的最外端界限，这种国家管辖权范围内的最外端界限是基于国际法确定的。

坦桑尼亚和塞舌尔于 2002 年 1 月 23 日就两国专属经济区和大陆架存在重叠区域的海洋边界划分签订了协议②。

坦桑尼亚和塞舌尔于 2011 年 5 月 2 日签订了《谅解备忘录》，声明不妨害对方就可能存在重叠的区域提交划界案。

坦桑尼亚因此声明：在该地区，不存在与本划界案中 200 海里以外的大陆架外部界限相关的争端，且依照第七十六条第 10 款，该大陆架外部界限的确定不妨害与邻国之间的大陆架划界。

6 坦桑尼亚扩展大陆架的外部界限

坦桑尼亚扩展大陆架的外部界限延伸到其领海基线起算的 200 海里以外，包含的区域面积约为 61 000 平方千米（如图 2 所示）。

坦桑尼亚通过由 26 个定点构成的连线确定了其扩展大陆架的外部界限，定点坐标见附录一和附录二中的表格（略）。

---

① 参见：www.un.org/Depts/los/legislationandtreaties/pdffiles/treaties/TZA-KEN1976TW.pdf。
② 参见：www.un.org/Depts/los/legislationandtreaties/pdffiles/TZA-SYC2002MB.pdf。

依照《公约》第七十六条第7款，连接各定点划出长度各不超过60海里的若干直线，划定坦桑尼亚扩展大陆架外部界限。

本文件中依照《公约》第七十六条确定的所有定点的坐标均采用WGS84大地坐标系。

加蓬划界案

加蓬划界案执行摘要[①]

1 导言

加蓬共和国(以下简称"加蓬")政府依照《公约》第七十六条第 8 款向委员会提交本划界案,以支持加蓬在大西洋西非大陆边缘的大陆架外部界限的划定。

2 加蓬大陆架外部界限

本划界案是涵盖加蓬全部大陆架外部界限的完整划界案。

3 援引的第七十六条规定

本划界案涉及的外部界限援引《公约》第七十六条第 4 款(a)项(2)目、第 4 款(b)项、第 5 款和第 7 款的规定。

4 提供咨询意见的委员会委员

没有委员会委员为本划界案提供咨询意见。

5 不存在争端

依照委员会《议事规则》附件一第 2 条(a)款,加蓬特此告知委员会:加蓬和其他国家就本划界案涉及的大陆架区域不存在争端。

6 加蓬大陆架外部界限描述

加蓬大陆架外部界限是依照第七十六条第 4 款(a)项(1)目划定的。沿大陆边缘

[①] 本划界案于 2012 年 4 月 10 日提交。

确定了 7 个大陆坡脚点（FOS1 至 FOS7），使用其中两个关键大陆坡脚点（FOS2 和 FOS6）划定了外部界限。依照第七十六条第 4 款（a）项的规定，以这两个大陆坡脚点为基础确定了 7 个定点（FP1 至 FP7）。这些定点与领海基线的距离均不超过 350 海里，相邻点之间的距离均不超过 60 海里。

7　负责编写划界案的国家机构

本划界案，包括所有图件、数据、附件、附录和数据库由下列机构编写：

- 加蓬扩展大陆架项目国家委员会，GABEx-PC，总统办公室；
- 外交部。

以及顾问：

挪威 DOF Subsea，AS；

英国海区解决方案有限公司。

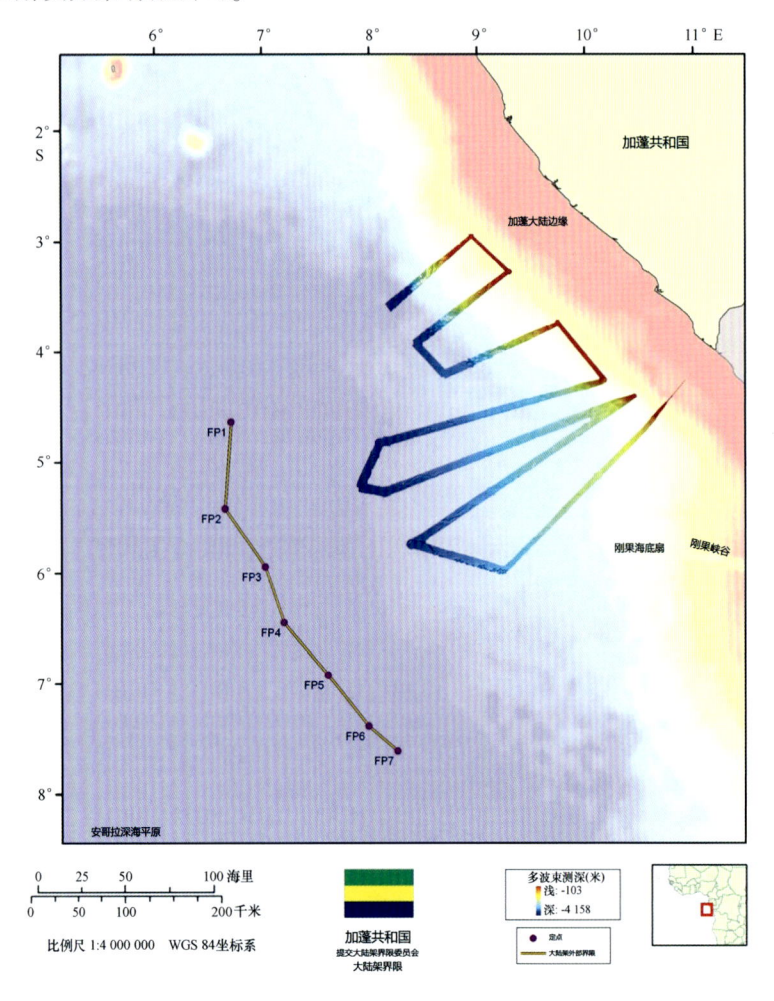

图 1　加蓬 200 海里以外大陆架外部界限示意图

丹麦划界案：格陵兰岛南部海域

丹麦关于格陵兰岛南部大陆架的部分划界案执行摘要[①]

1 导言

丹麦王国（以下简称"丹麦"）于1982年《公约》开放签署之日签署了《公约》，并于2004年11月16日批准了《公约》，《公约》于2004年12月16日起对丹麦生效。

本划界案是丹麦依照《公约》第七十六条第8款和《公约》附件二第四条的规定，履行提交从领海基线量起200海里以外的大陆架外部界限资料义务的第三个部分划界案。丹麦政府与法罗群岛政府分别于2009年4月29日和2010年12月2日就法罗群岛北部和南部大陆架提交了第一个和第二个部分划界案。本部分划界案首次涉及格陵兰岛，仅适用于格陵兰岛南部大陆架。丹麦将继续收集另外两个区域的科学和技术资料，用于提交格陵兰岛东部海域和格陵兰岛北部海域的划界案。

丹麦将依照《公约》附件二第四条以及第十八次缔约国会议决定（SPLOS/183）向委员会提交另外两个区域的划界案。

依照《公约》第七十七条，沿海国对大陆架的权利是固有的，并且这种权利自始存在。

根据1963年6月7日的第259号皇家法令，丹麦宣布对其海岸的海床和底土拥有主权权利，允许在领海以外水深200米以内的范围，或在可开采的深度范围内进行天然沉积物的勘探、开采。依照《公约》规定，目前这种主权权利的行使范围延伸至距离领海基线200海里处或至海岸相向或相邻国家之间约定的边界。丹麦政府与格陵兰政府之间的协议（通过2009年6月12日的第473号皇家法令和关于格陵兰岛自治政府的法令实施），赋予格陵兰政府新的权利范围。依照2009年12月7日格陵兰议会第7号法令《矿物资源法》，自2010年1月1日起格陵兰政府承担对矿物资源活动的立法和执法责任。

"丹麦大陆架项目"于2002年启动，由丹麦皇家科技创新部主管，该部门与格陵兰政

[①] 本划界案于2012年6月14日提交。

府和法罗群岛政府密切合作，负责获取划定 200 海里以外大陆架外部界限所必需的数据。于第二年开始采集地震数据，并开始编写本部分划界案。地震和测深数据的采集以及数据的处理、分析和解释持续至 2010 年。本部分划界案由以下部门联合编写：丹麦皇家外交部、格陵兰总理办公室、丹麦和格陵兰岛地质调查局（丹麦皇家气候、能源与建筑部所属机构）以及矿产石油局（格陵兰政府所属机构）。丹麦和格陵兰岛地质调查局和矿产石油局均为研究近岸地质和地球物理学的国家专门机构。其他各部门和组织，特别是丹麦国家测绘与地籍局、丹麦国家太空研究所和丹麦海事安全局也为本划界案作出了科学或其他贡献。

2 地图和坐标

本划界案所包含的数据和信息旨在确定从领海基线量起 200 海里以外的大陆架外部界限。

本执行摘要包含两幅地图。第一幅地图（图 1）显示了格陵兰岛南部 200 海里以外大陆架外部界限，图 1 包含的大陆架外部界限包括格陵兰岛的西南部和东部两部分。第二幅地图（图 2）展示了划界案相关区域海底地形和主要地理名称。

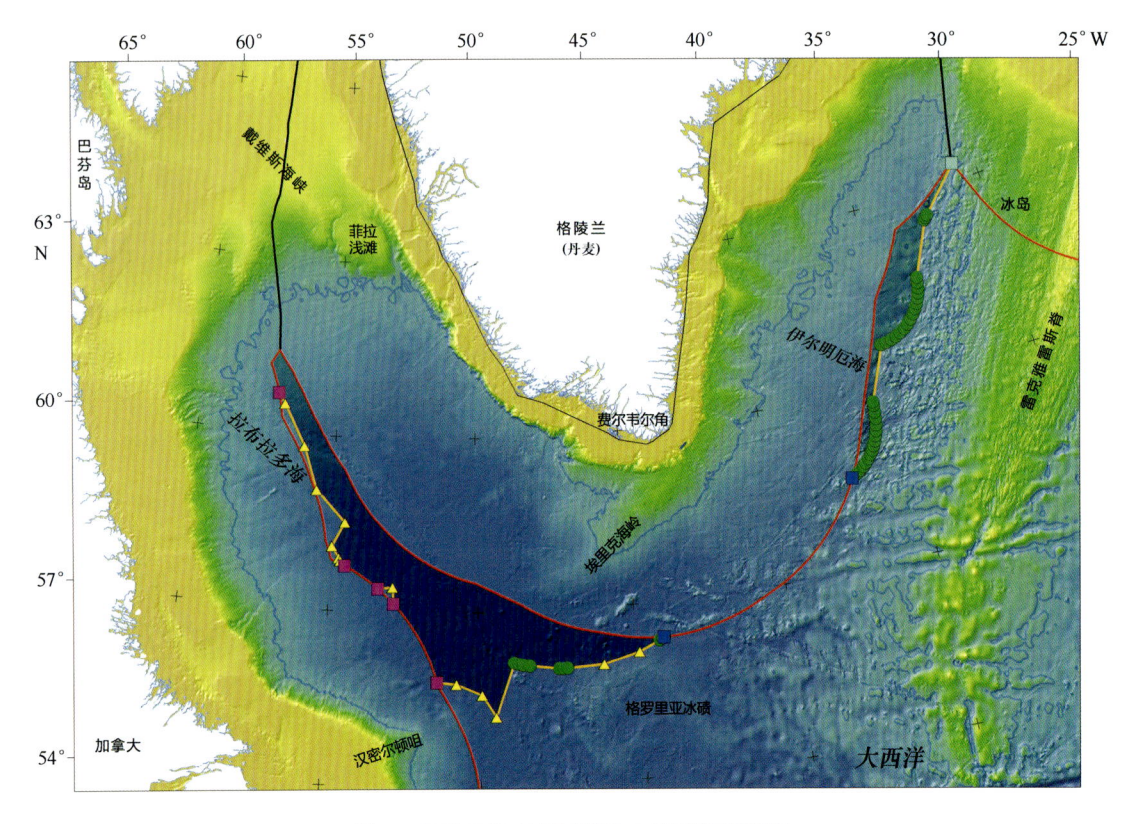

图 1　格陵兰岛南部区域的大陆架外部界限

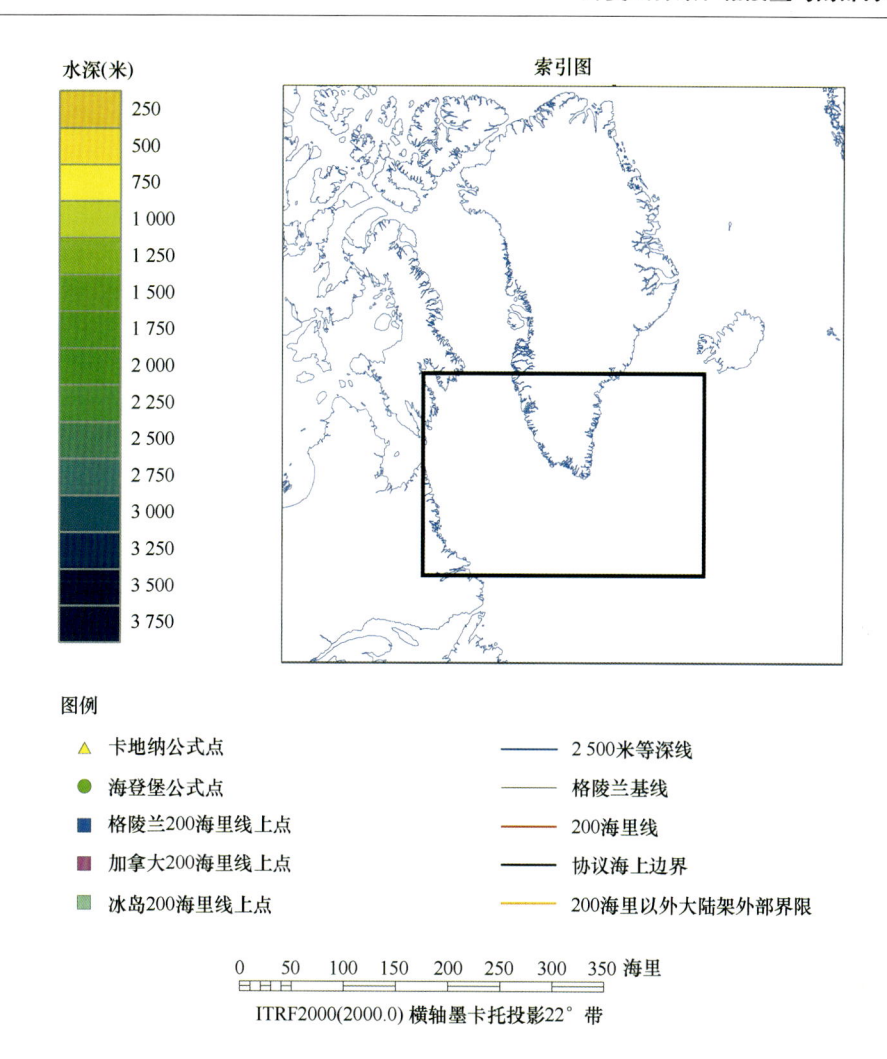

图 1　格陵兰岛南部区域的大陆架外部界限（附图）

附件 1 为划定格陵兰岛南部大陆架外部界限的定点的地理坐标列表（略）。列表中（表 1 和表 2）包含了确定每个定点所援引的《公约》第七十六条规定以及相邻两点之间距离（单位：海里）。

表中所列的地理坐标和地图上的地理坐标均为 ITRF2000 大地测量参考系统（历元 2000.0）。

3　提供咨询意见的委员会委员

丹麦在编写本部分划界案的过程中，得到了委员会委员 Harald Brekke 先生（1997—2012）和 Philip Alexander Symonds 博士（2002—2012）的帮助和咨询意见。

4 所援引的《公约》第七十六条规定

以下述第 5 部分的内容为基础，丹麦援引《公约》第七十六条第 4 款和第 5 款的规定，用于支持 200 海里以外大陆架外部界限的确定。本部分划界案同时使用了"卡地纳"公式线和"海登堡"公式线。依照《公约》第七十六条第 7 款，大陆架外部界限是由长度不超过 60 海里的直线连接各定点划定的。

本部分划界案依照《公约》第七十六条第 4 款（a）项（1）目规定的沉积岩厚度公式，确定了"卡地纳"公式点，并依照《公约》第七十六条第 7 款规定划定了"卡地纳"公式线。本部分划界案还依照《公约》第七十六条第 4 款（a）项（2）目的"海登堡"公式，并依照《公约》第七十六条第 7 款规定划定了大陆坡脚外推 60 海里的"海登堡"公式线。

5 大陆边缘概述

格陵兰岛南部大陆边缘从格陵兰岛陆块开始在东部伊尔明厄海水下延伸，穿过南部的埃里克海岭，直到西部的拉布拉多海。

格陵兰岛南部陆块主要包括太古代地块以及在元古代期间沿该地块南部边缘形成的凯蒂利德褶皱带。其结晶基底主要由片麻岩和花岗岩组成。格陵兰岛是潘基亚超级大陆的一部分，在北大西洋拉张导致海底分裂和扩张时与加拿大和欧洲西北部分离。

大陆的张裂是沿着两个显著的海底扩张轴进行的。在格陵兰岛西南岸外，发生海底扩张作用的时间不晚于 61 百万年，并在拉布拉多海内形成了洋壳。在格陵兰岛东南岸外，张裂作用发生在大约 56 百万年东北大西洋开始形成的时候。此后，直到拉布拉多海的海底扩张在大约 40~30 百万年停止之前，格陵兰岛南部一直存在海脊-海脊-海脊三联点构造。格陵兰岛西南大陆边缘呈现非火山型被动陆缘的特征，其长约 100 千米宽的陆-洋过渡带从减薄的大陆地壳逐步过渡至拉布拉多海的洋壳，该过渡带内存在部分蛇纹石化地幔。

在拉布拉多海的最北端，随着 61 百万年格陵兰岛中部下方冰岛地幔柱的到来，大陆边缘开始出现火山活动。与之相关的岩浆作用形成了北大西洋大火成岩省，并影响了戴维斯海峡和格陵兰岛东南大陆边缘。在格陵兰岛东南岸外形成了典型的火山型大陆边缘，其形成与发生在陆壳上的挤压和入侵作用以及初期厚洋壳的存在有关。

与格陵兰岛东南大陆边缘张裂相关的火山作用延伸到格陵兰岛以南，至拉布拉多海。拉布拉多海因海底张裂和早期海底扩张造成的原薄层地壳开始增厚，并受当前埃里克海岭下方的基底高地形成期间岩浆增生作用的影响。埃里克海岭中部是在陆地环境中由玄武岩侵入形成，后来因沉降作用至海平面以下。

自从海底扩张开始后，格陵兰岛南部大陆边缘堆积了千米厚的新生代沉积岩层。冰河时期，大量沉积物质被运送至下陆坡，导致大陆架不断向海延伸。在间冰期，沿陆坡的活动占主导地位，使沉积物重新沉积在下陆坡，并向上陆坡侵蚀。从晚中新世至近期，塑造大陆边缘形态的沉积作用主要为顺坡流和沿坡流，形成了沿下陆坡的漂积体，其中最显著的就是埃里克海岭漂积体。

6　格陵兰岛南部大陆架

在本部分划界案中，格陵兰岛南部 200 海里以外大陆架外部界限包括两个区域——位于拉布拉多海的西南区和位于伊尔明厄海的东部区（见图 1）。在西南区，大陆架外部界限向北和向南延伸至加拿大 200 海里线，向东延伸至格陵兰岛的 200 海里线。其大陆架外部界限是由依照《公约》第七十六条第 7 款规定、连接各卡地纳和海登堡公式定点以及与加拿大 200 海里线的交叉点的直线线段组成。在东部区，大陆架外部界限向南延伸至格陵兰岛的 200 海里线，向北延伸至冰岛的 200 海里线。其大陆架外部界限是由依照《公约》第七十六条第 7 款规定连接各海登堡公式定点的直线线段组成。

7　海洋划界

在格陵兰岛南部大陆架的划界方面，依然存在某些未决问题。必须依照《公约》第七十六条第 10 款和附件二第九条进行审议。在编写本部分划界案的过程中，丹麦与加拿大举行了定期磋商，以便双方就同一地区的划界案进行协调。磋商明确表示，加拿大未来提交的划界案中主张的大陆架外部界限将可能与格陵兰岛南部大陆架的西南区产生重叠。

通过 2012 年 3 月 15 日交换的照会，丹麦政府和加拿大政府达成共识：当一国就拉布拉多海大陆架外部界限向委员会提交划界案时，另一国应向联合国秘书长提交外交照会，告知其不反对委员会审议该划界案，并表明委员会对其中一国划界案作出的建议不妨害委员会审议另一国划界案以及两国之间的划界问题。两国均将在各自划界案中提及该协议，并请求委员会据此提出建议。

最终划界应通过双边协议确定。

依照照会，丹麦请求委员会审议关于拉布拉多海中格陵兰岛南部大陆架西南区的本部分划界案，并根据提交的数据和其他材料提出建议。

冰岛于 2009 年 4 月 29 日提交的划界案中主张的大陆架外部界限与格陵兰岛南部大陆架的东部区存在重叠。双方将针对该问题进行谈判协商。

应指出，依照《公约》第七十六条第 10 款及其附件二第九条，本部分划界案的提交不妨害任何未决的划界问题。

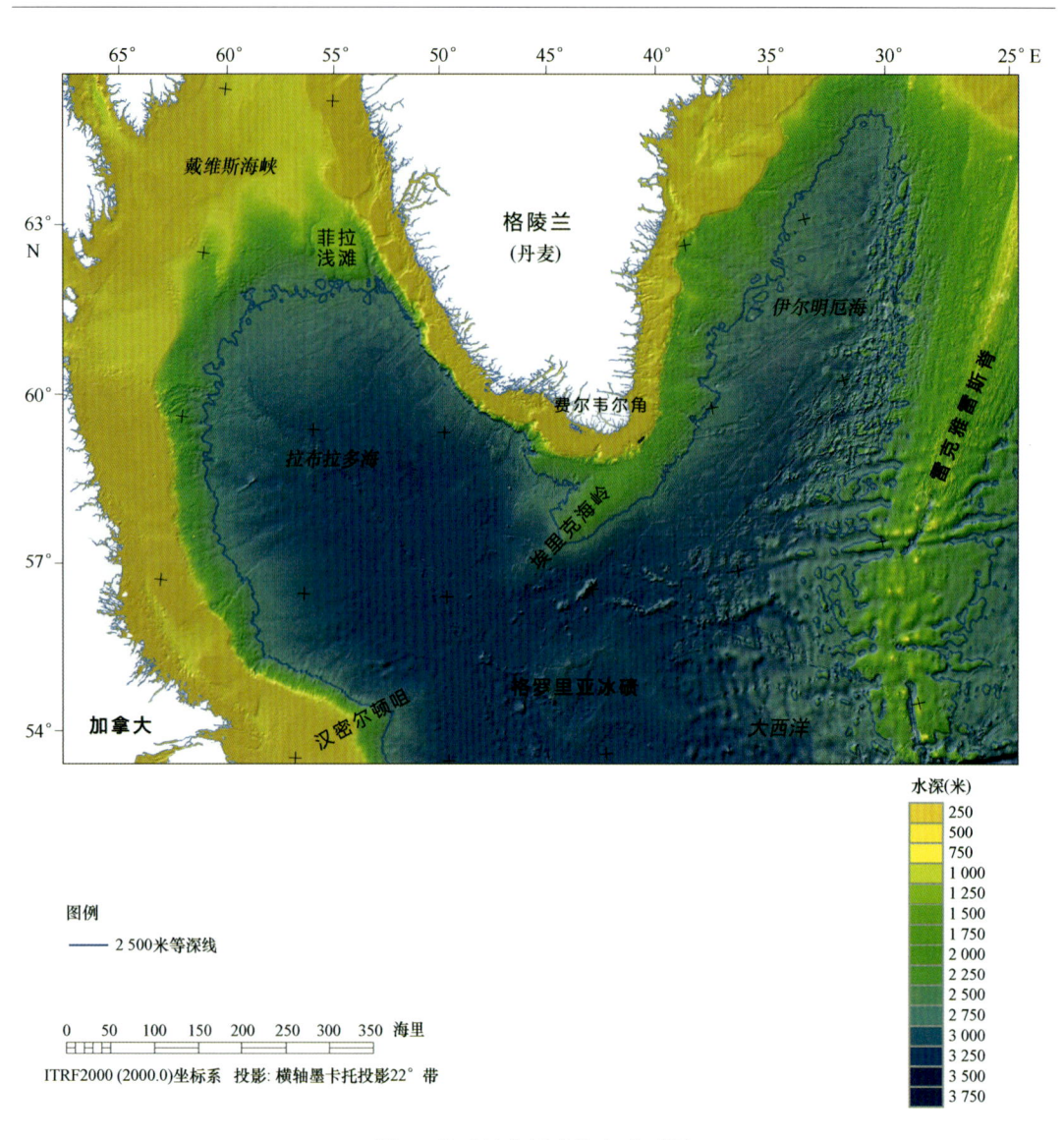

图 2　格陵兰岛周边海底地形图

图瓦卢、法国和新西兰联合划界案：托克劳

图瓦卢、法国和新西兰关于托克劳大陆架的联合划界案执行摘要[①]

1 导言

本执行摘要为图瓦卢、法国（法属领地瓦利斯和富图纳群岛）和新西兰（非自治领地托克劳）（以下简称"三沿海国"）依照1982年《公约》第七十六条第8款的规定所提交的划界案的一部分，用于支持三沿海国从罗比海脊区域的领海基线量起200海里以外大陆架外部界限。

依照《公约》第七十六条第8款的规定，沿海国若希望建立其200海里以外大陆架外部界限，需向委员会提交划界案，委员会依照《公约》第七十六条的规定对沿海国的大陆架外部界限划界案提出建议。

依照《公约》第七十六条第1款的规定，三沿海国拥有的大陆架包括其领海以外依其陆地领土的自然延伸，扩展到大陆边外缘的海底区域的海床和底土，可延伸到第七十六条第4至第6款规定的界限。

三沿海国均为《公约》缔约国，适用《公约》第七十六条、委员会《议事规则》以及《科学和技术准则》的规定，编写本划界案。

在本划界案中，三沿海国将《公约》术语"沿海国"、"领海"的单数名词解释为复数，以"它们"替代"它"，以"它们的"替代"它的"使用。

2 联合划界案

根据《议事规则》附件一第四条，三沿海国达成一致向委员会提交建立罗比海脊区域的从测算三沿海国领海宽度的基线量起200海里以外大陆架外部界限的联合划界案。

本划界案的性质为联合划界案，是三沿海国合作编写的单一文件。

[①] 本划界案于2012年12月7日提交。

3　部分划界案和初步信息

本划界案是关于三沿海国中其中两国领海基线量起 200 海里以外大陆架的部分划界案。法国曾提交过一系列的部分划界案。新西兰同样于 2006 年 4 月 19 日提交了一个部分划界案。

新西兰于 2009 年 5 月 11 日提交了关于托克劳区域的 200 海里以外大陆架外部界限的初步信息，该初步信息不妨害最终的划界案以及委员会的建议，且满足《公约》附件二第四条以及 2008 年 6 月在纽约召开的第十八次缔约国会议决定所规定的 10 年时间期限。本划界案是关于托克劳西部区域领海基线量起 200 海里以外大陆架的最终划界案。

法国于 2009 年 5 月 8 日提交了瓦利斯和富图纳地区 200 海里以外大陆架外部界限初步信息，并说明了划界案的编写情况及计划提交时间。该初步信息不妨害最终的划界案和委员会的建议，也满足《公约》附件二第四条以及 2008 年 6 月在纽约召开的第十八次缔约国会议决定所规定的 10 年时间期限。本划界案是关于瓦利斯和富图纳北部区域领海基线量起 200 海里以外大陆架的最终划界案。

4　不存在争端

根据《议事规则》附件一第二条（a）款，三沿海国确认了本划界案涉及的大陆架区域在三沿海国之间以及与其他任何国家之间不存在争议。

三沿海国达成一致，根据《议事规则》附件一第四条（a）款，编写关于建立罗比海脊扩展大陆架外部界限的划界案不妨害将来国家间的大陆架划界。在根据委员会建议建立大陆架外部界限之后再进行国家间的划界。

5　划界案的图表

根据《议事规则》附件三第一条以及《科学和技术准则》9.1.3 到 9.1.6 段的规定，划界案包含以下三部分：

（1）执行摘要；
（2）主体案文；
（3）科学和技术支撑数据。

执行摘要的不同部分简要概括了 200 海里以外大陆架区域，包括三沿海国建立的大陆架外部界限的简要介绍。

执行摘要包含两幅 A0 幅地图，图 1（TFT-ES-DOC-MAP1）为从领海基线量起 200 海里以外大陆架外部界限图，图 2（TFT-ES-DOC-MAP2）展示了建立大陆架外部界限所援引的《公约》第七十六条相关规定。

表1为依照《公约》第七十六条建立的大陆架外部界限定点的坐标（略），列出了三沿海国用于建立大陆架外部界限的定点，相邻两点间的距离不超过60海里。

6 援引的第七十六条规定

三沿海国援引《公约》第七十六条第3款、第4款（a）项（2）目、第5和7款的规定建立本划界案中的大陆架外部界限，见执行摘要第8部分描述。

7 地理、地形、地质概述

本划界案涉及南太平洋毗连图瓦卢、托克劳、瓦利斯和富图纳等区域。该区域海底地形以分布一系列的海山、海台、隆起、海槽、盆地为特征。三沿海国在罗比海脊北缘存在重叠的大陆架，水深在3 500~4 000米，罗比海脊北部的艾利斯盆地的深洋洋底水深达5 000~5 500米。

罗比海脊被认为是大火成岩省的一部分，直到120百万年都是翁通爪哇、马尼希基和希库郎伊海台的组成部分，大火成岩省的外大陆架权利在澳大利亚、法国的凯尔盖朗海台、新西兰的希库郎伊海台、菲律宾的本哈姆海隆等划界案中都得到委员会的认可，上述划界案涉及的海台的形态特征和起源都与罗比海脊相同。

纽拉基塔岛是图瓦卢的领土，托克劳的相关岛屿（阿塔富、努库诺努和法考福）形成于死火山之上的珊瑚环礁，瓦利斯岛是瓦利斯和富图纳领土的一部分，是具有岸礁的火山岛。区域地质和构造演化史显示三沿海国的陆地领土与罗比海脊北部的共大陆架区存在地质属性的连续性。

该区域的详细地质描述见划界案主体案文，它包含了陆地领土自然延伸的明确论述。

8 大陆架外部界限

三沿海国提交的科学和技术数据用于支持建立从领海基线量起200海里以外大陆架外部界限。三沿海国依照《公约》第七十六条第4至10款的规定划定大陆架外部界限。

依照《公约》第七十六条第7款，三沿海国使用经纬度坐标标出的各定点划出长度各不超过60海里的若干直线划定其大陆架外部界限。三沿海国使用GEOCAP软件确定定点位置，综合利用了公式线、限制线以及托克劳、图瓦卢和相邻沿海国的200海里线。

依照《公约》第七十六条7款，连接经纬度坐标确定的各定点间距离不超过60海里的直线线段构成了大陆架外部界限。

● 直线线段1由图瓦卢200海里线上的一定点和与该定点距离不超过60海里（59.74海里）的大陆坡脚外推60海里线上的定点连接而成。

● 直线线段2由新西兰（托克劳）200海里线上一定点和与该定点距离不超过60

海里（59.32 海里）的大陆坡脚外推 60 海里线上的定点连接而成。托克劳 200 海里线上的定点因受基里巴斯 200 海里线的限制而选在两条 200 海里线的交叉之处。

三沿海国指出，它们在联合划界案中划定的大陆架区域没有超出它们单独主张的大陆架权利范围的总和。

依照《公约》第七十六条确定的大陆架外部界限定点坐标如表 1 所列（略）。

9　提供咨询意见的委员会委员

三沿海国在划界案编写过程中得到了委员会现任委员 Walter R. Roest 教授（法国籍，荷兰提名）（2012 年至今）以及前任委员 Philip Alexander Symonds 先生（2002—2012）的帮助和咨询意见。

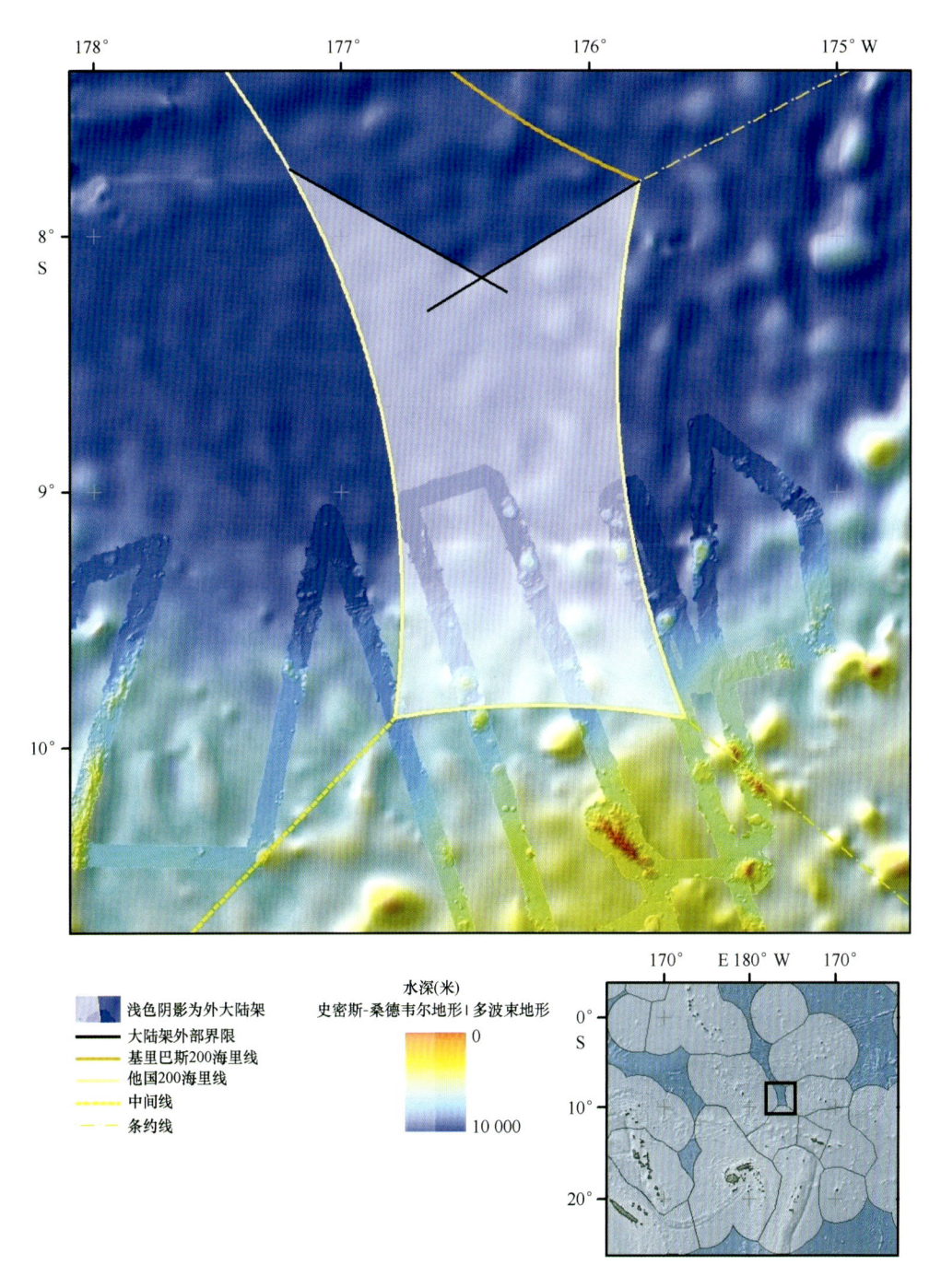

图1 联合划界案200海里以外大陆架外部界限及其区域示意图

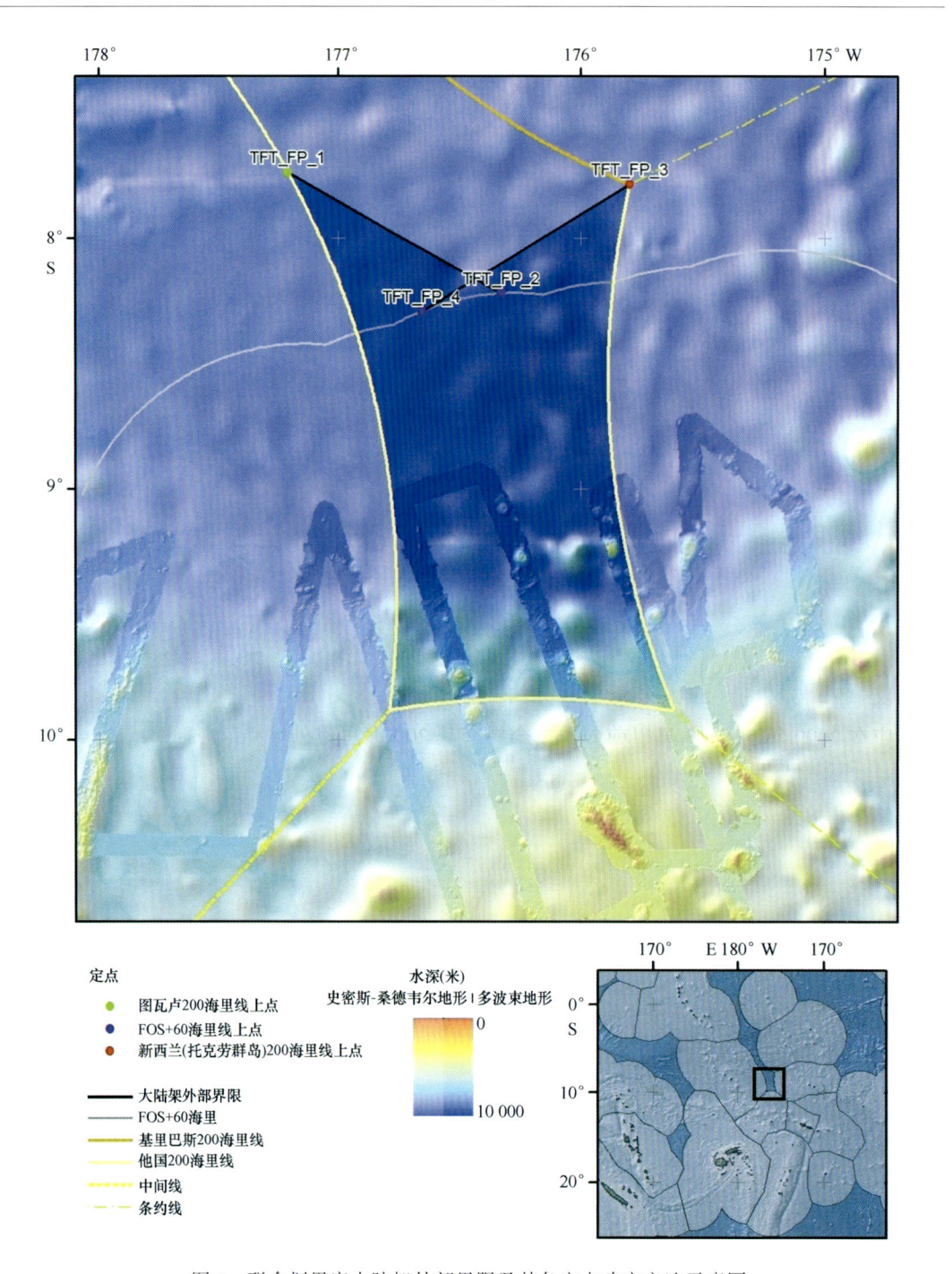

图 2　联合划界案大陆架外部界限及其各定点确定方法示意图

中国划界案：东海部分海域

中国关于东海部分海域划界案执行摘要[①]

1 前言

中华人民共和国（以下简称"中国"）在 1982 年 12 月 10 日签署了《公约》，并于 1996 年 5 月 15 日批准了《公约》。

根据《公约》第七十六条第 8 款、《公约》附件二第四条以及《公约》缔约国第十一次会议第 72 号文件（SPLOS/72），《公约》在 1999 年 5 月 13 日以前开始对其生效的缔约国，应在 2009 年 5 月 13 日以前向委员会提交其 200 海里以外大陆架外部界限的详情及支持这种界限的科学和技术资料。

《公约》缔约国第十八次会议决定（SPLOS/183）：

满足《公约》附件二第四条和 SPLOS/72）号文件（a）段所载决定所述的期限要求的方式可以是向秘书长送交一份初步资料，其中载有有关 200 海里以外大陆架外部界限的指示性资料，并说明根据《公约》第七十六条的要求以及委员会《议事规则》和《科学和技术准则》编制划界案情况和打算提交划界案的日期。

地貌与地质特征表明东海大陆架是中国陆地领土的自然延伸，冲绳海槽是具有显著隔断特征的重要地理单元，是中国东海大陆架延伸的终止。中国东海大陆架宽度从测算中国领海宽度的基线量起超过 200 海里。

中国依照《公约》第七十六条、《公约》附件二、委员会《议事规则》和《科学和技术准则》划定其在东海的部分海域 200 海里以外大陆架外部界限。

中国政府于 2009 年 5 月 12 日向联合国秘书长递交了《中华人民共和国关于确定 200 海里以外大陆架外部界限的初步信息》。该初步信息载明："中国正在进行提交 200 海里以

[①] 本划界案于 2012 年 12 月 14 日提交。

外大陆架划界案的准备工作。中国开展了相关海域所需数据的采集和处理，正在根据《公约》第七十六条的要求以及《议事规则》和《科学和技术准则》编制划界案，并进行相关评估工作"；"在上述工作完成后，中国将在适当时候提交全部或部分200海里以外大陆架外部界限的划界案。"

中国政府已完成东海的部分海域200海里以外大陆架划界案的编制工作，现予以提交。

《议事规则》附件一第三条规定：

虽有《公约》附件二第四条规定的十年期限，沿海国可以就其一部分的大陆架提出划界案，以避免妨害在大陆架其他部分划定国家间边界的问题，有关大陆架其他部分的划界案可以在以后提出。

本划界案是东海的部分海域200海里以外大陆架划界案。中国政府提交本划界案不妨害中国以后在东海或其他海域提交其他划界案。

本划界案由中国国家海洋局和外交部牵头组织编制。本划界案使用的数据主要来自中国（原）国家海洋局组织的调查项目，部分数据来自中国地质调查局、中国科学院、中国石油化工集团公司等部门和单位。

2　图件和坐标

包含在本划界案中的数据信息是为了证明中国东海大陆架的延伸从测算领海宽度的基线量起超过200海里，并确定东海的部分海域200海里以外大陆架外部界限的位置。

本执行摘要包括两幅图和一张表：

图1　东海海底地形图；

图2　中国东海的部分海域200海里以外大陆架外部界限位置图；

表1　中国东海的部分海域200海里以外大陆架外部界限各定点坐标、描述及各相邻定点之间的距离（略）。

3　提供咨询意见的委员会委员

在本划界案编制过程中，委员会现任委员吕文正教授提供了咨询意见。

4　本划界案应用的第七十六条相关条款

《公约》第七十六条规定：

沿海国的大陆架包括其领海以外依其陆地领土的全部自然延伸,扩展到大陆边外缘的海底区域的海床和底土。

沿海国如果主张从测算领海宽度的基线量起超过 200 海里的大陆架,则应按第七十六条第 4 款至第 6 款的规定划定 200 海里以外大陆架外部界限,并将从测算领海宽度的基线量起 200 海里以外大陆架界限的情报提交委员会。

本划界案根据第七十六条第 4 款(a)项(2)目"以离大陆坡脚的距离不超过 60 海里的各定点为准划定界线",以及第 5 款中"大陆架在海床上的外部界线的各定点,不应超过从测算领海宽度的基线量起 350 海里"的规定确定中国东海的部分海域 200 海里以外大陆架的外部界限。

《公约》第七十六条第 7 款规定:

沿海国的大陆架如从测算领海宽度的基线量起超过 200 海里,应连接以经纬度坐标标出的各定点划出长度各不超过 60 海里的若干直线,划定其大陆架的外部界限。

本划界案中确定的划定 200 海里以外大陆架外部界限的 10 个定点之间的直线距离均不超过 60 海里。

5　陆地领土的自然延伸

东海位于中国大陆东侧,由东海陆架、东海陆坡和冲绳海槽三大地貌单元组成。东海大陆架是中国大陆向海的自然延伸。东海陆架地形平坦,最大宽度超过 500 千米,向东南倾斜,至陆架坡折带后水深急剧加深,形成东海陆坡。东海陆坡的坡度北部缓、南部陡,地势呈阶梯状下降,在陆坡上存在众多深切海底峡谷,并在坡底峡谷外侧形成浊流沉积,使陆基和陆坡坡底区地形复杂。冲绳海槽总体表现为一长条形洼地,纵向长约 1 200 千米,横向宽在 100 千米至 150 千米之间,水深由东北向西南方向增大,最大水深超过 2 300 米(图 1)。

东海陆架与中国东部大陆同属一个整体,具有共同的古老陆核。中生代以来,太平洋板块与欧亚板块的相互作用逐步形成了目前东海的构造格局。新近纪以来东海陆缘发生强烈张裂,冲绳海槽逐步拉张形成。东海区域构造总体表现为"东西分带"的特征,自西向东可分为浙闽隆起区、东海陆架盆地、钓鱼岛隆褶带和冲绳海槽盆地,时代由西向东逐渐变新。

浙闽隆起区包括中国大陆外侧的一系列岛屿和水下暗礁,向西可延伸至中国大陆的浙闽地区,总体上呈北东向延伸。基底由两套岩系组成:一套是以北东东走向为主的前震旦纪变质岩系,以斜长角闪岩为主,局部混合岩化;另一套是以北北东走向为主的中生代火

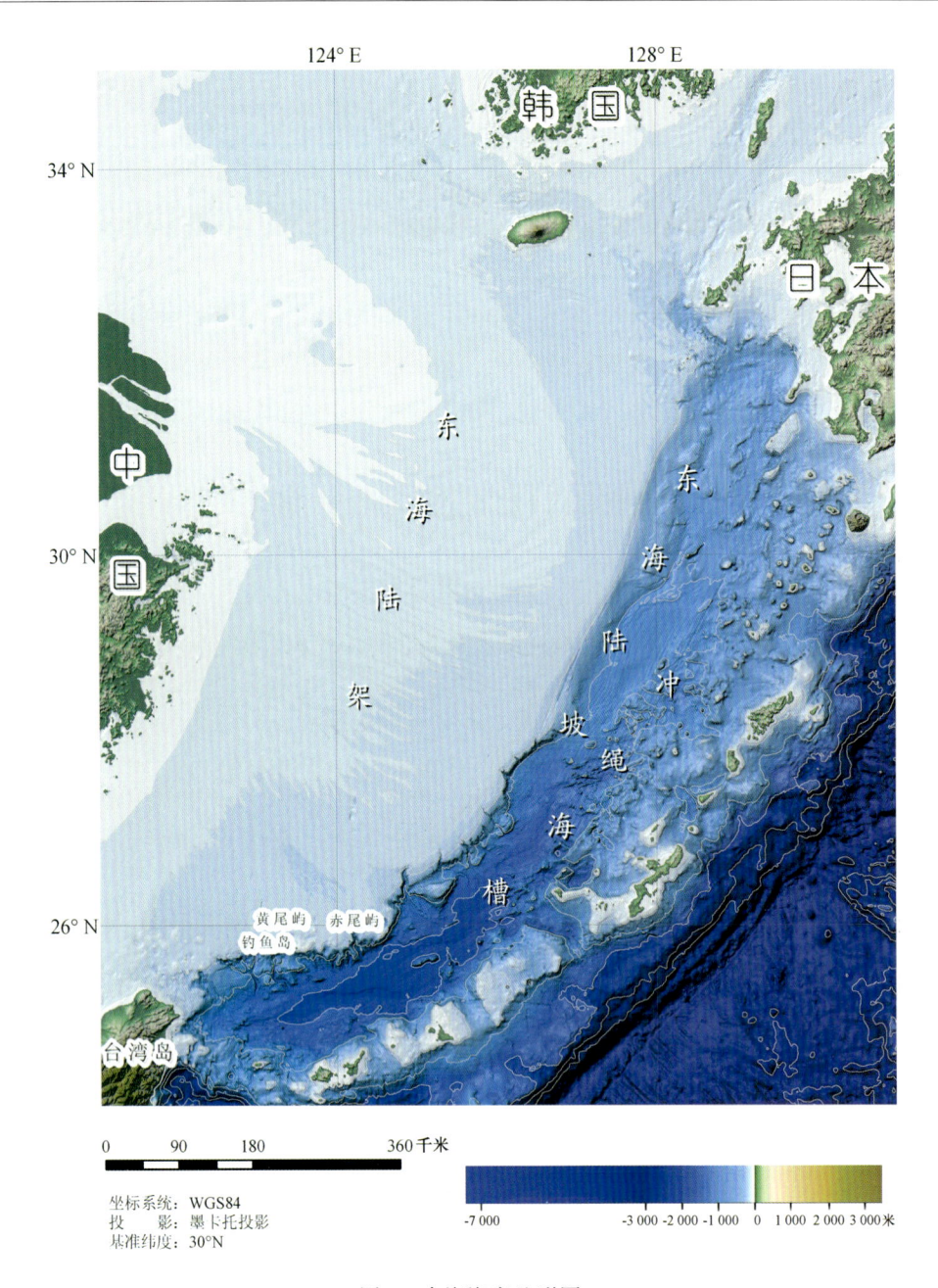

图 1　东海海底地形图

山岩和碎屑岩系。

　　东海陆架盆地位于浙闽隆起区的东侧,是东海陆架的主要组成部分,由一系列北北东向至北东向的坳陷组成,发育巨厚的新生代沉积。在盆地中部,由一系列北北东向至北东向延伸的凸起组成的隆起带将东海陆架盆地分隔为西、东两个坳陷带。西部坳陷带主体为古新世和始新世的东断西超箕状坳陷,基底主要为类似于浙闽沿海出露的火山岩和前震旦纪变质岩。

东部坳陷带主要接受始新世以来的沉积，基底为前中生代浅变质岩，坳陷中局部存在晚燕山期和早喜山期火山岩。

钓鱼岛隆褶带位于东海陆架盆地和冲绳海槽盆地之间，两侧均以断裂为界，表现为一条基底隆起带，北起日本五岛列岛，向南与中国台湾岛相连，总体呈北北东向至北东东向延伸的弧形展布。钓鱼岛隆褶带在喜山期褶皱隆起，伴有大规模的岩浆活动，古近系遭受强烈褶皱和变质作用。

冲绳海槽盆地位于钓鱼岛隆褶带东侧，由于上地幔的抬升和地壳的拉张，沿海槽底部形成了北北东向至北东向延伸的中央裂谷带，与东海陆架地质特征显著不同。折射地震揭示冲绳海槽中、南段轴部地区的地壳厚度已经明显减薄，最薄可达13千米左右，并识别出了磁异常条带。冲绳海槽是世界上著名的高热流区之一，现代火山作用和海底热液活动强烈。冲绳海槽南段海底出露的橄榄拉斑玄武岩具备大洋拉斑玄武岩特征，熔融程度比较高，为地壳拉张、极度减薄背景下的地幔物质快速上涌所致。

综上所述，东海陆架为稳定的大陆地壳，冲绳海槽则由于上地幔的抬升和地壳的急剧减薄，地壳性质已由减薄陆壳向过渡性地壳转变，在海槽南段轴部的中央裂谷带形成了新生洋壳。东海陆架、东海陆坡和冲绳海槽构成了被动大陆边缘。东海大陆架自然终止于冲绳海槽。

6 大陆架外部界限

6.1 大陆坡脚及其外推60海里包络线

《公约》第七十六条第4款（b）项规定"在没有相反证明的情形下，大陆坡脚应定为大陆坡坡底坡度变动最大之点"。按照《科学和技术准则》第5.1.3段，确定大陆坡脚的基本要求是：（1）确定界定为大陆坡坡底的区域；（2）确定大陆坡坡底坡度变化最大之点的位置。

根据海底地形特征和《科学和技术准则》第5.4.5段，本划界案中大陆坡坡底区域确定为陡峭的东海陆坡下部与相对平坦的冲绳海槽陆基上部之间的地形突变带。

基于200米×200米网格的多波束水深数据，根据海底地形特征和走势，自东海大陆坡向冲绳海槽选择一系列的地形剖面，在大陆坡坡底区域确定了12个地形坡度变化最大之点作为大陆坡脚。以122个大陆坡脚为基础，向东外推60海里生成外部包络线（图2）。

6.2 最大水深点和大陆架外部界限

根据第七十六条第4款（a）项（2）目确定的大陆坡脚外推60海里包络线证明东海大陆架延伸到冲绳海槽轴部。考虑到地理条件，根据海底地形的变化，东海大陆架外部界

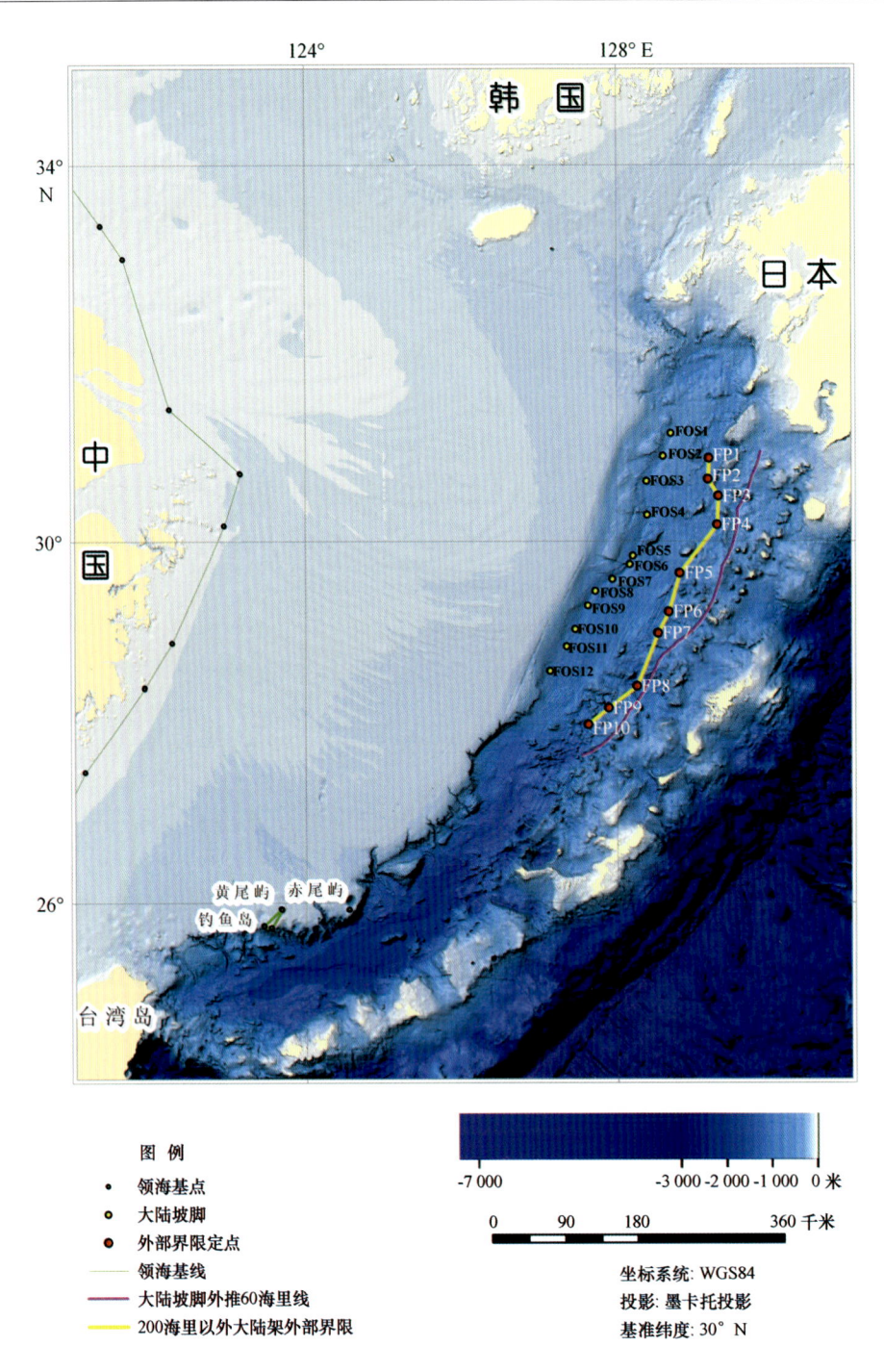

图 2　中国东海的部分海域 200 海里以外大陆架外部界限位置图

限确定为垂直冲绳海槽走向的地形剖面上轴部区域内最大水深点（以下简称"最大水深点"）的连线。

根据区域地质构造、地壳结构、岩石学和地形地貌特征，确定了冲绳海槽的轴部区域，利用 1996 年至 2002 年期间中国在相关海域调查获得的实测多波束水深资料，并结合 GEBCO 30″×30″水深数据，选择垂直冲绳海槽走向的一系列地形剖面，并在其海槽轴部区域确定最大水深点。本划界案共选取其中 10 个最大水深点作为确定东海的部分海域大陆架外部界限的定点。各定点的直线连线即为东海的部分海域大陆架外部界限。该外部界限不超过大陆坡脚外推 60 海里的外部包络线，也未超过从测算领海宽度的基线量起 350 海里。

本划界案的大陆架外部界限由 10 个定点（FP1-FP10）组成，均为冲绳海槽轴部最大水深点（图 2），各相邻定点之间的直线连线的距离不超过 60 海里，各定点的坐标见表 1（略）。

7　海洋划界情况

《议事规则》附件一第二条规定：

如果存在相向或相邻国家间的大陆架划界争端，或其他未解决的陆地或海洋争端，在提出划界案时，提出划界案的沿海国应：(a) 将这些争端告知委员会；(b) 尽可能向委员会保证划界案不会妨害国家间划定边界的事项。

根据《议事规则》附件一第二条，中国政府谨通知委员会，中国与韩国、日本在本划界案涉及的海域尚未完成大陆架划界。根据《公约》第七十六条第 10 款，委员会对本划界案的建议将不妨害今后中国与相关国家之间的大陆架划界。

基里巴斯划界案

基里巴斯划界案执行摘要[①]

1　导言

本执行摘要是基里巴斯共和国（以下简称"基里巴斯"）依照1982年《公约》第七十六条第8款提交的划界案的一部分，用于支持基里巴斯从领海基线量起200海里以外大陆架外部界限的划定。

如果沿海国的大陆架超过从领海基线量起200海里，并希望确定200海里以外大陆架外部界限，则应依照《公约》第七十六条第8款的规定向委员会提交划界案，委员会将依照《公约》第七十六条相关条款提出建议。

基里巴斯是位于太平洋中西部的岛屿国家，由1个珊瑚礁岛和32个环礁组成，面积超过350万平方千米。这些岛屿可划分为3个群岛，分别为吉尔伯特群岛、菲尼克斯群岛和莱恩群岛。基里巴斯横跨赤道，西侧与瑙鲁和图瓦卢存在海域重叠（于2012年8月达成划界协议）；东侧跨越国际日期变更线，并越过库克群岛（见图1）。基里巴斯陆地总面积为811平方千米，海岸线长约1 143千米。首都拜里基位于吉尔伯特群岛的塔拉瓦岛上。

英国枢密院《1979基里巴斯独立令》的颁布以及基里巴斯宪法的制定与生效，使基里巴斯于1979年7月12日成为主权独立的国家。基里巴斯曾在1896年到1916年为英国吉尔伯特和埃利斯群岛保护地，其后为英属吉尔伯特和埃利斯群岛殖民地，从1975年到1979年为英属吉尔伯特群岛殖民地。

基里巴斯于1999年9月14日加入联合国，并于2003年2月24日成为《公约》缔约国。基里巴斯就《公约》第三一〇条提交了声明，包括一系列关于适用《公约》第四部分的评论以及适用群岛基线的条件。

基里巴斯曾于1983年5月16日在第7号《海域法》中确定其海域范围。该立法被2011年9月1日颁布的2011《海域法》所取代。2011《海域法》规定了基里巴斯的领海

[①] 本划界案于2012年12月24日提交。

基线。

依照《公约》第七十六条第1款，基里巴斯的大陆架包括其领海以外依其陆地领土的自然延伸，扩展到大陆边外缘的海底区域的海床和底土，直到第4至第6款规定的界限。

本划界案是关于基里巴斯从领海基线量起200海里以外大陆架的完整划界案。基里巴斯援引《公约》第七十六条、委员会于2008年4月17日通过的《议事规则》（CLCS/40/Rev.1）和1999年5月13日通过的《科学和技术准则》（CLCS/11）的相关规定，准备本划界案。

2　不存在争端

基里巴斯援引《公约》附件二第九条的规定，委员会的行动不妨害海岸相向或相邻国家间划定界限的事项。委员会《议事规则》附件一的规定就是为了避免审议存在大陆架争端且没有得到相关当事国一致同意的划界案。

依照《议事规则》附件一第二条（a）款，基里巴斯确认其划界案涉及的大陆架区域不存在与任何国家的争端。

3　划界案的形式及图表

依照《议事规则》附件三第一条及《科学和技术准则》9.1.3到9.1.6段所述，划界案由以下三部分组成：

（1）执行摘要（RKI-ES-DOC）；
（2）主体案文（RKI-MB-DOC）；
（3）科学和技术支撑数据（RKI-SD）。

执行摘要的其他部分将对200海里外大陆架区域进行概述，包括基里巴斯划定的大陆架外部界限描述。

执行摘要包含2幅A0幅地图（图1和图2），图1（RKI-ES-DOC-MAP1）描绘了显示各外部界限和200海里以外大陆架区域的大陆架外部界限图，图2（RKI-ES-DOC-MAP2）描绘了基里巴斯大陆架外部界限及其所援引的《公约》第七十六条规定。

4　援引的第七十六条规定

基里巴斯援引《公约》第七十六条第3款、第4款（a）项（2）目、第5和7款的规定，划定其大陆架外部界限，界限描述详见执行摘要第8部分。

5　地理、地貌与地质概述

本划界案涉及区域为基里巴斯的莱恩群岛海域，陆地领土包括泰拉伊纳岛（又称华盛

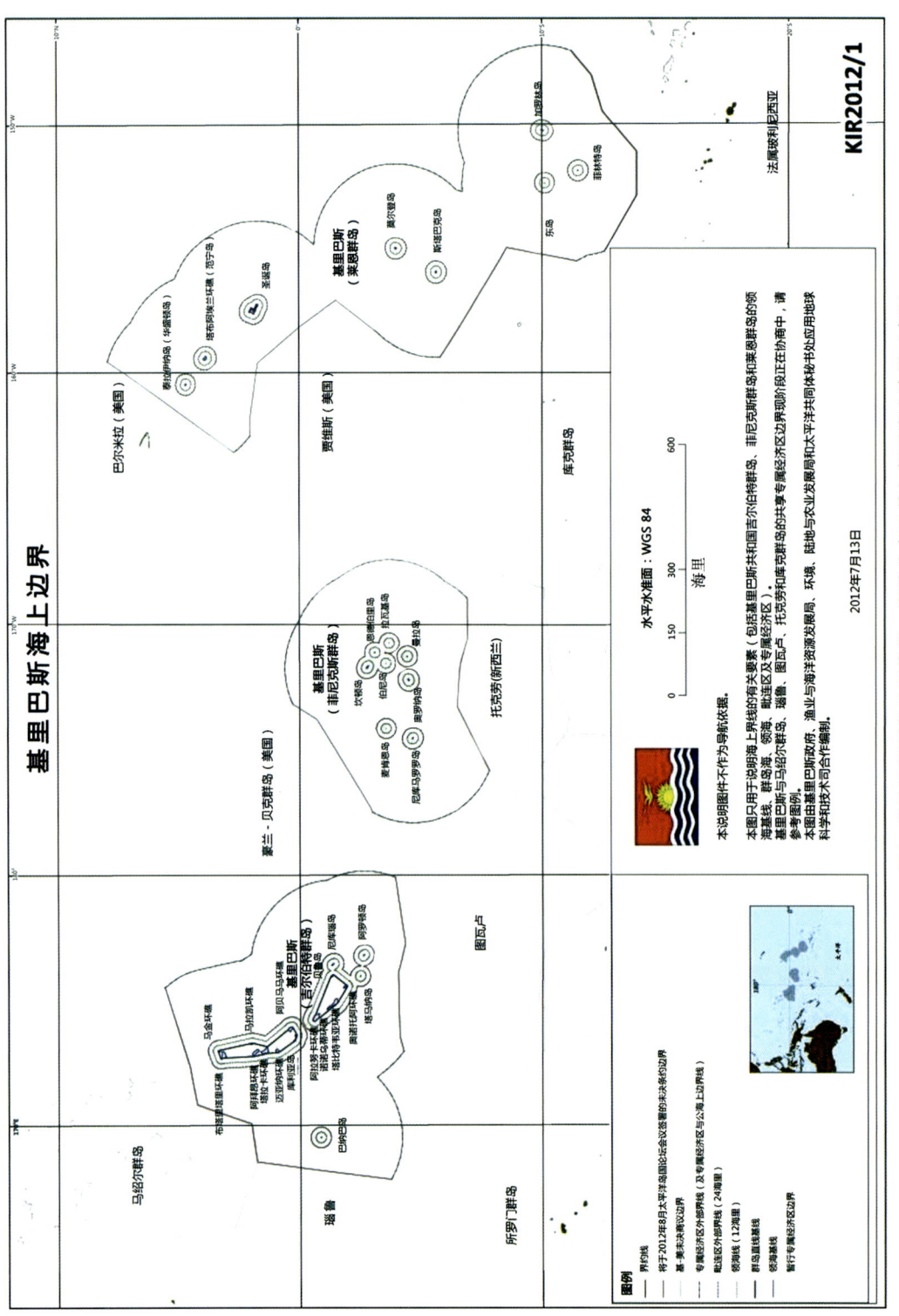

图1 基里巴斯群岛地理位置、海域分布及其与邻国海上边界示意图

顿岛)、塔布阿埃兰岛(又称芬妮岛)、圣诞岛、莫尔登岛、斯塔巴克岛、加罗林岛(2000年更名为千禧年岛)、东方号岛和弗林特岛。

莱恩群岛位于太平洋中部由热带环礁、海台、海底洋脊和海山组成的莱恩群岛复合脊上,高于周围海底约4 000~5 000米,从中太平洋山脉大致沿北—西—南—东方向延伸4 000千米,径向跨越50°,直达南部的马克萨斯群岛。作为海底高地的莱恩群岛复合脊不仅仅呈一简单的线性链状,还包括零散分布的火山构造或多个并行雁行海山链,合并形成宽阔的、不规则的台地结构,其水深更大的两翼具有陆架特征。

基里巴斯的莱恩群岛区域从领海基线量起200海里外大陆架由四个区域组成:

- 西部台地区;
- 东部台地区;
- 中央区;
- 南区。

依照《科学和技术准则》第2.2.3段的规定,基里巴斯需证明其陆地领土从领海基线量起超过200海里的自然延伸。主体案文中(RKI-MB-DOC)包含了相关区域的地质地貌资料,以及对基里巴斯陆地领土自然延伸的大陆架的论证。

6 大陆架外部界限

基里巴斯提交的科学与技术数据用于确定其大陆边外缘延伸超过领海基线量起200海里。基里巴斯援引《公约》第七十六条第4至第10款的规定确定其大陆架外部界限。

依照《公约》第七十六条第7款,基里巴斯200海里以外大陆架外部界限由经纬度确定的各定点划出的各直线线段连接而成,相邻点之间的距离不超过60海里。基里巴斯使用GEOCAP软件,综合考虑公式线、限制线和相邻沿海国的200海里线,对外部界限位置进行最大化。

基里巴斯大陆架外部界限由4个区域组成(如上文第5部分所述),由688个定点确定:

- 西部台地区(FP_001到FP_081),78个定点位于海登堡公式线上,1个定点位于基里巴斯200海里线上,1个定点位于另一沿海国200海里线上。
- 东部台地区(FP_082到FP_456),368个定点位于海登堡公式线上,2个定点位于基里巴斯200海里线上。
- 中央区(FP_457到FP_647),188个定点位于海登堡公式线上,2个定点位于基里巴斯200海里线上。
- 南区(FP_648到FP_688),38个定点位于海登堡公式线上,2个定点位于基里巴斯200海里线上。

依照《公约》第七十六条确定基里巴斯大陆架外部界限的定点坐标见表1-4(略),

经纬度坐标分别以十进制度数和度、分、秒表示，并列出所援引的《公约》第七十六条的规定以及相邻定点间的距离。

基里巴斯 4 个区域的 200 海里以外大陆架总面积约为 121 631 平方千米。

7 提供咨询意见的委员会委员

在本划界案的编写过程中，基里巴斯得到委员会前委员 Philip Alexander Symonds 先生（2002—2012）的帮助和咨询意见。提供咨询意见和帮助的其他官员和顾问还有：

Romano Reo 先生，总监察，基里巴斯环境、土地和农业发展部；

Tion Uriam 先生，地理信息系统总监，基里巴斯渔业和海洋资源开发部；

Ruria Iteraera 女士，法律专员，基里巴斯总检察署；

Joshua A Brien 先生，高级法律顾问，部门负责人（英国联邦秘书处经济和法律部门服务处特别顾问）；

Lindsay Parsons 先生，英国海区解决方案有限公司；

Scott Sweet 先生，联邦秘书处独立顾问；

Paul K Hibberd 先生，独立顾问。

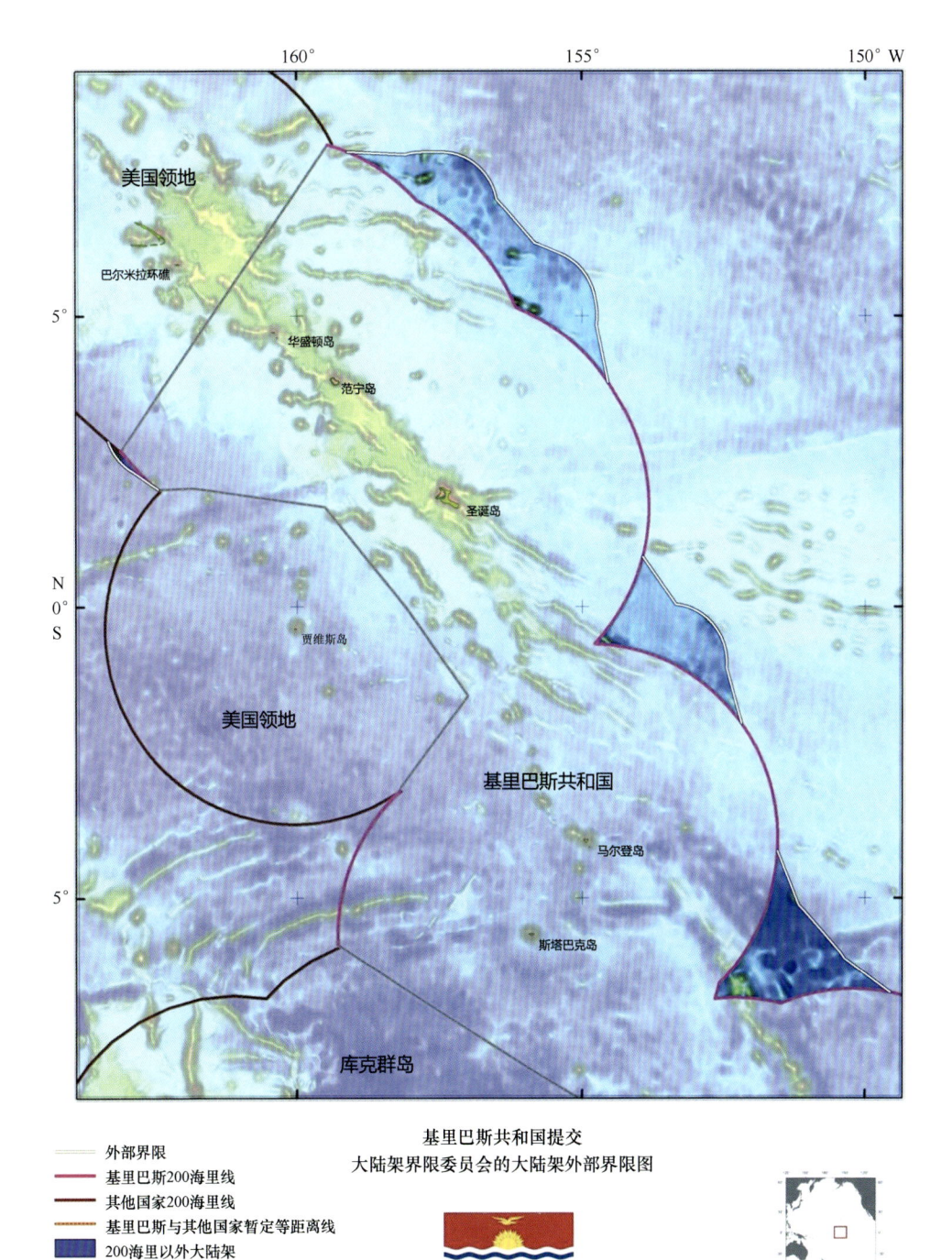

图 1 基里巴斯 200 海里以外大陆架外部界限示意图

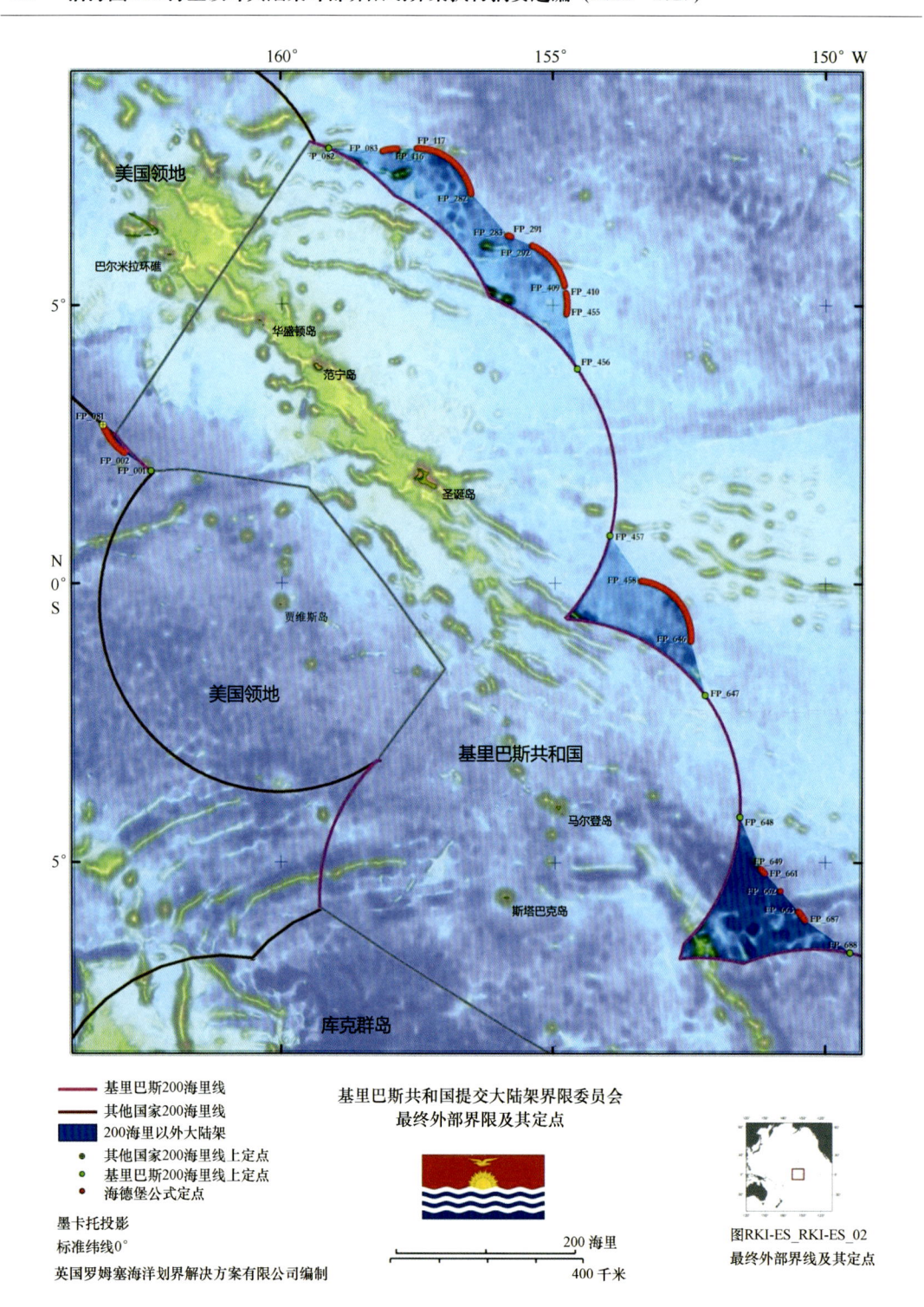

图 2　划定基里巴斯大陆架外部界限的定点及其确定方法示意图

韩国划界案：中国东海

韩国关于中国东海的部分划界案执行摘要[①]

1 导言

大韩民国（以下简称"韩国"）分别于 1983 年 3 月 14 日和 1996 年 1 月 29 日签署和批准了《公约》。《公约》于 1996 年 2 月 28 日对韩国生效。

依照《公约》第七十六条第 8 款，缔约国有义务向根据《公约》规定成立的委员会提交从领海基线量起 200 海里以外大陆架外部界限的划界案。依照《公约》附件二第四条，缔约国有义务向委员会提交大陆架外部界限信息以及支撑的科学与技术数据。

《公约》第十一次缔约国会议做出了如下决定［SPLOS/72，第（a）段］，即"对于公约在 1999 年 5 月 13 日以前开始对其生效的缔约国的谅解是，《公约》附件二第四条所述十年期间应从 1999 年 5 月 13 日起算"。

《公约》第十八次缔约国会议决定［SPLOS/183，第 1（a）段］"达成以下谅解：满足《公约》附件二第四条和 SPLOS/72 号文件（a）段所载决定所述的期限要求的方式可以是向联合国秘书长送交一份初步资料，其中载有有关 200 海里以外大陆架外部界限的指示性资料，并说明根据《公约》第七十六条的要求以及《大陆架界限委员会议事规则》和《大陆架界限委员会科学和技术准则》编制划界案情况和打算提交划界案的日期"。《公约》第十八次缔约国会议还决定［SPLOS/183，第 1（c）段］"沿海国根据第（a）分段提出的初步资料不影响根据《公约》第七十六条的要求以及委员会《议事规则》和《技术准则》提交的划界案，也不影响委员会对划界案的审议"。

韩国于 2009 年 5 月 12 日向联合国秘书长提交了初步信息，该初步信息是关于从领海基线量起 200 海里外中国东海区域大陆架的外部界限。正如韩国在初步信息中所述，"从韩国领海基线量起 200 海里外中国东海区域大陆架的外部界限位于冲绳海槽，中国东海的海床和底土为陆地的延伸，从韩国海岸延伸至《公约》中所规定的界限。"然而，初步信

[①] 本划界案于 2012 年 12 月 26 日提交。

息的"中国东海区域大陆架外部界限仅限于共同开发区内的部分",即韩国和日本于1974年1月30日签订的《关于共同开发邻接两国的大陆架南部的协定》中所确定的区域。初步信息还指出"韩国计划依照《公约》第七十六条第8款,在适当的时间提交相关划界案。"

韩国自2009年5月12日提交了初步信息后,对相关区域的科学数据进行全面评估和审查,并依照《公约》第七十六条,及委员会的《议事规则》和《科学和技术准则》,完成了中国东海划界案的编写工作,履行了《公约》规定的义务,提交了本部分划界案。

依照《议事规则》附件二第三条,本部分划界案仅涉及从韩国领海基线量起200海里外中国东海区域大陆架,并且不妨害韩国以后提交的确定其他区域大陆架外部界限的划界案。

2 为支持划界案援引的第七十六条规定

如本执行摘要第5部分所述,韩国援引了《公约》第七十六条中第1款、第3款、第4款(a)项(2)目、第4款(b)项、第5款和第7款的规定,以确定本部分划界案涉及区域的200海里以外大陆架外部界限。

3 提供咨询意见的委员会委员

委员会委员 PARK, Yong Ahn 教授(1997年至今)在本部分划界案编写过程中向韩国提供了帮助和咨询意见。

4 未决的海洋划界

依照《议事规则》附件一第二条(a)款,韩国告知委员会,从韩国领海基线量起200海里外中国东海区域大陆架,包括但不限于本部分划界案涉及区域,在韩国和其他沿海国之间尚未划界。

依照《议事规则》附件一第二条(b)款,韩国向委员会保证,本部分划界案不妨害海岸相向或相邻国家间在中国东海区域相关的大陆架划界事宜。

就此,韩国努力以诚信向其邻国保证,本部分划界案不妨害中国东海区域的大陆架划界事宜。韩国政府已与中华人民共和国政府进行磋商,也努力就韩国划界案与日本政府进行磋商。

依照《公约》第七十六条第10款、《公约》附件二第九条、《议事规则》第四十六条及《议事规则》附件一第五条(b)款,韩国认为,本部分划界案及委员会的行动将不妨害与邻国的划界。

5 大陆架外部界限描述

依照《公约》第七十六条第 1 款和第 3 款，韩国大陆架由包括其领海以外依其陆地领土的自然延伸，扩展到中国东海区域大陆边外缘的海床和底土。

本部分划界案中所述大陆边外缘由依照《公约》第七十六条第 4 款（a）项（2）目规定的公式线（被称为海登堡公式）确定。

依照《公约》第七十六条第 4 款（b）项及《科学和技术准则》第 5.1.3 段确定了大陆坡脚的位置。在中国东海东部区域陆坡坡底的一系列地形剖面中，本部分划界案确定了陆坡基部区域 6 个坡度变化最大的点，划出这些点外推 60 海里的包络线。

在本部分划界案中，从韩国领海基线量起 200 海里外大陆架外部界限由 85 个定点构成的线段确定。这些定点由大陆坡脚外推 60 海里的包络线确定，不影响日本在中国东海区域的领海。

本部分划界案中涉及的大陆架外部界限符合《公约》第七十六条第 5 款和第 7 款的规定。这些定点与领海基线之间的距离不超过 350 海里，且由这些定点组成的长度不超过 60 海里的直线线段构成大陆架的外部界限。

图 1 显示从韩国领海基线量起中国东海区域 200 海里外大陆架的外部界限。表 1 列出了确定从韩国领海基线量起中国东海区域 200 海里外大陆架外部界限各定点的地理坐标（略）。

6 负责编写划界案的国家机构

下述机构及分支机构合作完成本划界案的所有文档、地图、图表和数据库的准备工作，以及所采用的相关数据的收集工作：

- 外交通商部；
- 国土、交通和海洋事务部；
- 知识经济部；
- 韩国地球科学和矿产资源研究所；
- 韩国国立海洋调查院。

上述机构及分支机构对本部分划界案中使用的所有材料的质量与可靠性负责。

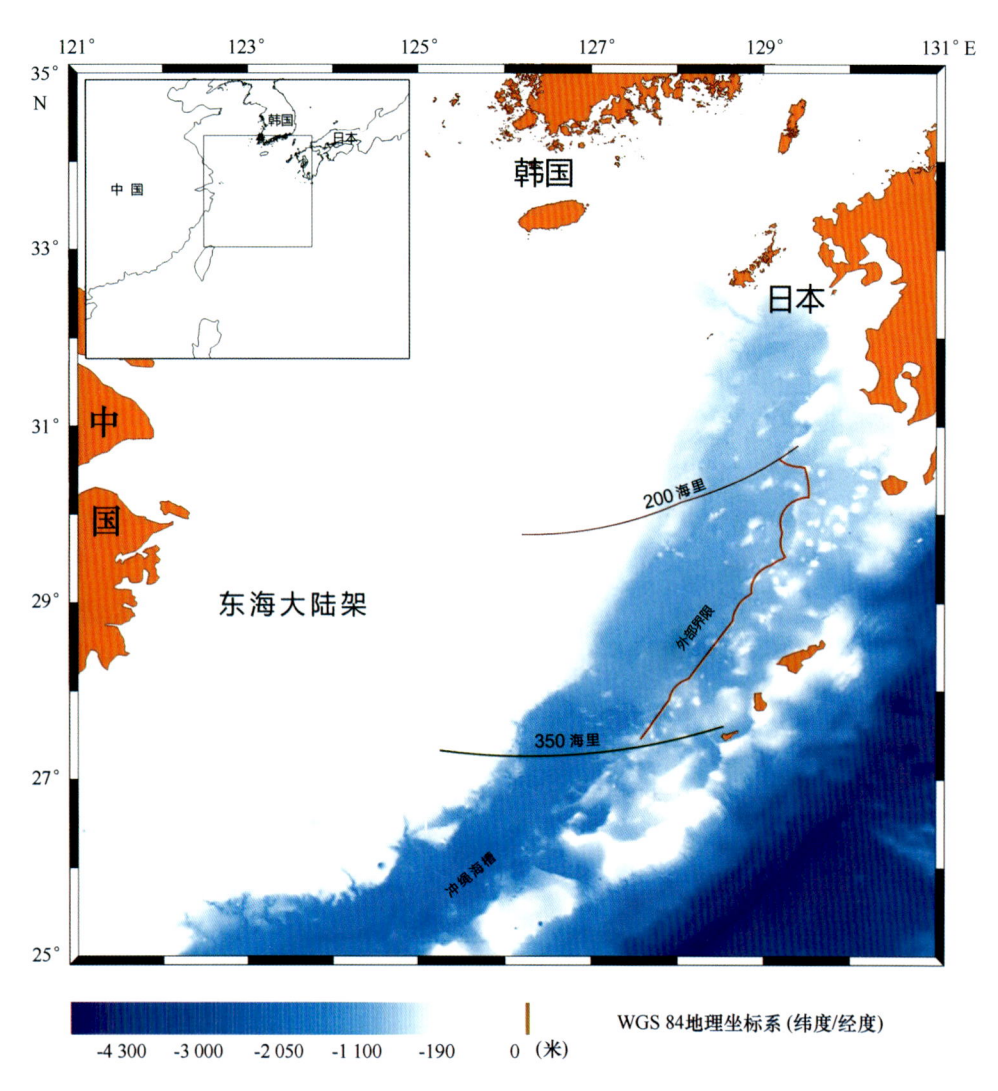

图 1　从韩国领海基线量起中国东海区域 200 海里外大陆架的外部界限

尼加拉瓜划界案

尼加拉瓜划界案执行摘要[①]

1 导言

为确定加勒比海西南部区域的大陆架外部界限，尼加拉瓜共和国（以下简称"尼加拉瓜"）依照《公约》第七十六条第8款，向委员会提交本划界案。

尼加拉瓜位于中美洲，是一个主权独立、由多民族组成的民主国家，约有600万人口（2012年统计数据）。尼加拉瓜西濒太平洋，东临加勒比海，其海岸线总长约为910千米。尼加拉瓜被誉为"湖泊和火山之国"，是中美洲最大的国家，其陆地面积为130 373.40平方千米。尼加拉瓜沿着加勒比海岸在种族、文化、语言、地理和生物方面均具有多样性。从位于其陆地领土的国际保护湿地和森林，到位于加勒比海的国际保护海域，珊瑚和鱼类品种繁多。捕鱼、勘探和开发矿物自然资源，以及位于海床和底土的定居种生物和其他非生物资源，是尼加拉瓜在加勒比海地区经济的重要组成部分。

尼加拉瓜于1984年12月9日签署了《公约》，并于2000年5月3日批准了《公约》。依照《公约》第七十六条第8款、《公约》附件二第四条以及委员会《议事规则》附件一第三条、SPLOS/183文件中涉及的《公约》缔约国会议决定，尼加拉瓜于2010年4月7日向联合国秘书长提交了关于尼加拉瓜在加勒比海西南部区域200海里以外大陆架外部界限的初步信息。依照SPLOS/183第1（a）段所述决定，尼加拉瓜提交的初步信息表明其满足《公约》附件二第四条规定的十年期限的要求。

尼加拉瓜在其初步信息中指出：

> 尼加拉瓜诉哥伦比亚领土与海洋争端案正在等待国际法院判决，依照委员会作出的关于俄罗斯联邦巴伦支海与白令海的建议，尼加拉瓜政府打算在国际法院对尼加拉瓜诉哥伦比亚领土与海洋争端案作出判决后，基于本初步信息，在加勒

[①] 本划界案于2013年6月24日提交。

比海西南部地区适用第七十六条提出划界案。①

国际法院于 2012 年 11 月 19 日对尼加拉瓜诉哥伦比亚领土与海洋争端案作出判决，确定了尼加拉瓜从领海基线量起延伸到 200 海里的尼加拉瓜和哥伦比亚的大陆架与专属经济区之间的单一海洋边界。法院认为，尼加拉瓜仅向委员会提交了初步信息，因此法院没有基于尼加拉瓜的诉求确定 200 海里以外的尼加拉瓜与哥伦比亚大陆架界限。

根据国际法院 2012 年 11 月 19 日作出的判决，在对相关区域的科学资料进行全面评估和审核后，尼加拉瓜完成了加勒比海西南部区域的大陆架外部界限有关的划界案编写。

2　争端与权益重叠区域

依照《公约》第七十六条第 10 款的规定，本划界案不妨害尼加拉瓜与邻国之间的大陆架划界。

依照委员会《议事规则》附件一第二条（a）款的规定，尼加拉瓜告知委员会，不存在与本划界案相关的未决领土或海洋争端。

3　援引的第七十六条规定

本划界案所涉及的大陆架外部界限是依照《公约》第七十六条第 4 款（a）项（2）目、第 4 款（b）项、第 5 款和第 7 款的规定划定。

4　提供咨询意见的委员

本划界案没有任何委员会委员提供了咨询意见。

5　负责编写本划界案的机构

- 尼加拉瓜外交部；
- 尼加拉瓜国土研究所（INETER）；
- 荷兰海洋法研究所；
- 海洋界限与边界服务有限公司；
- 英国水道测量局。

6　西加勒比海区域大陆架外部界限描述

加勒比海西南部区域大陆架外部界限是依照《公约》第七十六条第 4 款（a）项（2）

---

① 尼加拉瓜共和国，与大陆架外部界限有关的初步信息及被提交给大陆架界限委员会的意见书编制情况说明，第 27 段。

目的规定划定。60 海里包络线（海登堡公式）是基于大陆坡脚点（FOS 1 至 FOS 8）确定的。

部分海登堡公式线受到《公约》第七十六条第 5 款规定的制约（350 海里或 2 500 米等深线外推 100 海里）。

依照《公约》第七十六条第 7 款的规定，大陆架外部界限由连接以经纬度坐标标出的各定点划出长度各不超过 60 海里的若干直线线段构成。表 1 列出了 164 个定点的坐标（略）。

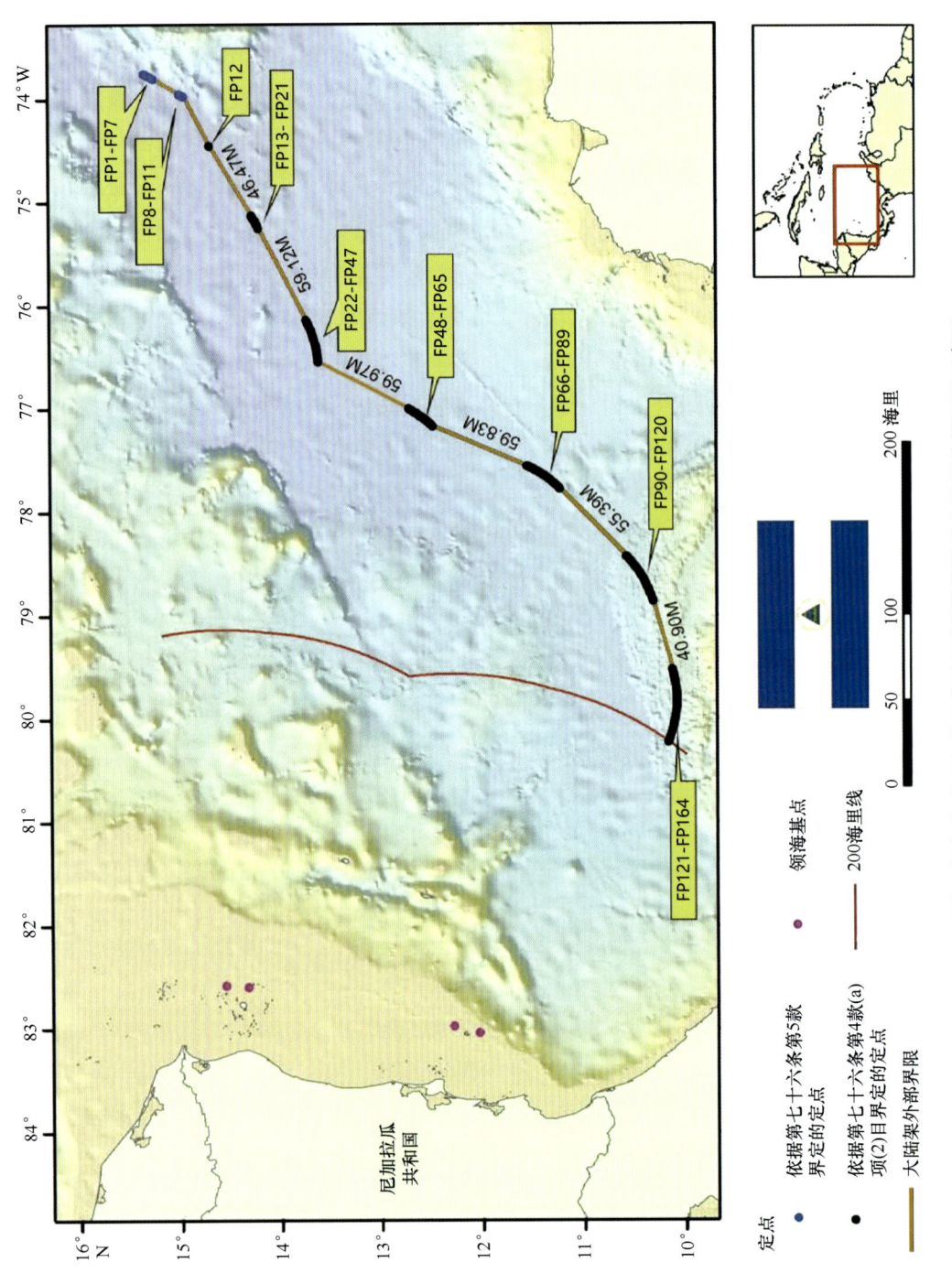

图1 尼加拉瓜西加勒比海地区200海里以外大陆架外部界限示意图

密克罗尼西亚划界案：欧里皮克海岭

密克罗尼西亚关于欧里皮克海岭的部分划界案执行摘要[①]

1　导言

密克罗尼西亚联邦（以下简称"密克罗尼西亚"）依照1982年《公约》第七十六条第8款编写本划界案，并提交给委员会，以确定密克罗尼西亚欧里皮克海岭区域从领海基线量起200海里以外大陆架的外部界限。

密克罗尼西亚是位于西太平洋上的小岛国，由位于赤道以北的约607个岛屿组成，面积约为3 008 473平方千米。1978年批准的《密克罗尼西亚联邦宪法》确定其由4个独立的州（雅浦州、丘克州、波纳佩州和科思雷州）组成。在《密克罗尼西亚联邦宪法》生效前以及1986年宣布独立后，构成密克罗尼西亚的岛屿均位于加罗林群岛的东部和西部。密克罗尼亚的陆地总面积约为714平方千米，其最大的岛屿位于波纳佩州的波纳佩岛，首都帕利基尔就位于波纳佩岛上。

密克罗尼西亚于1991年4月29日加入《公约》。《领土边界与经济区立法》第18章（以下简称"第18章"）确定了密克罗尼西亚的海域范围，符合《公约》的规定。但第18章并没有明确提及大陆架，它暗含了大陆架的海床和底土。据此，《密克罗尼西亚联邦宪法》第一条规定，密克罗尼西亚对从其领海基线量起200海里范围内的海域及大陆架拥有管辖权。

依照《公约》第七十六条第1款的规定，密克罗尼西亚作为沿海国，其大陆架由其海底区域的海床和底土构成，并延伸到领海以外，依其陆地领土的自然延伸至大陆边外缘，即第七十六条第4至第6款中规定的界限，或从领海基线量起200海里界限（如果大陆边外缘没有延伸到200海里的情况下）。

依照《公约》第七十六条的大陆架权利同样适用于依照《公约》第一二一条的岛屿沿海国。

[①] 本划界案于2013年8月30日提交。

当大陆架延伸到从领海基线量起200海里以外的情况下，沿海国若希望确定200海里以外大陆架，需依照《公约》第七十六条第8款向委员会提交与此类外部界限有关的信息。委员会将依照《公约》第七十六条的有关规定，向沿海国提出建议。

《公约》第七十六条第1款规定，沿海国可行使大陆架"主权权利"，以便对其自然资源进行勘探和开采（《公约》第七十七条第1款）。沿海国享有的大陆架主权权利是独有的，从这种意义上来说，在未获得沿海国明示同意的情况下，其他国家不能行使这种权利（《公约》第七十七条第2款）。

密克罗尼西亚援引了《公约》第七十六条、委员会于2008年4月17日通过的《议事规则》（CLCS/40/rev.1）以及委员会于1999年5月13日通过的《科学和技术准则》（CLCS/11）编写本划界案。密克罗尼西亚还参考了到目前为止，委员会公布的其他划界案的委员会建议。

依照《议事规则》附件三第一条和《科学和技术准则》第9.1.3段至第9.1.6段，划界案由以下三部分组成：

（1）执行摘要（FSM-EAU-ES-DOC）；

（2）主体案文（FSM-EAU-MB-DOC）；

（3）科学与技术支撑数据（FSM-EAU-SD）。

本执行摘要作为独立的部分，描述了密克罗尼西亚划定的200海里以外大陆架区域及其大陆架外部界限。

2 部分划界案

依照《议事规则》附件一第三条，本划界案为密克罗尼西亚从领海基线量起200海里以外大陆架的部分划界案。

本划界案是在密克罗尼西亚、巴布亚新几内亚和所罗门群岛于2009年5月9日提交了关于翁通爪哇海台联合划界案之后提交的。密克罗尼西亚、巴布亚新几内亚和所罗门群岛，依照《公约》第七十六条第8款联合编写了联合划界案，以便三沿海国能够确定翁通爪哇海台区域大陆架外部界限[①]。

此外，依照《议事规则》附件一第三条，密克罗尼西亚可能会在以后提交与其他扩展大陆架区域有关的划界案。

3 地图和坐标

本执行摘要含两张A0幅地图。图1（EAU-MAP-ES-1）为密克罗尼西亚欧里皮克海岭区域从领海基线量起200海里以外大陆架外部界限及其扩展大陆架区域图。图2（EAU-

---

① 详见http：//www.un.org/Depts/los/clcs_new/submissions_files/submission_fmpgsb_32_2009.htm。

MAP-ES-2）展示了密克罗尼西亚大陆架外部界限及所援引的《公约》第七十六条规定。

《公约》第七十六条规定的定点的坐标列表见本执行摘要附件（略），这些定点用于划定大陆架外部界限。表 1（FSM-ES-DOC-ANNEX 1）列出了以十进制度数表示经纬度坐标的划定欧里皮克海岭区域大陆架外部界限的定点。表 2（FSM-ES-DOC-ANNEX 2）列出了相同的点，但经纬度坐标以度、分、秒表示。在两个表格中还列出了每个定点所援引的《公约》第七十六条规定以及相邻点之间的距离。

如果个别定点以两种格式表示的经纬度坐标不一致时，密克罗尼西亚依照《公约》第七十六条的相关规定，选择从其领海基线量起离岸最远的坐标点。

4 援引的第七十六条规定

《公约》第七十六条第 4 至第 6 款对密克罗尼西亚这样的沿海国自领海基线量起 200 海里以外大陆架外部界限的划定做了具体的扩展公式和外部限制规定。

依照《公约》第七十六条第 7 款，沿海国用直线线段描绘从领海基线量起 200 海里以外大陆架的外部界限。这些直线线段长度不超过 60 海里，并由以经纬度坐标确定的各定点连接而成。

密克罗尼西亚援引了《公约》第七十六条第 3 款、第 4 款（a）项（2）目、第 5 和第 7 款的规定，用以支持本划界案涉及的大陆架外部界限的划定，如本执行摘要第 6 部分所述。

5 提供咨询意见的委员会委员

在本划界案编写过程中，委员会委员 Philip Alexander Symonds 先生向密克罗尼西亚提供了帮助和咨询意见。

向密克罗尼西亚提供法律与技术帮助的其他顾问还有：

Scott Sweet 先生，菲律宾杜马格特 GIS 顾问；

Joshua Brien 先生，英国伦敦法律顾问；

Alain Murphy 博士，加拿大新斯科舍 GeoLimits 顾问。

6 已解决和未决的划界事宜

第 18 章规定，当密克罗尼西亚的专属经济区与相向或相邻沿海国的专属经济区重叠时，本法中任何规定都不妨碍密克罗尼西亚通过与相向或相邻沿海国之间签订协议解决这种划界（详见本执行摘要第 7 部分）。

对于密克罗尼西亚与帕劳的专属经济区权利重叠，密克罗尼西亚和帕劳依照《2006

年帕劳与密克罗尼西亚联邦之间签订的海洋边界条约》进行划定①，上述信息仅供参考。

密克罗尼西亚注意到，本划界案涉及的扩展大陆架可能与印度尼西亚和巴布亚新几内亚的主张产生重叠。密克罗尼西亚已正式告知相关沿海国关于本划界案的编写，并保证本划界案的提交及随后委员会的审议，不妨害相关海洋划界事宜。

7 不存在争端

《公约》附件二第九条规定，委员会的行动不妨害海岸相向或相邻国家之间的划界。密克罗尼西亚注意到，委员会援引了《议事规则》附件一的规定，在未获得争议当事国同意的情况下，不应审议和认定争端任一当事国提出的划界案。

依照《议事规则》附件一第二条（a）款，密克罗尼西亚告知委员会，本划界案涉及的大陆架区域不存在与任何其他国家的争端。

此外，依照《议事规则》附件一第二条（b）款，密克罗尼西亚向委员会保证，本划界案的审议不会妨害其与任何其他国家之间的划界。密克罗尼西亚还进一步确认将提交完整的划界案，并且该划界案的审议不妨害其与相邻沿海国之间潜在海洋划界事宜。

8 区域概况和大陆架外部界限

密克罗尼西亚大陆架主要根据其形态特征进行确定，它主要由欧里皮克海岭及相关海底高地组成。

密克罗尼西亚大陆架沿着欧里皮克海岭延伸到200海里以外。欧里皮克海岭是位于赤道西太平洋、大体呈南北走向、水深2 000~3 500米的海底高地。海岭平均宽度约320千米，但在其南端有超过700千米宽的扇体。

欧里皮克海岭以及卡洛琳海脊和其他相关地貌特征均为与热点作用相关的火山作用形成，这是一种独特的地质过程，与正常深洋洋底的形成明显不同。欧里皮克海岭是欧里皮克环礁的水下延伸，是密克罗尼西亚陆地领土的组成部分。

密克罗尼西亚的自然延伸是以环礁岛屿陆块的水下延伸为基础。本划界案涉及区域的地质背景详见划界案主体案文第2部分，该部分明确阐述了相关陆块的自然延伸情况。

为支持本划界案，密克罗尼西亚提交了科学与技术资料证明其大陆边外缘可延伸到从领海基线量起200海里以外。

依照《公约》第七十六条的相关规定，密克罗尼西亚扩展大陆架的外部界限使用了64个定点，其中：

● 39个定点通过从大陆坡脚量起60海里的弧线确定［第七十六条第4款（a）项（2）目］；

---

① 详见 http://www.un.org/Depts/los/LEGISLATIONANDTREATIES/STATEFILES/FSM.htm。

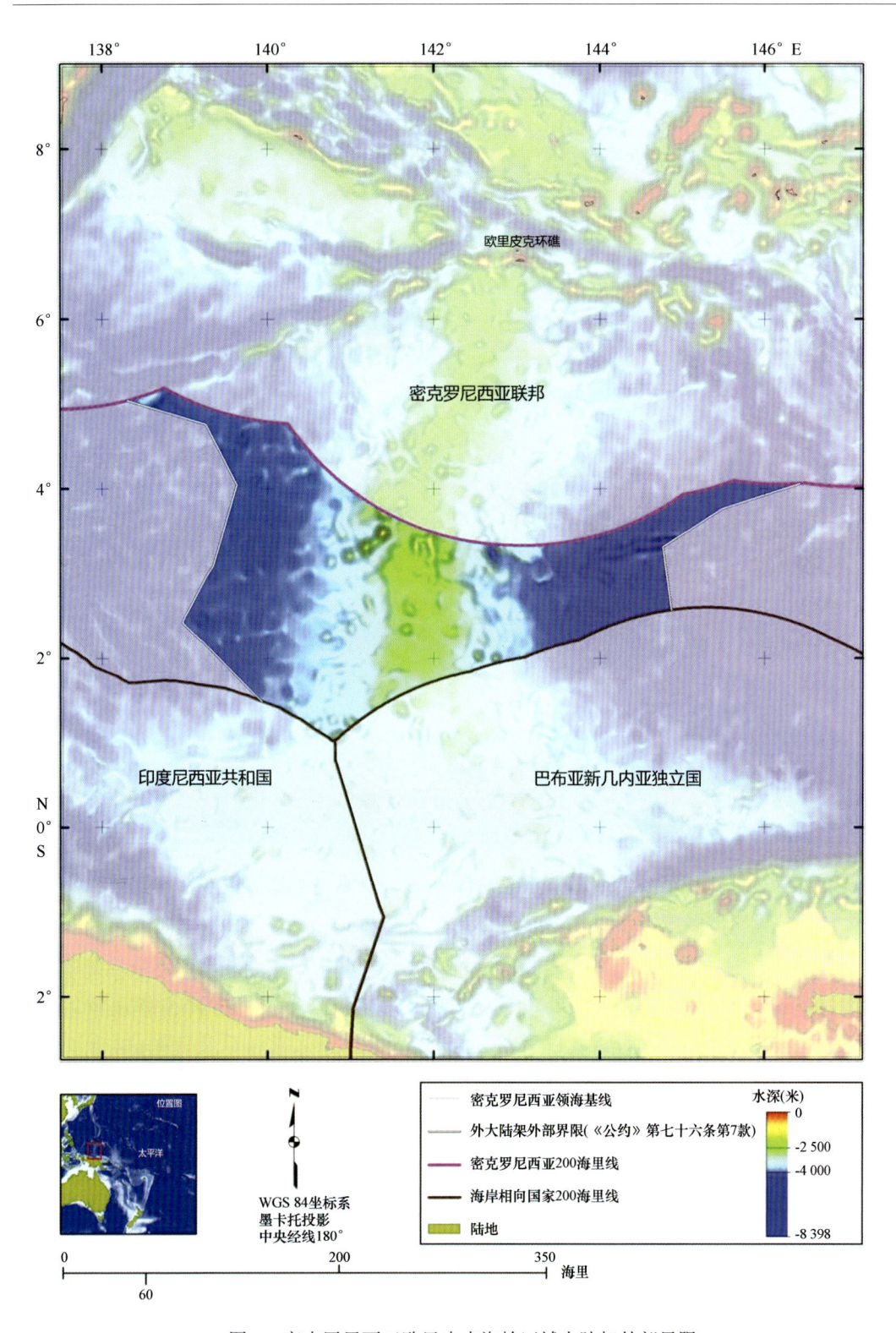

图 1　密克罗尼西亚欧里皮克海岭区域大陆架外部界限

- 20 个定点通过从领海基线量起 350 海里限制线确定（第七十六条第 5 款）；
- 2 个定点是通过密克罗尼西亚 200 海里线确定。其中一个定点位于西部区域，在雅浦州恩古卢环礁 200 海里线上（FSM-ECS-FP1）；另一个定点位于东部区域，在雅浦州埃拉托环礁 200 海里线上（FSM-ECS-FP64）；
- 1 个定点通过从 2500 米等深线外推 100 海里的限制线确定（第七十六条第 5 款）（FSM-ECS-FP59）；
- 1 个定点位于西部区域（FSM-ECS-FP60），是外部界限与印度尼西亚 200 海里线的交点；
- 1 个定点位于东部区域（FSM-ECS-FP61），是外部界限与巴布亚新几内亚 200 海里线的交点。

从领海基线量起 200 海里以外大陆架外部界限通过大地测量线进行描绘。这些直线线段长度不超过 60 海里，并由经纬度坐标确定的各定点（"第七十六条规定的定点"）连接而成。

从领海基线量起 200 海里以外密克罗尼西亚大陆架外部界限涉及的面积约为 143 859 平方千米。

用于描绘大陆架外部界限的定点列表，详见执行摘要附件（略）。

9 声明

密克罗尼西亚划界案中所有的地图、图表和数据均由国家海洋资源管理局准备。国家海洋资源管理局负责资料的准备并对资料的质量和可靠性负责。

10 注释

10.1 地图注释

本划界案所附地图中的密克罗尼西亚专属经济区是根据第 18 章的条款以及密克罗尼西亚适用的海洋边界条约进行绘制。

密克罗尼西亚的其他 200 海里线仅用于显示作为大陆架外部界限的各起点和终点的位置。

地图所示的其他国家 200 海里线的确定是基于当时的可用信息，但不意味着承认其他沿海国的领海基点、海域或水域在国际法中的有效性，除非这种海洋边界线、坐标或边界已在密克罗尼西亚与海岸相向或相邻沿海国之间的海洋边界条约或协议中有所约定。

10.2 表格注释

本执行摘要附件 1 和附件 2 中的表格（略）是根据编号（标识符）及坐标（经纬度）

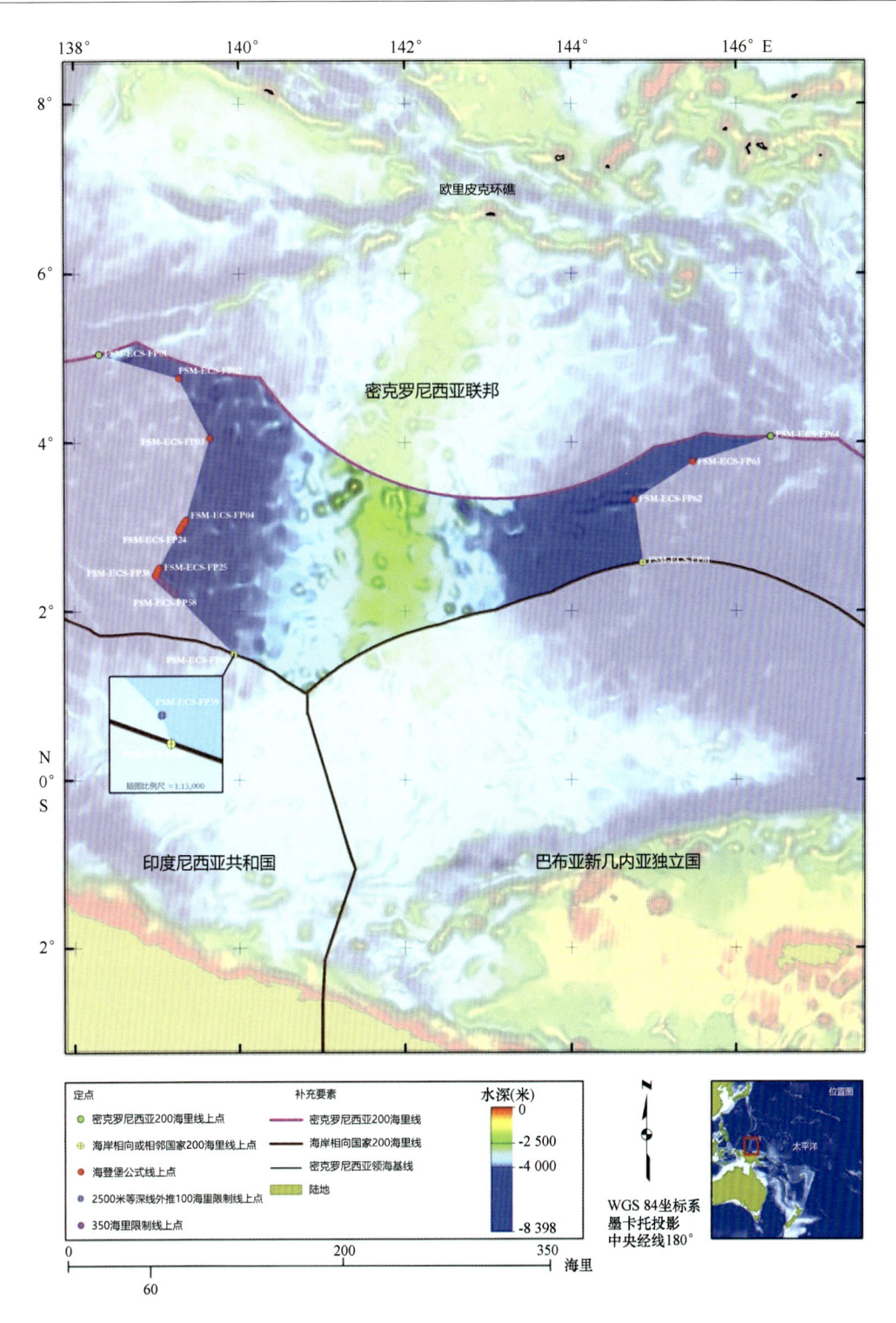

图 2　密克罗尼西亚大陆架外部界限及其所援引的《公约》第七十六条规定

列出用于确定密克罗尼西亚大陆架外部界限的定点。外部界限上的一个点到另一个点之间的距离（单位：海里）见表格的第 4 列。

在本文件中，依照《公约》第七十六条规定所确定的定点坐标是用 1984 年世界大地测量系统（WGS 84）参考坐标系表示。

10.3　缩略词

下述缩略词被用在附件 1 和附件 2 的表格中，用于说明所援引的《公约》第七十六条相关规定。

60M：60 海里公式点［第七十六条第 4 款（a）项（2）目］

100M：2 500 米等深线外扩 100 海里限制线（第七十六条第 5 款）；

200M：从密克罗尼西亚领海基线量起 200 海里线（第七十六条第 1 款）；

350M：从密克罗尼西亚领海基线量起 350 海里限制线（第七十六条第 5 款）。

所使用的其他缩略词：

200M other：从海岸相向或相邻沿海国领海基线量起的 200 海里线；

DD：十进制度数；

DMS：度、分、秒；

ECS：扩展大陆架；

FP：定点；

M：海里（1 852 米）。

丹麦划界案：格陵兰岛东北部海域

丹麦关于格陵兰岛东北部大陆架的部分划界案执行摘要[①]

1 导言

丹麦于 1982 年《公约》开放签署之日签署了《公约》，并于 2004 年 11 月 16 日批准了《公约》，《公约》于 2004 年 12 月 16 日起对丹麦生效。

本部分划界案的提交是丹麦依照《公约》第七十六条第 8 款和《公约》附件二第四条的规定，履行提交从领海基线量起 200 海里以外的大陆架外部界限资料义务的第四个部分划界案。

丹麦政府与法罗群岛政府分别于 2009 年 4 月 29 日和 2010 年 12 月 2 日就法罗群岛北部和南部大陆架提交了第一个和第二个部分划界案。丹麦政府与格陵兰政府于 2012 年 6 月 14 日就格陵兰南部大陆架提交了第三个部分划界案。

本部分划界案为涉及格陵兰岛的第二个划界案，但仅限于格陵兰东北区域的大陆架。

对格陵兰北部区域的科学技术数据收集及分析工作将持续到划界案的完成。依照《公约》附件二第四条以及第十八次缔约国会议的决定，该区域的信息也将提交给委员会。

依照《公约》第七十七条，沿海国对大陆架的权利是固有的，并且这种权利自始存在。

根据 1963 年 6 月 7 日的第 259 号皇家法令，丹麦宣布对其海岸的海床和底土拥有主权权利，允许在领海以外水深 200 米以内的范围，或在可开采的深度范围内进行天然沉积物的勘探、开采。依照《公约》，目前这种主权权利的行使范围延伸至距离领海基线 200 海里处或至海岸相向或相邻国家之间约定的边界。丹麦政府与格陵兰政府之间的协议（通过 2009 年 6 月 12 日的第 473 号皇家法令和关于格陵兰岛自治政府的法令实施），赋予格陵兰政府新的权利范围。依照 2009 年 12 月 7 日格陵兰议会第 7 号法令《矿物资源法》，自 2010 年 1 月 1 日起格陵兰政府承担对矿物资源活动的立法和执法责任。

[①] 本划界案于 2013 年 11 月 26 日提交。

"丹麦大陆架项目"于 2002 年启动，由丹麦皇家科技创新部主管，该部门与格陵兰政府和法罗群岛政府密切合作，负责获取划定 200 海里以外大陆架外部界限所必需的数据。

本部分划界案的编写于 2002 年开始。地震和测深数据的采集以及数据的处理、分析和解释持续至 2013 年结束。本部分划界案的编写由以下部门联合执行：丹麦皇家外交部、格陵兰总理办公室、丹麦和格陵兰岛地质调查局（丹麦皇家气候、能源与建筑部所属机构）以及格陵兰工业与矿产资源部。丹麦和格陵兰岛地质调查局和格陵兰工业与矿产资源部两个机构均为研究近岸地质和地球物理学的国家专门机构。其他各部门和组织，特别是丹麦国家测绘与地籍局、丹麦国家太空研究所为本划界案做出了科学或其他贡献。

2　地图和坐标

本划界案所包含的数据和信息旨在确定从领海基线量起 200 海里以外的大陆架外部界限。

本执行摘要包含两幅地图。第一幅地图（图 1）展示了格陵兰岛东北部 200 海里以外大陆架外部界限。第二幅地图（图 2）展示了划界案相关区域海底地形和主要地理名称。

附件 1 为划定格陵兰岛东北部大陆架外部界限的定点的地理坐标列表（略）。该表（表 1）包含了确定每个定点所援引的《公约》第七十六条规定以及相邻两点之间的距离（单位：海里）。

表中所列的地理坐标和地图上的地理坐标均为 ITRF2000 大地测量参考系（历元 2000.0）。

3　提供咨询意见的委员会委员

丹麦在编写本部分划界案的过程中，得到了委员会前委员 Philip Alexander Symonds 博士（2002—2012），现任委员 Walter R. Roest 博士（2012 至今），以及 Martin V. Heinesen 先生（2012 至今）的帮助和咨询意见。

4　为支持划界案所援引的第七十六条规定

以下述第 5 部分的内容为基础，丹麦援引《公约》第七十六条第 4 至第 6 款的规定，用于支持格陵兰东北部 200 海里以外大陆架外部界限的确定。

本部分划界案使用"海登堡"公式点来表示通过适用《公约》第七十六条第 4 款（a）项（2）目确定的 60 海里定点，和依照《公约》第七十六条第 7 款划定的直线，该直线由定点连接，确定了大陆边外缘。

本部分划界案仅使用了"海登堡"公式点。依照《公约》第七十六条第 7 款，大陆架外部界限应连接以经纬度坐标标出的各定点划出长度不超过 60 海里的若干直线划定。

5 大陆边缘概述

格陵兰岛东北大陆边缘为被动大陆边缘，从南部约 70°N 向北部 82°N 延伸约 1 300 千米。大陆架的宽度在南部和北部边缘大约为 60 千米，中部超过 300 千米。该大陆边缘以北北西向展布，早—中泥盆纪喀里多尼亚山脉拉张塌陷产生的链状构造为主体。

在格陵兰岛的东北部沿岸覆盖着较厚的从泥盆纪到早第三纪的沉积物。晚古生代、中生代以及晚中生代—早新生代时期发生的三次重要拉张作用导致这些沉积物堆积至裂谷盆地。沉积盆地由近岸延伸到海盆，根据地震数据解释，可发现在格陵兰岛东北部区域存在一系列完整的古生代至古新世的连续沉积。

格陵兰岛与欧亚大陆之间的裂解发生在古新世—始新世的过渡期，并且伴随着一系列的火山作用，进而产生了现今分布在东格陵兰岛中部南端 68°N—70°N 区域的厚层溢流玄武岩的形成。

海底扩张一开始是以北北西向沿着蒙斯海脊发生的，从晚始新世—早渐新世开始逐渐变为西北西向。板块运动的变化引起了沿格陵兰岛断裂带北部克尼波维奇海脊的海底扩张。这一断裂带是沿着东格陵兰海岭发育的。

东格陵兰海岭是从巴伦支海共轭边缘分离出来的具有陆壳性质的残片，部分来自于格陵兰岛东北大陆边缘的裂解，同时也沿着格陵兰岛断裂带剪切。无论是从地形地貌形态还是地质属性看，东格陵兰海岭均是格陵兰岛东北大陆边缘的组成部分。

新第三纪的冰川作用与近期沿岸陆地区域的抬升导致近岸盆地发生倾斜，并且剥蚀了大量古新世之后的沉积物。在这一作用下，大量沉积物沿着陆坡向下输送导致陆架向海迁移。在间冰期，这一区域主要受沿坡的底流支配，在陆坡坡底发生剥蚀和再沉积作用。东格陵兰海岭的存在对冰期与底流相关的沉积作用都产生了极大影响。

6 格陵兰岛东北大陆架

依照《公约》第七十六条第 7 款的规定，格陵兰岛东北大陆架外部界限是由连接各海登堡公式点的直线划定的。大陆架外部界限西部端点位于格陵兰岛 200 海里线上，东部终止于挪威（斯瓦尔巴）200 海里线。

7 海上划界

在格陵兰岛东北大陆架的划界方面，依然存在某些未决问题。必须依照《公约》第七十六条第 10 款和附件二第九条，以及委员会《议事规则》附件一的规定来审议。

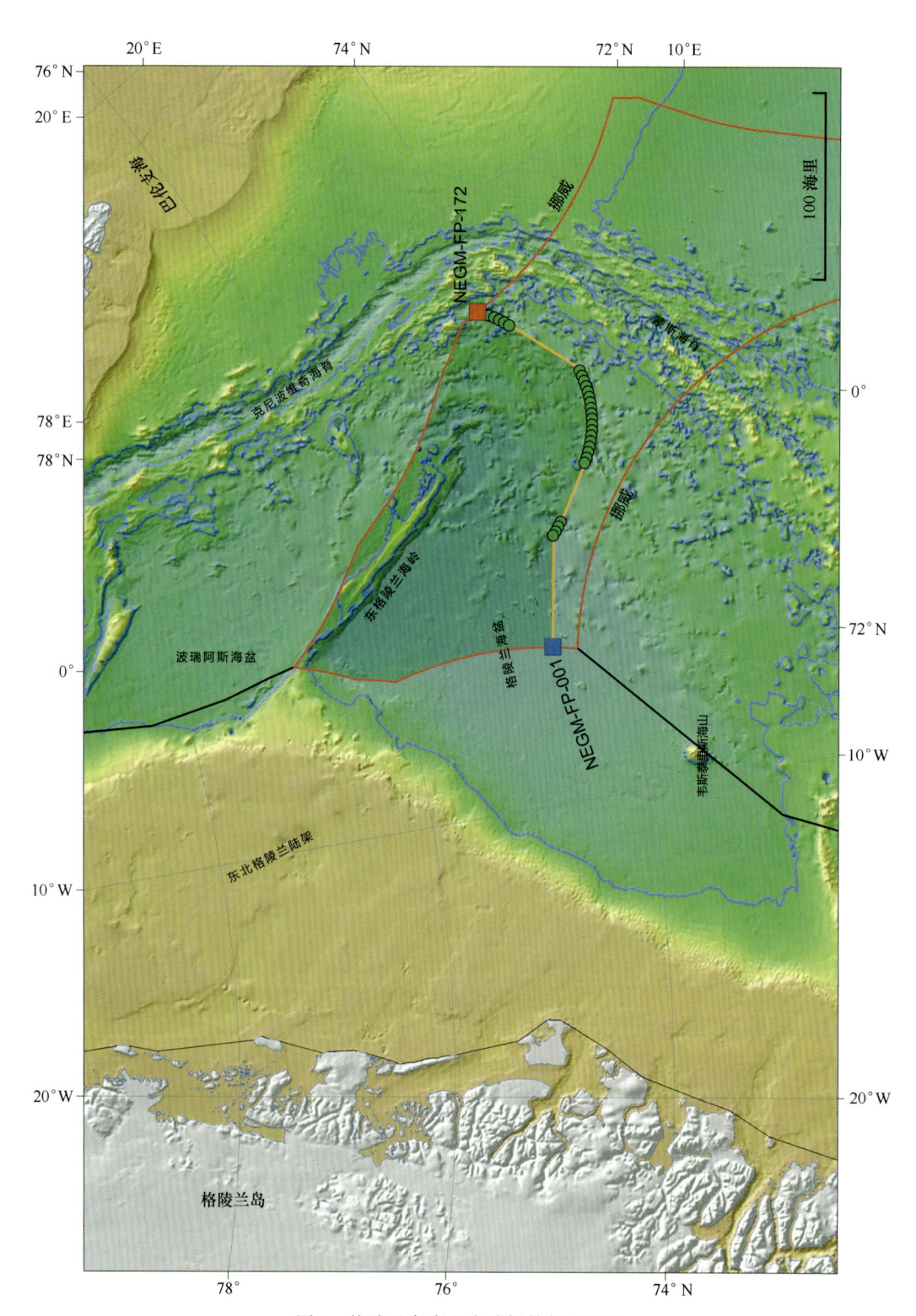

图 1　格陵兰岛东北大陆架外部界限图

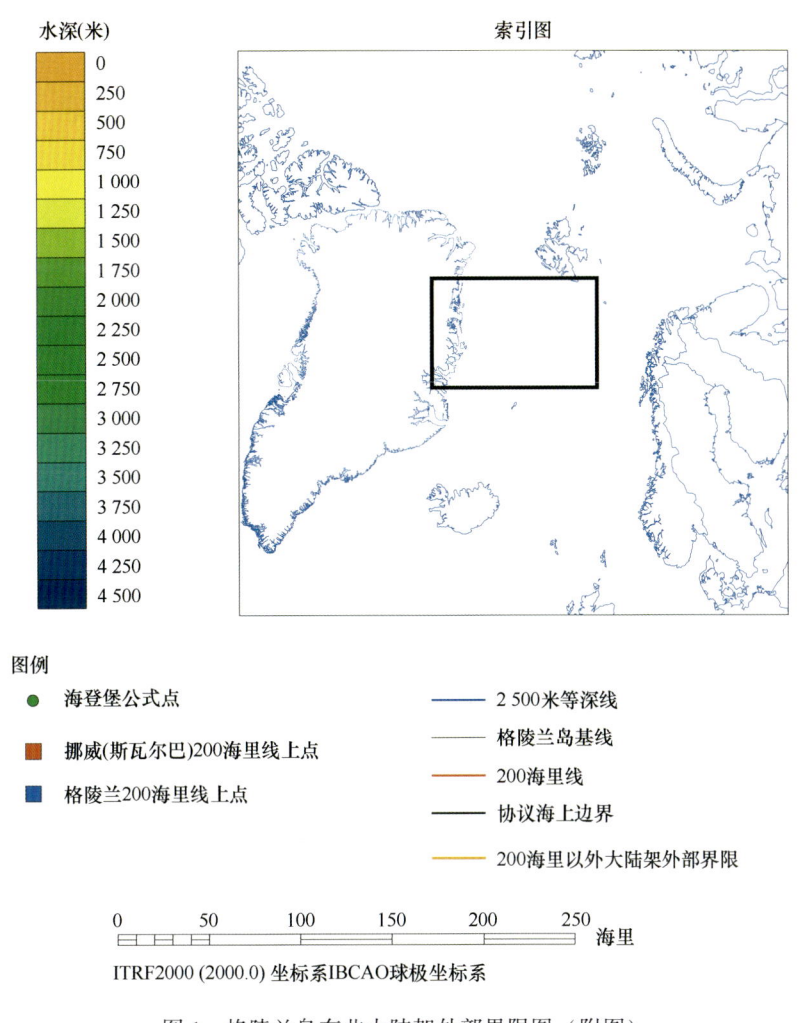

图 1 格陵兰岛东北大陆架外部界限图（附图）

格陵兰岛东北大陆架外部界限与挪威大陆架外部界限存在重叠。

挪威于 2006 年 11 月 27 日提交了关于巴伦支海、北冰洋及挪威海 3 个不同区域的划界案。委员会已于 2009 年 3 月 27 日通过了该划界案的建议。

2006 年 2 月 20 日，丹麦与格陵兰政府以及挪威签订了关于大陆架划界及格陵兰和斯瓦尔巴之间的渔区协议，该协议于 2006 年 6 月 2 日生效。

在协议的序言中，各方均表示希望将 200 海里以外双方的大陆架划界与大陆架外部界限的确定相结合。

2007 年 1 月 24 日，丹麦政府与格陵兰政府告知联合国秘书长关于挪威提交的划界案执行摘要第 6 部分，丹麦/格陵兰不反对委员会审议挪威提交的划界案并提出建议。本划界案的审议和建议不妨碍丹麦/格陵兰之后提交的数据和材料，也不妨害将来丹麦/格陵兰和挪威间的大陆架划界。

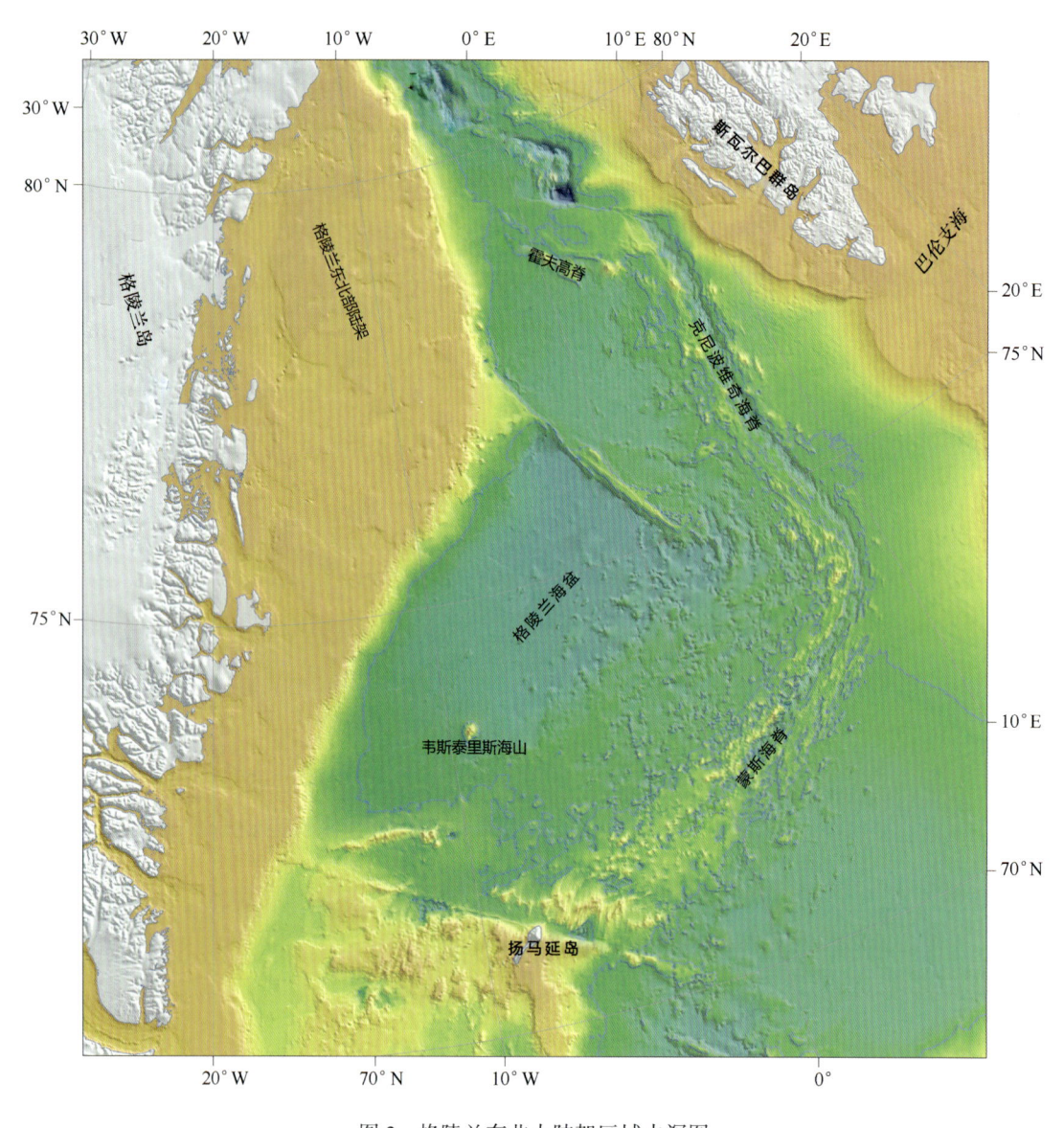

图 2　格陵兰东北大陆架区域水深图

最终的界限应由双方协商确定。

挪威政府向丹麦政府表示不反对委员会审议并提出建议。审议和建议也不妨害今后的划界。

综上所述，丹麦请求委员会审议格陵兰岛东北大陆架部分划界案，并提出建议，且不妨害丹麦/格陵兰和挪威之间的大陆架划界。这项请求已得到双方同意。

安哥拉划界案

安哥拉划界案执行摘要[①]

1 导言

《公约》于 1982 年 12 月 10 日在牙买加蒙特哥湾开放签署。《公约》第三〇六条规定，本《公约》需经批准。

安哥拉共和国（以下简称"安哥拉"）于 1982 年 12 月 10 日起作为缔约国加入《公约》，并于 1990 年 12 月 5 日批准了《公约》。

作为《公约》缔约国签署并批准了《公约》，安哥拉通过海洋空间定界与划界跨部门委员会建立了安哥拉大陆架划界案项目。

安哥拉知晓其和平延伸水下领土主权权利的可能性，在以联合国成员国为代表的国际社会的支持下，安哥拉将尽力符合《公约》的规定。该项目不仅涉及详细的桌面研究以确保大陆架延伸信息的相关性，而且还涉及使用最先进技术的船只进行特定的海洋学、地质和地球物理调查，以便采集数据并对数据进行系统化处理以及进一步分析和解释。

本项目旨在通过编制安哥拉大陆边缘相关的现存数据，初步了解其在南大西洋地质演化背景下的地形地貌、地质和地球物理概况，用以评估安哥拉相关扩展大陆架；现存的数据是通过多道地震调查（来源于安哥拉国家石油勘探公司 SONANGOL 的数据库）、单波束测深、重力和磁力测量获得以及其他与大陆边缘有关的核心数据均将全部编制在内。

编制结果表明，安哥拉有权延伸其水下领土，但安哥拉北部及南部区域的大陆架相关系统性信息不足。在依照委员会《科学和技术准则》（CLCS/11，1999 年 5 月）对《公约》第七十六条的适用中发现，基于公开数据库中的剖面图不足以对重要数据进行解释。此外，大陆边缘相关资料编制得到的信息不足以解释地质活动，必须增加对安哥拉大陆边缘的调查。因此，需要规划地球物理调查，以便填补现有资料的空白，并从技术上使用最先进的定位及地球物理系统，使用综合地球物理调查船和适用于多道地震数据采集的地球

[①] 本划界案于 2013 年 12 月 6 日提交。

物理调查船，对数据进行系统化采集。利用综合地球物理调查船同时开展多波束测深、单道地震、3.5 kHz 浅地层剖面仪以及磁力和重力调查调查，同步采集了 30 000 千米的调查剖面。此外，还通过声呐浮标采集地震折射数据。

利用多道地震地球物理调查船采集了整个安哥拉大陆边缘 15 000 千米长的深穿透数据。

新采集的数据集深化了安哥拉大陆边缘地质背景的认识，揭示了不同于大西洋其他大陆边缘的独特地质特征。安哥拉政府向联合国提交的大陆架划界案主要以新采集的地球物理调查数据和此前编制的历史数据为基础。

划界案首先阐述了支撑本划界案的数据的编制、采集及处理结果。然后，通过水深图、地质及沉积过程图、沉积物厚度（等厚线）图以及重力和磁力地球物理图来阐述和描绘安哥拉大陆边缘的地形地貌、地质及地球物理特征。

对数据进行综合分析后得出的主要认识是，识别出穿过安哥拉陆坡、主要由与陆地峡谷系统相连的海底峡谷和水道形成的大型浊流沉积体以及大型水下滑坡沉积物、因重力作用而引发的沉积陆块迁移（MTDs）等特殊地质体的分布。

随着对大陆边缘形态学及地质和地球物理演化认识的深化，陆坡基部区域可以通过一般规则来确定。《公约》第七十六条规定的其他要件也可用来建立安哥拉法定大陆架的外部界限。安哥拉大陆架由贯穿其陆块的自然延伸部分构成，其大陆架一直延伸到其领海范围之外直到《公约》第七十六条规定的大陆边外缘的海底区域的海床和底土。

本划界案的主体案文概述了适用《公约》的必要信息，并通过附件 8 进行补充。附件 8 对相关事项进行了广泛且详细的讨论。

2　援引的第七十六条规定

从领海基线量起 200 海里以外安哥拉大陆边外缘是依照《公约》第七十六条第 3 款、第 4 款（a）项（2）目和第 4 款（b）项的规定划定的。依照《公约》第七十六条第 5、第 6 和第 7 款的规定，扩展大陆架的外部界限由系列定点、以及依次连接这些定点且长度不超过 60 海里的若干直线构成。在本划界案的编写过程中，安哥拉政府遵循委员会通过的《科学和技术准则》（CLCS/11，1999 年 5 月）相关要求。

3　负责编写划界案的机构

安哥拉将安哥拉扩展大陆架项目委托给安哥拉海洋空间定界与划界跨部门委员会，并指定安哥拉国防部为协调方。作为跨部门委员会成员的其他部门如下所述：

- 石油部；
- 外交部；

- 内务部；
- 司法与人权部；
- 交通部；
- 渔业部；
- 地质与矿产部；
- 环境部；
- 能源水务部；
- 负责总统法律及司法事务的国务卿；
- 安哥拉武装部队总参谋长；
- 安哥拉国家石油公司董事会主席。

4 提供咨询意见的委员会委员

委员会委员 Galo Carrera Hurtado 先生就本划界案向安哥拉提供了咨询意见。

5 不存在争端

当陆地边界向安哥拉北部大陆边缘延伸时，与相邻及相向国家间可能存在主张重叠。本划界案不妨害相关国家的划界事宜。依照《公约》第七十六条第10款的规定："本条的规定不妨害海岸相向或相邻国家间大陆架界限划定的问题"。

6 扩展大陆架的外部界限

安哥拉所提交的数据用于支持本划界案，这些数据可证明安哥拉从领海基线量起200海里以外大陆架外部界限涉及区域为379 443.84平方千米。图1为安哥拉主张的200海里以外的扩展区域及其外部界限。图2为安哥拉所提交的扩展大陆架区域图。

安哥拉扩展大陆架外部界限总共涉及417个定点，由这些定点组成的直线线段距离不超过60海里。

7 外部界限定点列表

表2列出了依照《公约》第七十六条规定确定的组成安哥拉扩展大陆架外部界限的417个定点（略）。相邻定点之间的距离如表格的最右列所示，单位为海里。定点的位置通过纬度和经度（十进制度数，WGS 84 坐标系）及墨卡托投影坐标（米）进行描述。

所采用的大地测量参考系参数如下所示（表1）：

表 1　安哥拉划界案中所采用的大地测量参考系统

大地测量基准	WGS-84	
椭　球	WGS-84	
	半长轴（a）	6 378 137.000 米
	半短轴（b）	6 356 752.314 米
	反扁率（$1/f$）	298.2572236
	离心率的平方（e^2）	0.006694380
投　影	墨卡托	
	原点纬度	00°00′00.000″N
	原点经度	00°00′00.000″E
	原点东伪偏移	0
	原点北伪偏移	0
	比例系数	1
	网格单位	米

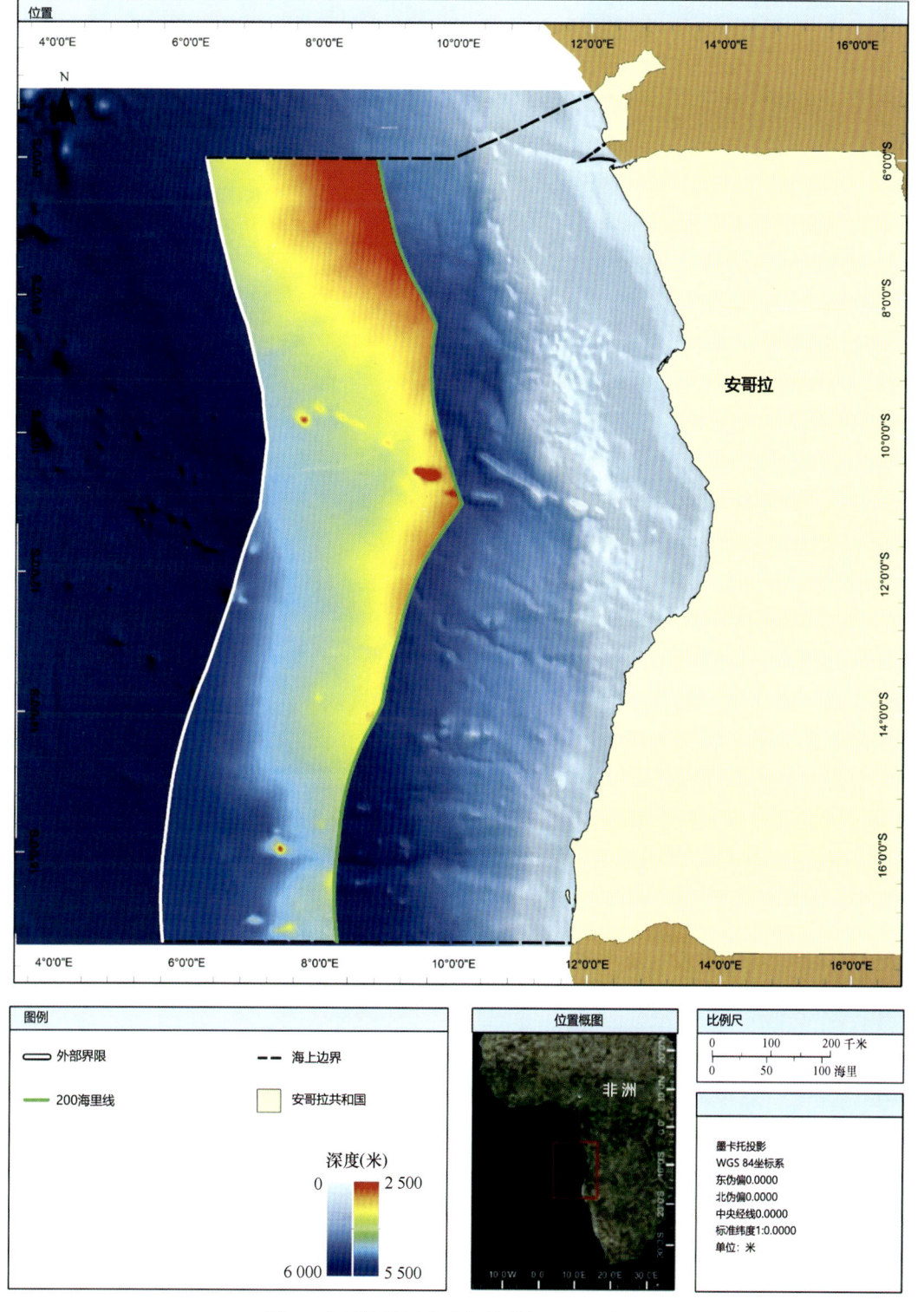

图1 安哥拉扩展大陆架的外部界限示意图

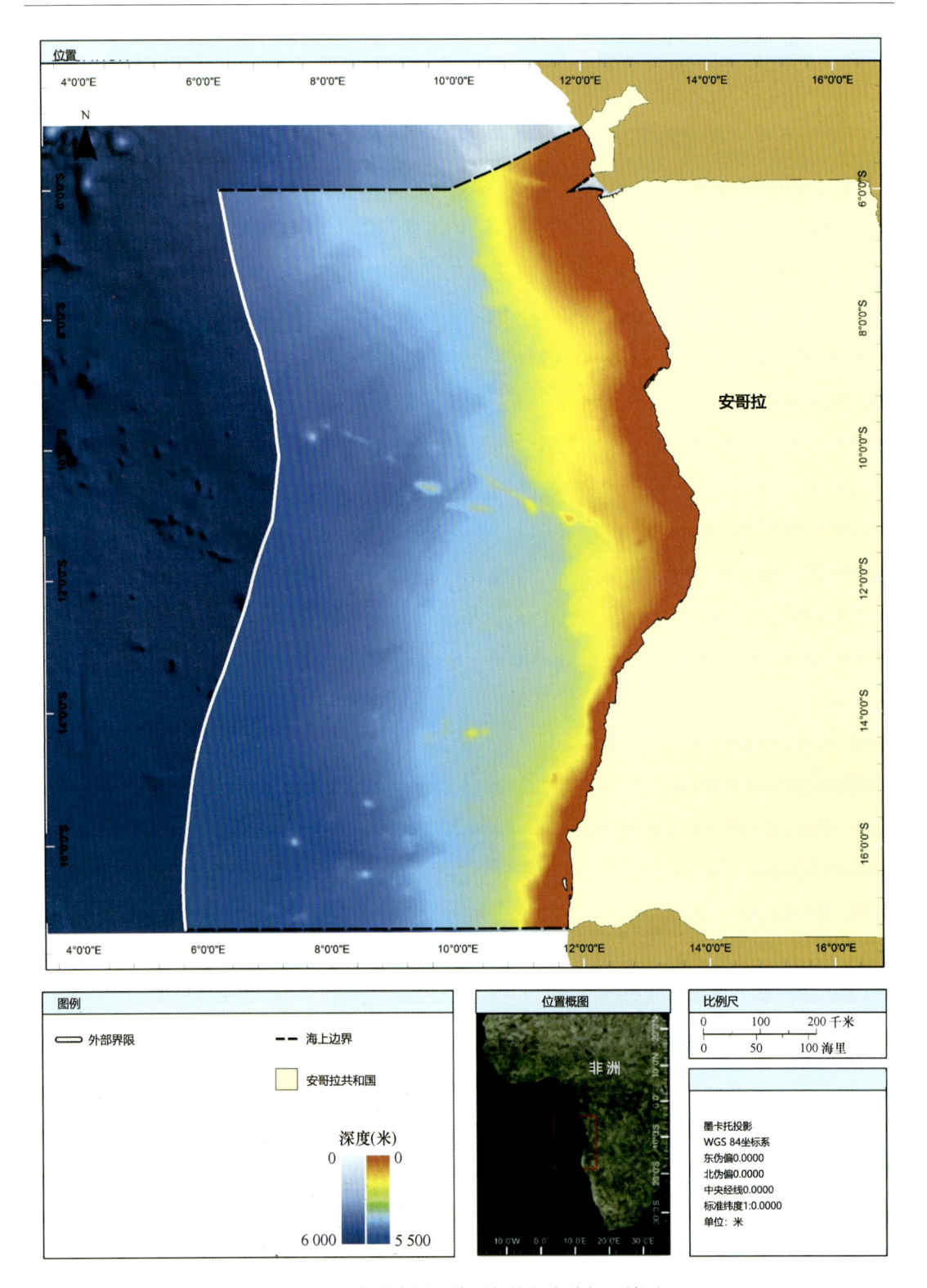

图 2　安哥拉的专属经济区与扩展大陆架区域图

加拿大划界案：大西洋

加拿大关于大西洋大陆架的部分划界案执行摘要[①]

1 导言

加拿大于 1982 年《公约》开放签署之日签订了《公约》，并于 2003 年 11 月 7 日批准了《公约》。《公约》于 2003 年 12 月 7 日起对加拿大生效。

正如《公约》第七十七条规定，沿海国享有的大陆架权利是固有的并且自始存在。基于国际法和国家实践以及与行使大陆架主权权利和管辖权有关的加拿大立法和实践，《公约》反映了加拿大的一贯立场。加拿大立法中的大陆架定义在《海洋法案》（1996 年制定）第 17 部分中有所规定。此定义涉及海床和底土，这种海床和底土贯穿加拿大陆地领土的自然延伸部分，是领海以外依其陆地领土的自然延伸，直到其大陆边外缘，基于国际法认可的大陆架最大范围，如果大陆边外缘没有延伸到这个距离，则可延伸至从领海基线量起 200 海里。

本划界案为部分划界案，旨在履行《公约》第七十六条第 8 款和附件二第四条规定的义务，提交加拿大大西洋区域从领海基线量起 200 海里以外大陆架外部界限信息。关于加拿大 200 海里以外北冰洋区域大陆架外部界限的信息，随后将根据《公约》附件二第四条和《公约》第十八次缔约国会议决定（SPLOS/183）进行提交。依照《公约》第七十七条，加拿大保留提交与其他区域大陆架有关信息的权利。

本划界案由外事、贸易与发展部，自然资源部（加拿大地质调查局）及渔业与海洋部（加拿大水文局）联合编写。加拿大地质调查局和加拿大水文局负责对数据进行收集和解释，以及从科学技术角度编写划界案。外事、贸易与发展部负责本划界案的法律问题及相关外事工作。

[①] 本划界案于 2013 年 12 月 6 日提交。

2 注释

本划界案中使用的其他国家 200 海里线不意味着在国际法中其有效性已被接受或认可。

本划界案的所有地图、图表和数据库均由政府部门准备，政府部门负责资料的准备并保证其质量及可靠性。

3 提供咨询意见的委员会委员

委员会委员 Harald Brekke 先生（任期 1997-2012）和 Richard Haworth 博士（2012 至今）在划界案编写过程中提供了咨询意见。

4 援引的第七十六条规定

加拿大依照《公约》第七十六条划定其大陆架。加拿大援引第七十六条第 4、第 5 和第 6 款确定其外部界限的位置。定点的确定是依照第七十六条第 4 款（a）项（1）目关于 1% 沉积物厚度的规定，或第七十六条（4）款（a）项（2）目大陆坡脚外推 60 海里弧线的规定，以及第七十六条第 5 款距离限制（350 海里）和深度限制（2500 米等深线外推 100 海里）的规定。依照第七十六条第 7 款，大陆架的外部界限使用由各定点划出长度各不超过 60 海里的直线划定。

5 大陆边缘概述

本部分划界案涉及 3 个区域：拉布拉多海、大浅滩和新斯科舍。每个部分对应的特定区域都将依次全面论述。

在地质和地貌方面，加拿大大西洋区域的大陆边缘，从南部的新斯科舍近海区域开始，沿着大浅滩连续延伸，直到拉布拉多的北端，3 个区域都具有其独特的地质特征。该大陆边缘由许多海底高地组成，这些海底高地均为加拿大陆地领土的水下延伸。

大西洋区域大陆边缘是由潘吉亚超大陆破裂及随后的海底扩张形成的，海底扩张导致了北大西洋和拉布拉多海的形成。

晚三叠纪从新斯科舍地区开始的裂谷作用与大陆裂解导致其从摩洛哥共轭大陆边缘分离出来。其陆架基底与阿帕拉契亚造山运动有关。尽管海底扩张以来在陆架和陆坡上沉积了大量的沉积物，但其构造格局和早期沉积环境仍然很清楚。目前在陆架至少识别出 5 个更新世冰河期沉积，以及通过冰川作用输送至陆坡的大量沉积物。这就导致在海底面及海底面以下显著分布大量各种尺度的滑塌滑坡沉积体，以及切割陆坡的大量海底峡谷和水道，并通过这些海底峡谷和水道将堆积在下陆坡的沉积物直接输送到深洋洋底。

大浅滩区域大陆边缘最初由晚三叠世到早白垩世的裂谷作用形成，随后伊比利亚及欧洲大陆陆续出现裂解。该区域复杂的裂谷沿着不同方向延伸，形成包括奥凡盆地和佛莱明山口等在内的拉张陆壳区域，并与大浅滩区的奥凡海丘、佛莱明角、纽芬兰海脊等海底高地相关连。陆架基底与阿帕拉契亚造山运动有关。这些构造性地质特征受第四纪冰川作用、海进和海退以及底流对大陆边缘塑造作用等的影响。在更新世时期覆盖大浅滩的冰川及大量横穿陆架的冰川槽都是冰流作用的证据，这些冰流将沉积物直接输送到陆坡。强烈的底流活动导致大浅滩区大陆边缘的几乎每个部分的陆坡都被漂移的沉积物覆盖。大浅滩区被西北大西洋洋中峡谷所包围。浊流溢出沉积物从西北大西洋洋中峡谷开始横向蔓延，覆盖在大浅滩区的陆坡上。

晚白垩世裂谷作用从拉布拉多海的大陆边缘开始。随后的海底扩张形成拉布拉多海，并使拉布拉多从格陵兰分离出来。它们都是北大西洋劳伦古大陆前寒武纪克拉通的组成部分，从拉布拉多开始延伸，穿过格陵兰，直到欧洲西北部。拉布拉多大陆边缘的陆架为向海弯曲陆壳的自然延伸，以前寒武纪克拉通基底上不规则的复杂侵蚀面为特征。

构成拉布拉多陆架的地貌元素受到其内部构造格局的约束，但目前的海底形态主要在更新世的冰河期形成。许多横跨陆架的海槽都是冰流的证据。在冰河时期，大量沉积物被输送到拉布拉多大陆边缘，特别是这些向海的冰槽处。这些沉积流通过陆坡上的海底峡谷和水道进行输运。陆坡上的峡谷一开始垂直陆坡方向延伸，当到达深海盆时就随着盆地整体倾向转至东南方向。最后，它们与西北大西洋洋中峡谷结合，西北大西洋洋中峡谷从北部的戴维斯海峡开始，在拉布拉多海中央盆地向东南方向延伸。

6 大陆架外部界限描述

加拿大大西洋区域大陆架外部界限由 732 个定点确定。这些点都位于导言所述范围，并且编号是连续的。例如，拉布拉多海区域定点 LS-ECS-047 的后面就是大浅滩区域的 GB-ECS-048。依照《公约》第七十六条第 7 款，连接这些定点的直线长度都不超过 60 海里。所有这些直线都是大地测量线。

（1）拉布拉多海区域

拉布拉多海区域大陆架外部界限由 47 个定点（LS-ECS-001 至 LS-ECS-047）确定。这些定点是依照《公约》第七十六条 4 款（a）项（1）或（2）目确定的公式点，依照《公约》第七十六条第 5 款距离或深度限制的点，或大陆架外部界限与丹麦 200 海里线的交叉点。

此外，由于大陆架外部界限延伸到丹麦的 200 海里线内，因此，加拿大采用丹麦 200 海里线的部分线段来划定此区域的大陆架外部界限。加拿大在该区域内最终的大陆架外部界限将与丹麦协商划界确定。

（2）大浅滩区域

大浅滩区域的大陆架外部界限由 450 个定点（GB-ECS-048 至 GB-ECS-497）划定。这些定点是依照《公约》第七十六条第 4 款（a）项（2）目确定的公式点，或依照《公约》第七十六条第 5 款确定的距离或深度限制的点。

（3）新斯科舍区域

新斯科舍区域大陆架外部界限由 235 个定点（NS-ECS-498 至 NS-ECS-732）划定。这些定点是依照《公约》第七十六条第 4 款（a）项（1）或（2）目确定的公式点，或依照《公约》第七十六条第 5 款确定的距离或深度限制的点。在该区域，最南端的定点是大陆架外部界限与临时等距离线的交叉点。此等距离线是由加拿大估算的与美国之间的临时等距离线，使用此线不妨害划界事宜。加拿大在该区域最终的大陆架外部界限将与美国协商划定。

7 海洋划界

本部分划界案依照《公约》第七十六条第 10 款和附件二第九条进行编写，且不妨害进一步划界事宜。

（1）拉布拉多海区域

在本划界案编写过程中，加拿大与丹麦就拉布拉多海大陆架主张重叠问题进行定期磋商。对此两国于 2012 年 3 月 15 日交换照会，达成共识：

> 当一国向委员会提交关于拉布拉多海区域大陆架外部界限的划界案时，另一国应向联合国秘书长提交外交照会。外交照会应表明其不反对委员会审议划界案；还应阐明，委员会对一国划界案作出的建议不妨害委员会审议两国的划界案，不妨害两国间划界事宜。每个国家都应在其划界案中引用该约定，并要求委员会在此基础上提出建议。

加拿大向委员会告知此照会。此外，对于丹麦提交的格陵兰南部区域从领海基线量起 200 海里以外大陆架外部界限划界案，加拿大于 2012 年 6 月 15 日向联合国秘书长提交了外交照会。

（2）大浅滩区域

该区域不存在海洋划界事宜。

（3）新斯科舍区域

在本划界案编写过程中，加拿大与美国就新斯科舍区域大陆架主张重叠问题进行定期磋商。美国已告知加拿大，不反对加拿大划界案的审议。加拿大的划界案不妨害与美国之间的划界事宜。

委员会还了解到，法国于 2009 年 5 月 8 日向联合国秘书长提交了关于法属圣皮埃尔和密克隆大陆架外部界限的初步信息。加拿大于 2009 年 11 月 9 日向联合秘书长提交了外交照会，反对法国在该区域提出关于大陆架在内的任何海洋区域主张，因为此大陆架区域超出加拿大与法国之间的海洋划界案（1992 年 6 月 10 日）中仲裁法庭确认的法国区域。加拿大还指出，他保留对该初步信息或法国随后向秘书长提交的与圣皮埃尔和密克隆有关的其他任何信息、文件或划界案提出评论的权利。

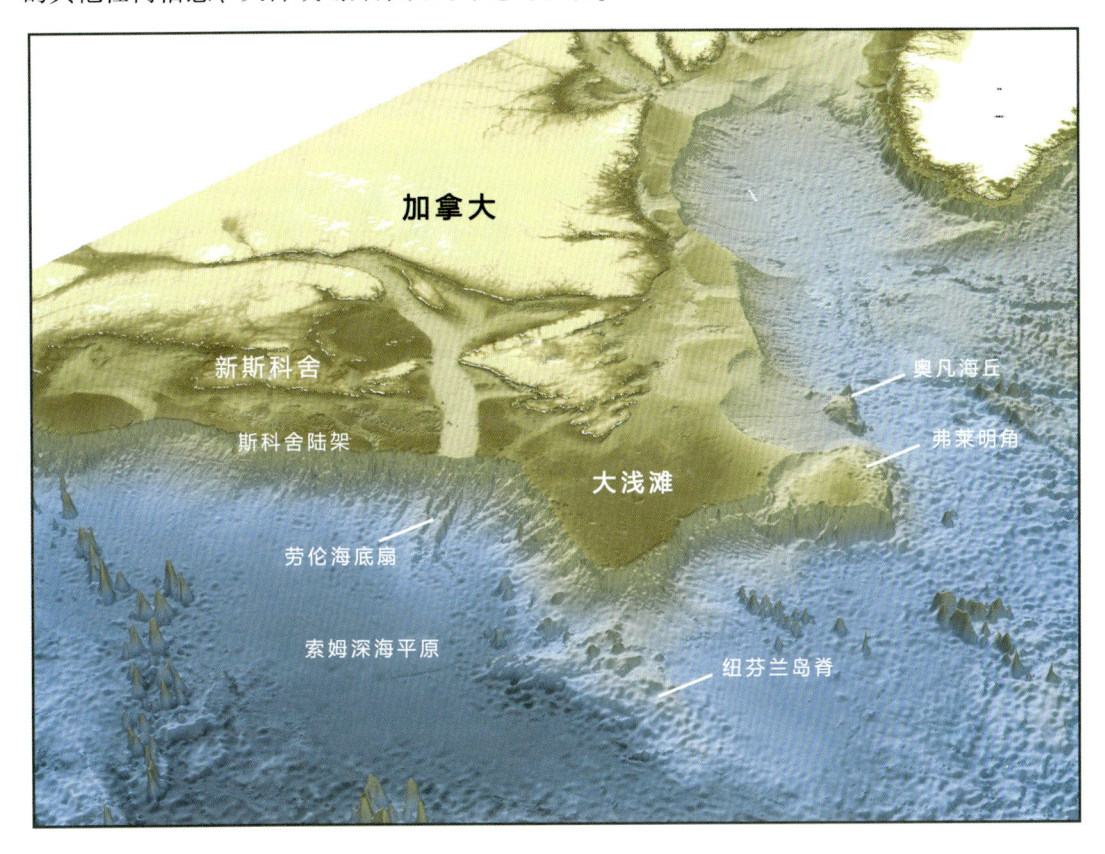

图 1　加拿大北大西洋区域大陆边缘从南向北海底地形透视图

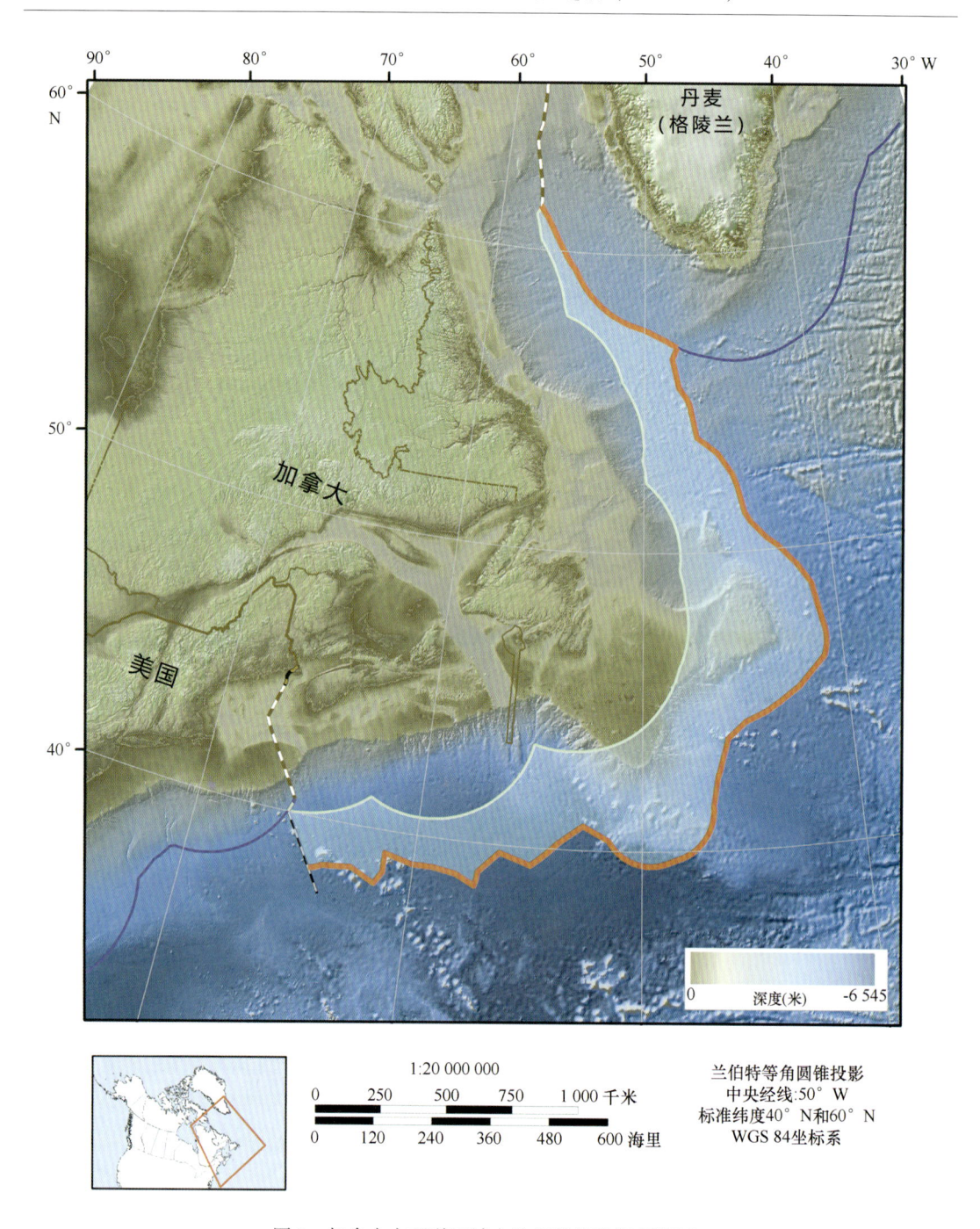

图 2　加拿大大西洋区域大陆架外部界限概览图

图 3 拉布拉多海区域大陆架外部界限图

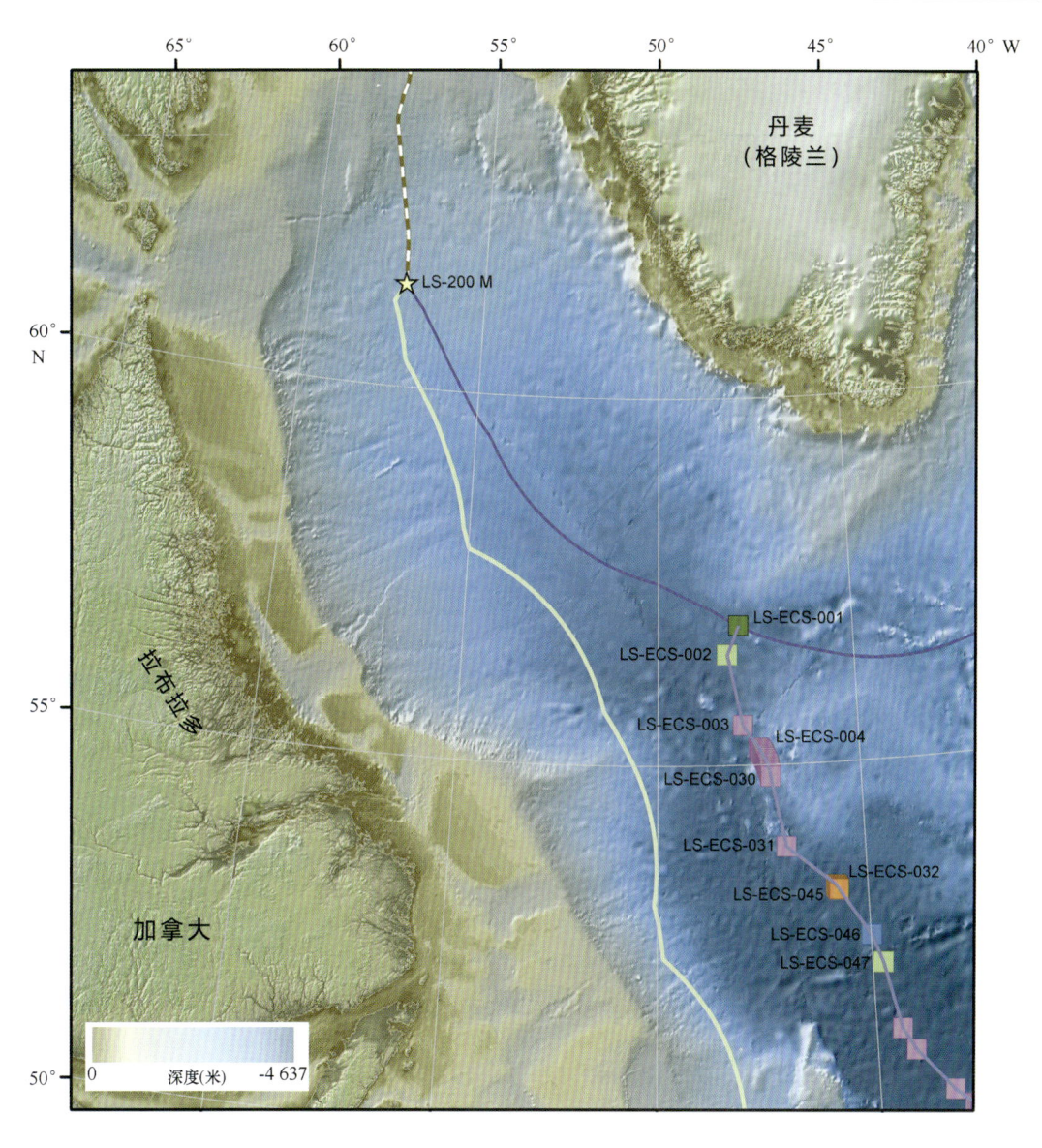

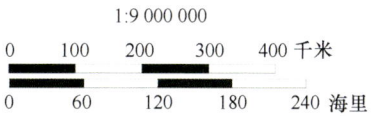

图 4 大浅滩区域大陆架外部界限图

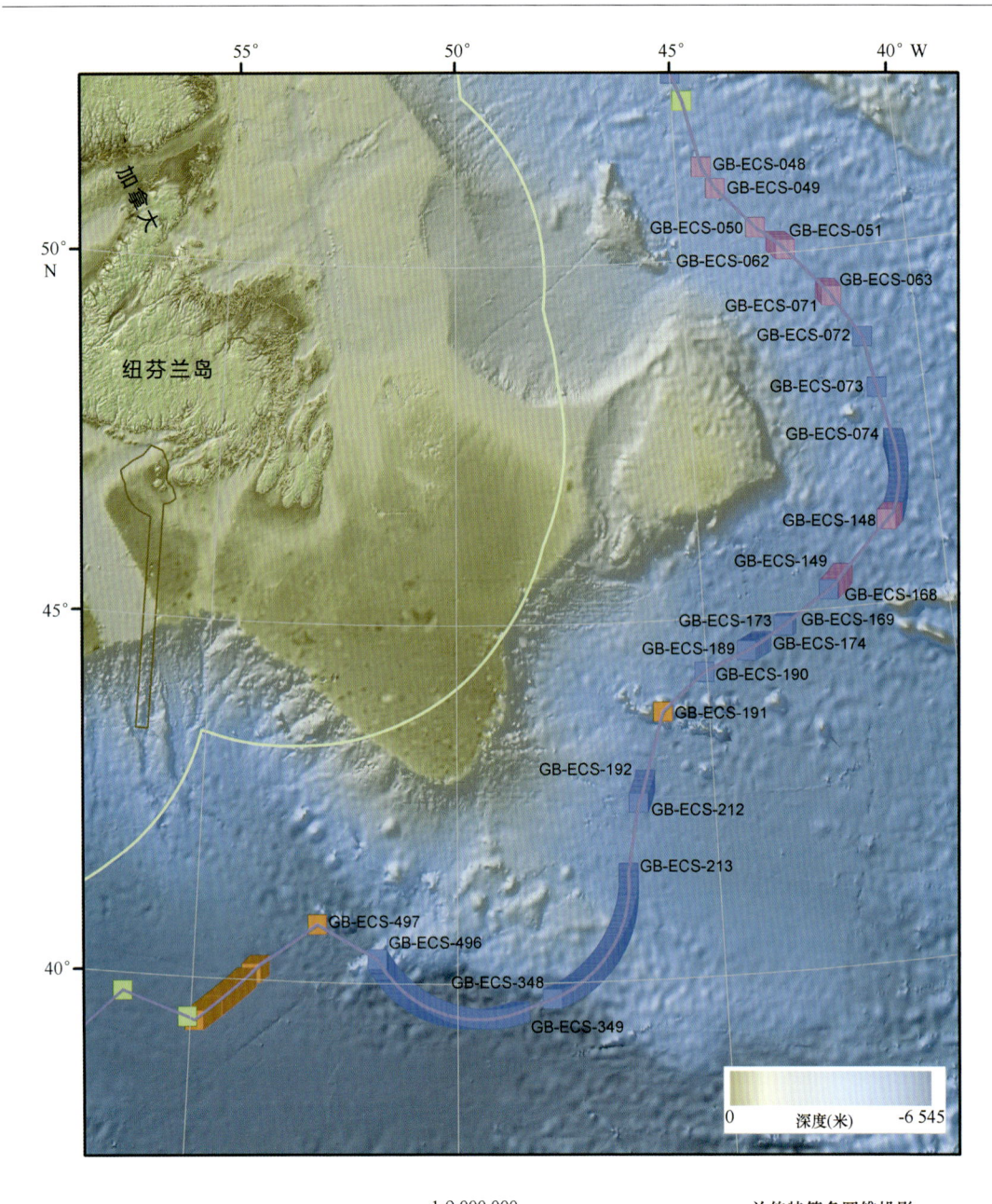

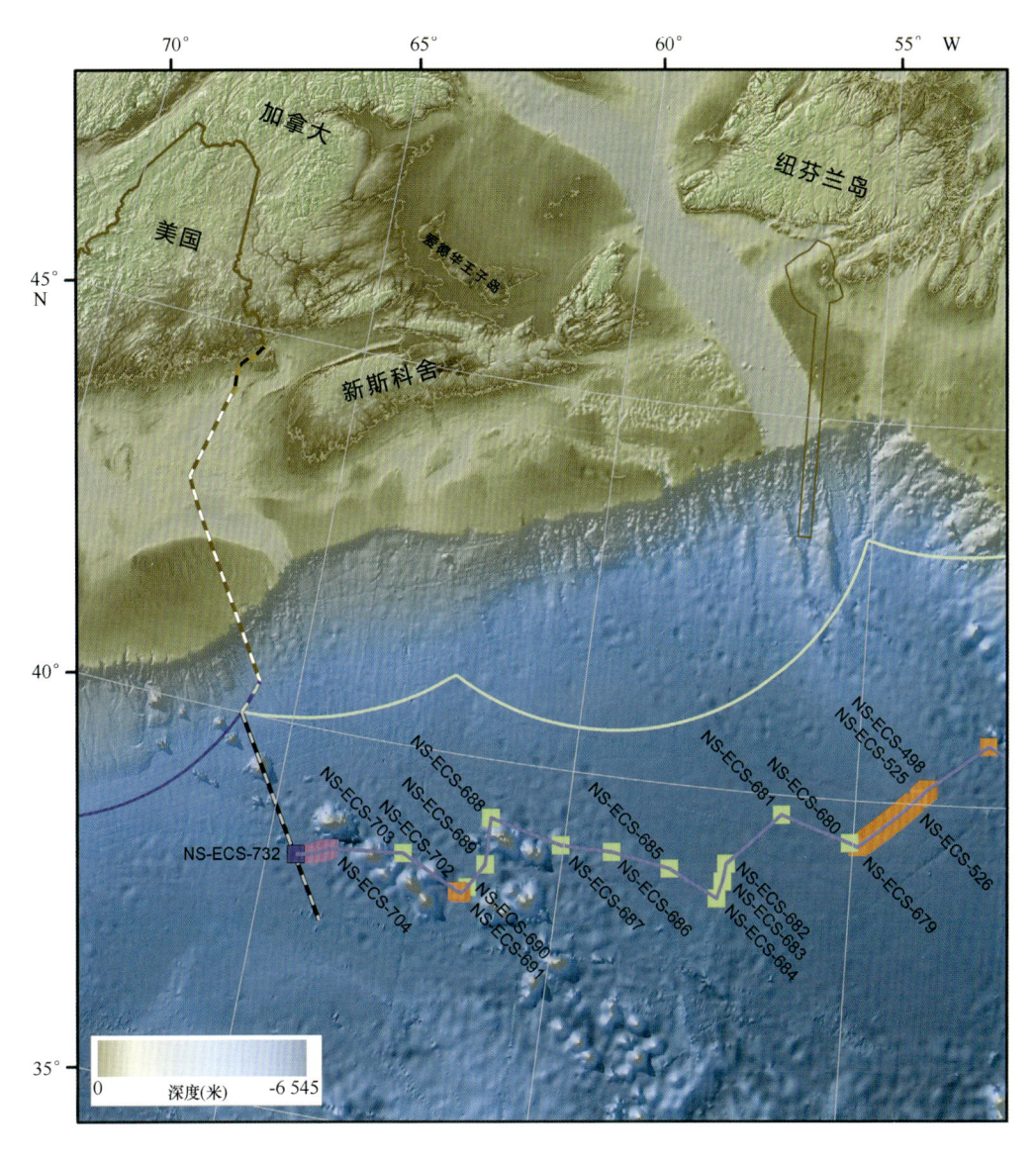

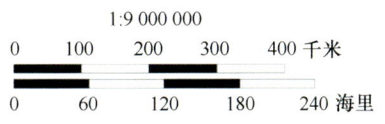

图 5 新斯科舍区域大陆架外部界限图

图　例

加拿大大陆架外部界限的定点

■	沉积物厚度公式点
■	60 海里公式点
■	距离限制点（350 海里）
■	深度限制点（2 500 米 + 100 海里）
■	丹麦 200 海里线上的点（格陵兰）
■	加拿大与美国之间估算的临时等距线上的点
☆	加拿大与丹麦 200 海里线的交叉点（格陵兰）

▬	不超过 60 海里的直线线段
▬	加拿大大陆架外部界限
□	加拿大 200 海里外大陆架区域
—	加拿大的 200 海里线
▬	相向或相邻国家的 200 海里线
▬▬	美国 200 海里线/加拿大与美国之间的海洋界线
▬	与相向或相邻国家之间的海洋边界
▬	加拿大与相向或相邻国家之间的海洋边界
—	与美国之间的陆地边界
—	与法国（圣皮埃尔和密克隆）之间的海洋边界
▬▬	加拿大与美国之间估算的临时等距线

巴哈马划界案

巴哈马划界案执行摘要[①]

1 导言

本执行摘要是巴哈马国(以下简称"巴哈马")依照1982年《公约》第七十六条第8款提出,用于支持其在巴哈马-布莱克海台区域200海里以外大陆架外部界限划界案。

沿海国主张的大陆架超过从领海基线量起200海里时,需依照1982年《公约》第七十六条第8款向委员会提交外部界限相关信息,委员会依照《公约》第七十六条的相关规定对沿海国的大陆架外部界限提出建议。

作为一个由700多个岛屿和近2 500个珊瑚礁及小岛屿组成的群岛国,巴哈马分布于大西洋20°—28°N,72°—80°W区域,位于古巴与多米尼加共和国以北、特克斯和凯科斯群岛西北和美国的东南部。巴哈马的陆地面积约为14 000平方千米,其海岸线环绕的内水面积为3 542平方千米。首都位于新普罗维登斯岛的拿骚。

根据巴哈马1973年包括巴哈马宪法在内的独立法案与独立令的颁布,自1973年7月10日起,巴哈马成为主权独立的国家。同年9月18日,巴哈马被批准加入联合国。

巴哈马于1982年11月10日签署《公约》成为缔约国,于1983年7月29日批准《公约》。根据1993年《群岛水域和海域管辖法案》以及1970年《大陆架法案》[②],巴哈马在与《公约》保持一致的基础上确定了其海域范围。

依照《公约》第四十七条第9款,巴哈马向联合国交存了一份关于其群岛基线的地理坐标点的清单。该文件也包含在2008年群岛水域和海域管辖(群岛基线)法令中[③]。

依照《公约》第七十六条第1款,巴哈马的大陆架是由领海及群岛水域以外依其陆地领土的自然延伸,扩展到大陆边外缘的海底区域的海床和底土,直到第七十六条第4至第

[①] 本划界案于2014年2月6日提交。
[②] 网址见http://www.un.org/Depts/los/LEGISLATIONANDTREATIES/PDFFILES/BHS_1993_37.pdf 和 http://laws.bahamas.gov.bs/cms/en/Images/LEGISLATION/PRINCIPAL/1970/1970-0017/ContinentalShelfAct_1.pdf。
[③] 详见http://www.un.org/Depts/los/LEGISLATIONANDTREATIES/PDFFILES/mzn_s/mzn65.pdf。

6款的限制。

本划界案是关于巴哈马群岛基线200海里以外大陆架的完整划界案。为支持本划界案，巴哈马援引《公约》第七十六条相关规定、委员会于2008年4月17日通过的《议事规则》（CLCS/40/Rev.1）以及委员会于1999年5月13日通过的《科学和技术准则》（CLCS/11）。

2 不存在争端

巴哈马重申，依照《公约》附件二第九条，委员会的行动不妨害其相邻或相向国家间的海洋划界。因此，依照《议事规则》附件一的规定，委员会还需要审查存在争端且尚未获得相关国家同意的区域。

依照《议事规则》附件一第二条（a）款，巴哈马划界案中主张的大陆架区域与其他国家不存在任何争端。

巴哈马告知其与美国之间的海洋边界正在通过协商划界的方式解决。巴哈马再次强调本划界案的提交不妨害巴哈马与美国之间海上边界的划定。

3 划界案的地图和表格

依照《议事规则》附件三第一条与《科学和技术准则》9.1.3到9.1.6段规定，本划界案由三部分组成：

（1）执行摘要（BHS-ES-DOC）；
（2）主体案文（BHS-MB-DOC）；
（3）科学和技术支撑数据（BHS-SD-DOC）。

本执行摘要作为划界案的独立部分概述了200海里以外大陆架区域的情况以及巴哈马划定的大陆架外部界限。

本执行摘要提供了两幅A0幅地图。其中一幅为执行摘要中的图2（BHS-ES-MAP1），它描述的是从领海基线量起200海里以外的大陆架区域及外部界限情况；另一幅为执行摘要中的图3（BHS-ES-MAP2），它描述的是大陆架外部界限及其所援引的第七十六条规定。

4 援引的第七十六条规定

在本执行摘要第6部分，为支持本划界案大陆架外部界限的确定，巴哈马援引了《公约》第七十六条第3款、第4款（a）项（2）目、第5款和第7款的规定。

5 地貌与地质概述

本划界案涉及的大陆架区域为布莱克-巴哈马海岭区域。布莱克-巴哈马海岭地形上长

800 千米、宽 500 千米，从巴哈马台地呈东北走向延展（见图 1）。

巴哈马群岛位于浅海相石灰岩成因的巴哈马台地之上，向北水深逐步增大，直至布莱克海台。布莱克海台是一个相对平坦且开阔的海底高地，水深范围为 800~1 000 米，向东水深逐渐增大至布莱克-巴哈马海岭。

布莱克-巴哈马海岭是位于北美大西洋型大陆边缘南部、东北大西洋处的显著抬升突起地形。布莱克-巴哈马外脊是一个不整合堆积在深洋洋底之上的大型深海漂积体，它紧邻布莱克海台东北部高出哈特勒斯深海平原 1 000~2 000 米的大陡崖，并从布莱克坡尖北部主要陡崖开始向海延伸形成东南走向的海岬。

依照《科学和技术准则》第 2.2.3 段，巴哈马需要对从其领海基线量起 200 海里以外陆地领土的自然延伸情况进行详细说明。在主体案文部分，巴哈马详尽阐述了巴哈马-布莱克台地区域的地质和地貌情况，同时还详细说明了其陆地领土自然延伸的情况。

6　大陆架外部界限

本划界案中，巴哈马提交的科学与技术数据旨在说明其 200 海里以外大陆边外缘的具体位置。进而，巴哈马依照《公约》第七十六条第 4 至第 10 款的规定确定大陆架外部界限。

依照《公约》第七十六条第 7 款，巴哈马用相邻两点的直线距离不超过 60 海里的一系列定点确定了大陆架外部界限。巴哈马使用 Geocap 软件，综合公式线和限制线对各定点的位置进行优化。

巴哈马的外部界限是由 385 个定点构成：
- FP1 是美国 200 海里线与巴哈马 350 海里限制线的交点；
- FP2-FP205 为沿着 350 海里限制线分布的各定点；
- FP206-FP384 为位于海登堡公式线上的各定点；
- FP385 为大陆坡脚外推 60 海里包络线和巴哈马 200 海里线的交点。

依照《公约》第七十六条确定的巴哈马大陆架外部界限的各定点坐标列于表 1（略），以十进制度数表示，并且标明了所援引的第七十六条规定以及与相邻定点之间的距离。

本划界案中描述的从群岛基线量起 200 海里以外大陆架区域面积约为 200 000 平方千米。

7　提供咨询意见的委员会委员

委员会前委员 Harald Brekke 先生（2002—2012）为巴哈马划界案的准备工作提供了技术支持和咨询意见。

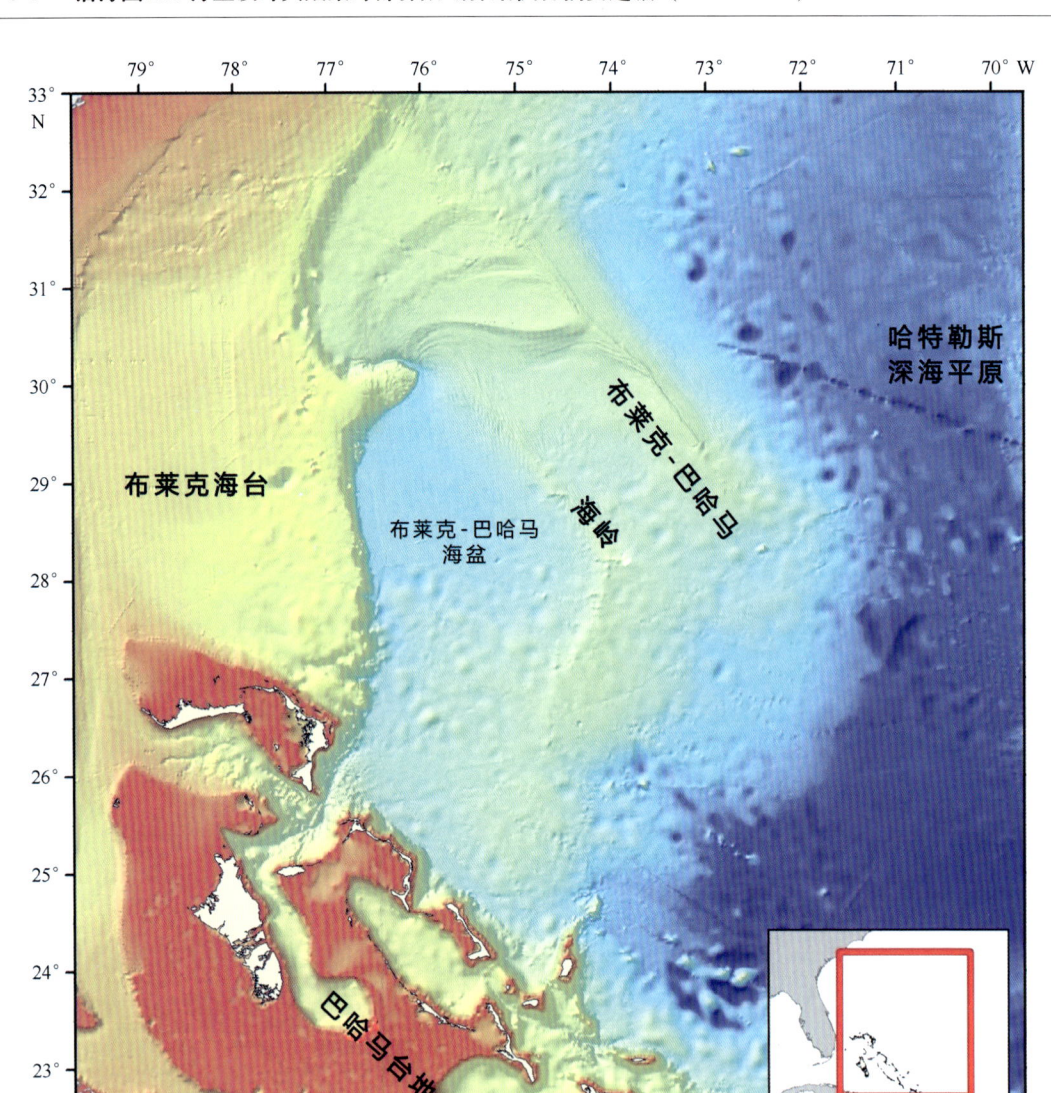

图 1　巴哈马划界案海域海底地形图

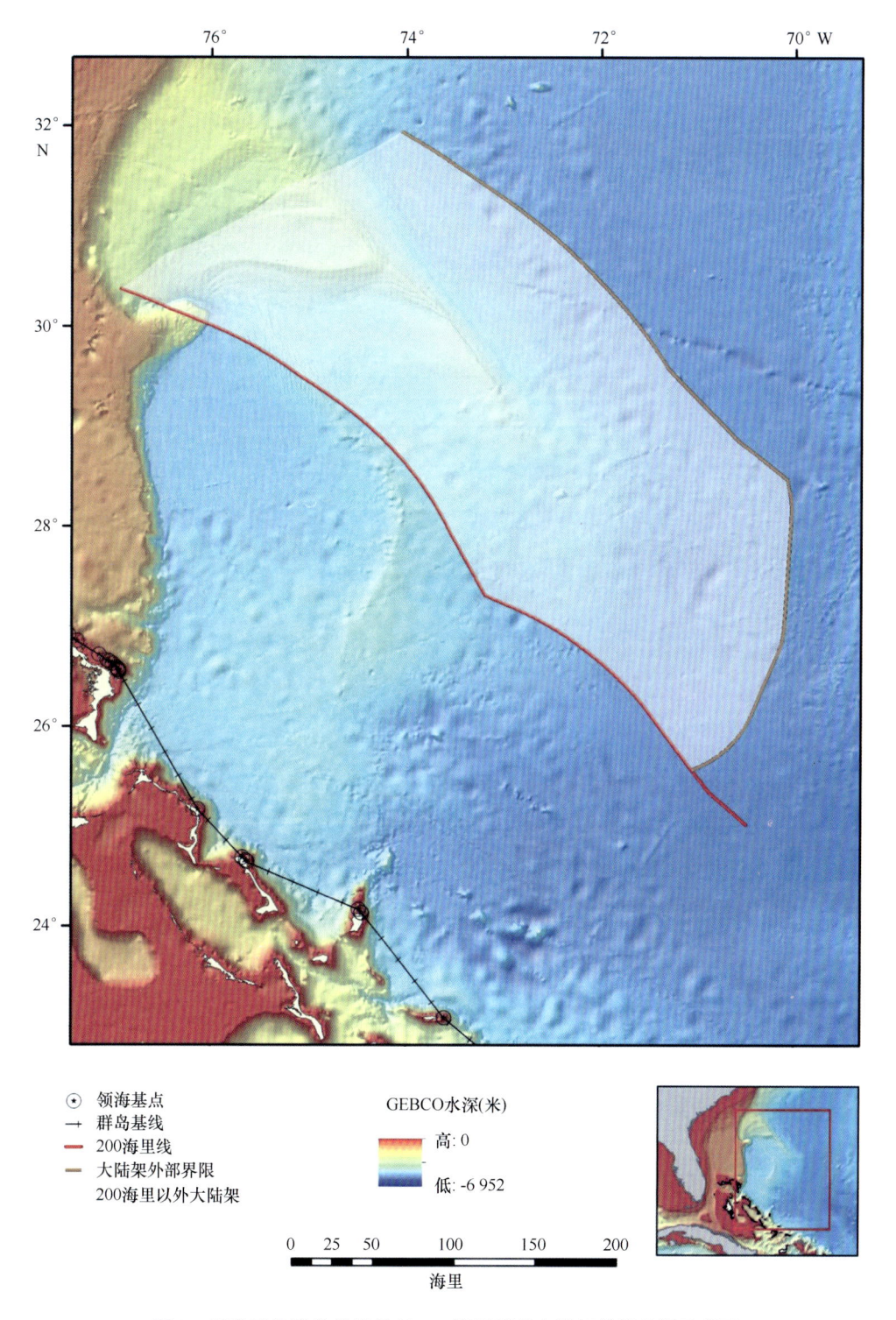

图 2 巴哈马从群岛基线量起 200 海里以外大陆架外部界限示意图

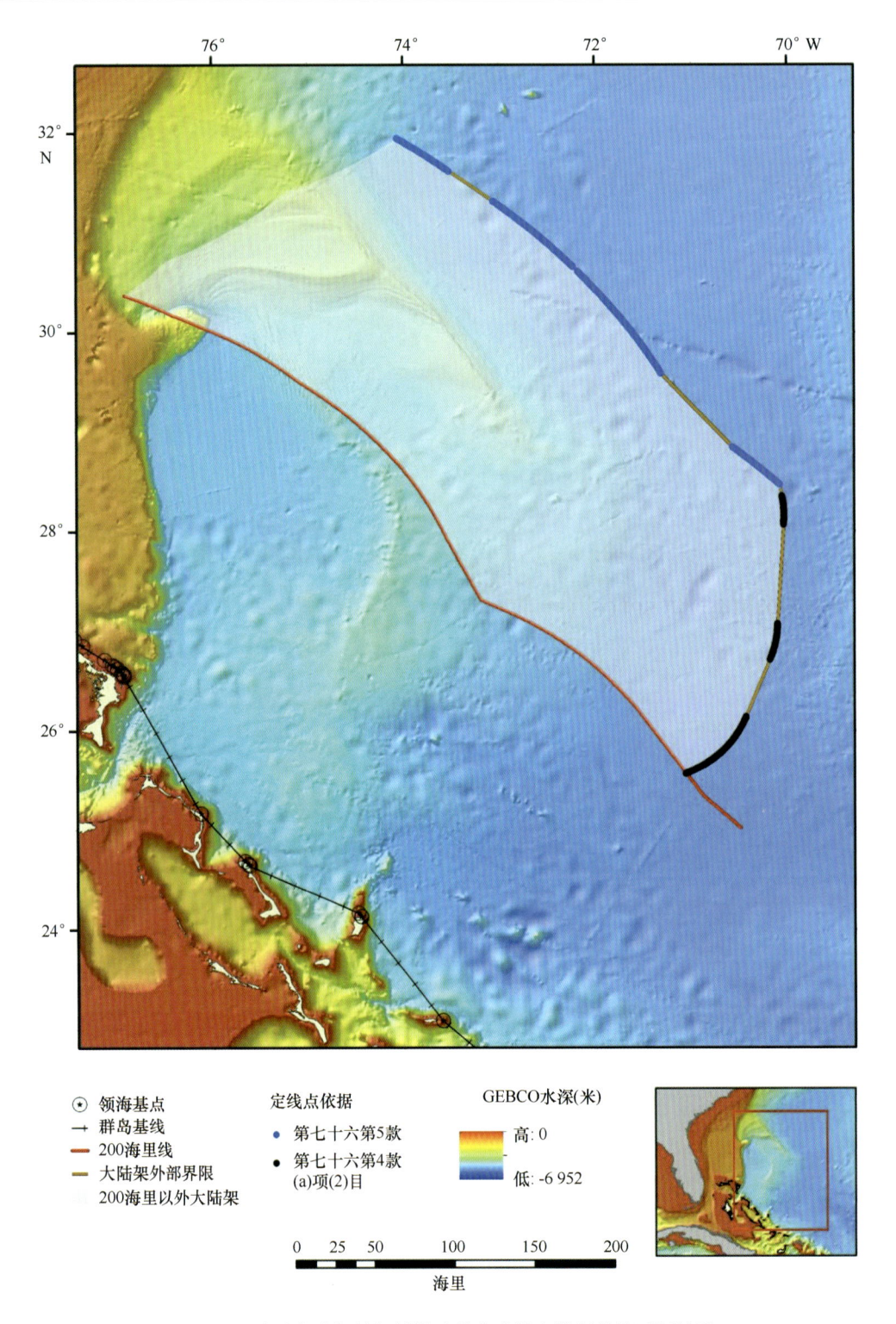

图 3 巴哈马大陆架外部界限及其公式线和限制线的适用情况

法国划界案：海外领土圣皮埃尔和密克隆群岛

法国关于海外领土圣皮埃尔和密克隆群岛的部分划界案[①]

1 导言

法兰西共和国（以下简称"法国"）政府向委员会提交关于其海外领土圣皮埃尔和密克隆群岛大陆架划界案。

依照缔约国会议第 SPLOS/183 号文件的决定，法国于 2009 年 5 月 8 日已向联合国秘书长提交了关于圣皮埃尔和密克隆大陆架外部界限的初步信息。

本划界案是依照《公约》第七十六条第 8 款的规定提交的，是关于其海外领土圣皮埃尔和密克隆大陆边外缘和大陆架外部界限的划界案。

本划界案是部分划界案，依照委员会《议事规则》附件一第三条，法国自 2006 年起陆续提交其部分划界案，并将在今后继续提交。

2 大陆架

圣皮埃尔和密克隆的大陆架位于北大西洋大陆边缘中部（图 1），该被动大陆边缘为加拿大与美国所共享，是始于三叠纪的裂谷拉张作用导致北美与非洲板块分离的产物。

沿着圣皮埃尔和密克隆大陆边缘的沉积受到了冰川作用的强烈影响。至少从晚上新世开始，由于冰川作用的影响在劳伦河口形成三角洲，并在大陆坡脚和深海平原产生大量的沉积堆积。

依照《公约》第七十六条第 4 至 10 款以及委员会《科学和技术准则》（CLCS/11）关于大陆架外部界限划定的规定，法国能够通过从属权利检验，证明自然延伸并确定陆坡基部区域。

[①] 本划界案于 2014 年 4 月 16 日提交。

3 部分划界案援引的条款

本划界案中用以确定大陆架外部界限的相关条款是《公约》第七十六条第 1 款、第 4 款（a）项（1）目、第 4 款（b）项、第 5 和第 7 款。

4 提供咨询意见的委员会委员

2012 年 6 月选任为委员会委员的 Walter R. Roest 先生为本划界案的编写提供了帮助和咨询意见。

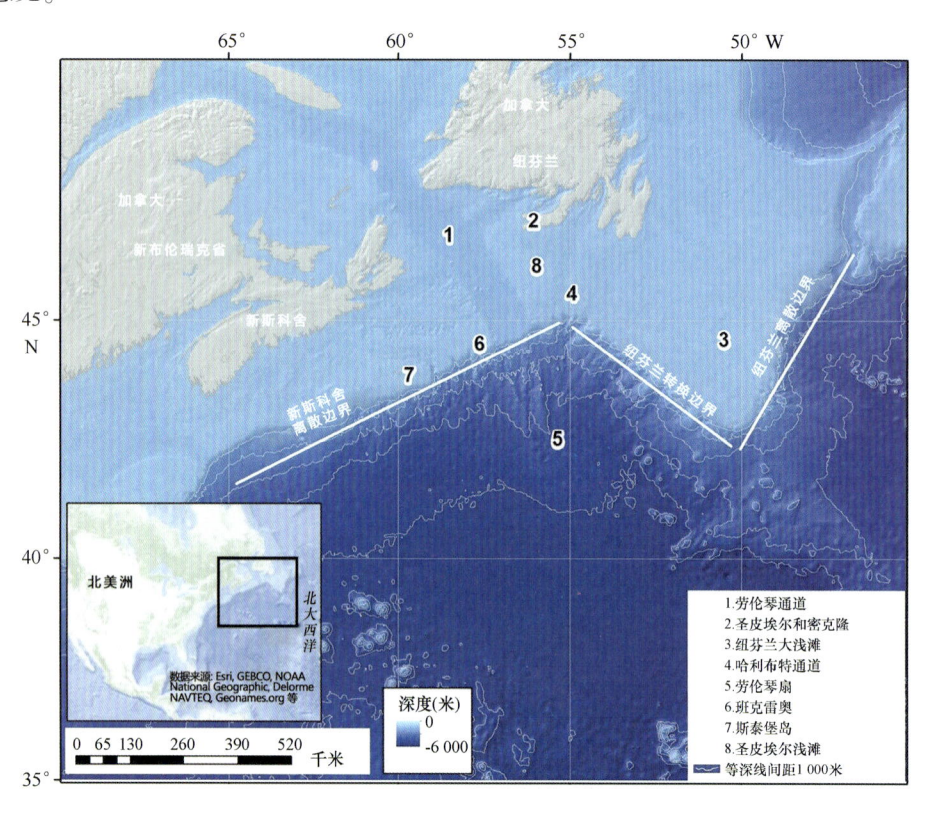

图 1　圣皮埃尔和密克隆大陆边缘示意图

5 相关的其他国家

法国作为缔约国于 1996 年 4 月 11 日批准了《公约》。法国援引《公约》第七十六条第 1 款对大陆架进行定义："沿海国的大陆架包括其领海以外依其陆地领土的全部自然延伸，扩展到大陆边外缘的海底区域的海床和底土。"另外，法国强调依照《公约》第七十七条，沿海国被赋予的大陆架权利是"不取决于有效或象征的占领或任何明文公告的"

(第七十七条第 3 款)。

基于这些条款，法国决定依照 2008 年 6 月 20 日《公约》缔约国大会的第 SPLOS/183 号决定履行程序：在 2009 年 5 月 8 日，法国将关于圣皮埃尔和密克隆群岛的大陆架外部界限的初步信息提交给联合国秘书处。

加拿大于 2009 年 11 月 9 日向联合国秘书处提交了针对该初步信息的外交照会。加拿大认为根据仲裁法庭在 1992 年 6 月 10 日的仲裁决定，即"加拿大与法国海洋划界案"裁决，拒绝法国在"该区域提出关于大陆架在内的任何海洋区域主张。"法国认为，在裁决中，仲裁庭拒绝对法国的延伸主张做出裁决"不代表可以解释为对法国 200 海里以外大陆架主张做出了预先判断、接受或者拒绝。"

加拿大于 2013 年 12 月 6 日向委员会提交了关于新斯科舍区域的划界案，其主张与法国在圣皮埃尔和密克隆群岛的主张产生了争端。

在此背景下，法国认为，依照委员会《议事规则》关于此类情况的规定"如果已存在陆地或海洋争端，委员会不应审议和认定争端任一当事国提出的划界案。但在争端所有当事国事前表示同意的情况下，委员会可以审议争端区域内的一项或多项划界案"（《议事规则》附件一第五条）。

法国承认由于两国主张的扩展大陆架区域存在重叠进而导致这一区域存在争端。同时，法国也强调委员会应确认"对于在划定大陆架外部界限方面可能发生的争端，各国对争端的有关事项具有管辖权"（《议事规则》附件一第一条）。

6 大陆架外部界限的描述

依照《公约》第七十六条第 4 款（a）项（1）目沉积物厚度公式确定了圣皮埃尔和密克隆大陆边外缘。由于这些沉积物厚度点位于圣皮埃尔和密克隆领海基线量起 350 海里限制线外，所以最终的界限为 350 海里限制线。本划界案仅使用距离限制规则。

本划界案中包含的 184 个定点均位于圣皮埃尔和密克隆基线量起 350 海里线上，且满足相邻两点之间的直线距离不超过 60 海里（图 2 及表 1）。

7 负责编写本划界案的公共机构

EXTRAPLAC 是关于外大陆架的长期国家项目。该项目由法国政府资助，由法国海洋开发研究院（Ifremer）、法国海军水文与海洋服务局（SHOM）、法国石油与新能源研究院（IFPEN）、法国极地研究所（IPEV）共同完成，并由海洋秘书处进行协调。

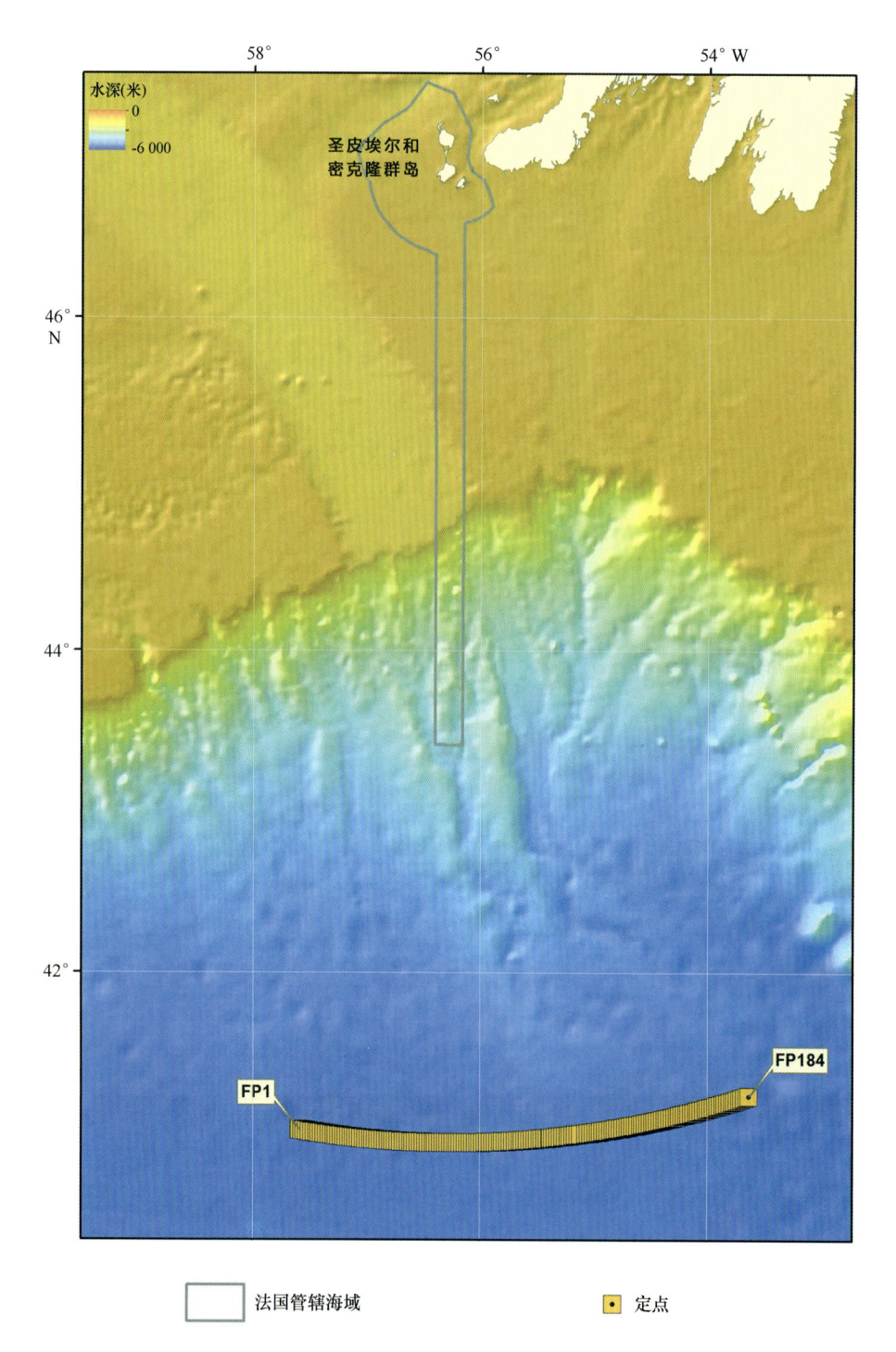

图 2 圣皮埃尔和密克隆的大陆架外部界限定点

墨卡托投影，水深数据来源 Etopo

汤加划界案：劳-科尔维尔脊西部区域

汤加关于劳-科尔维尔脊西部区域的部分划界案执行摘要[①]

1 概述与目的

汤加王国（以下简称"汤加"）是最早开始主张海洋区域历史性所有权的国家。汤加国王乔治图谱（George Tubou）殿下于 1887 年 8 月 24 日颁布了《皇家宣言》，主张的国家管辖权范围包括"位于 15°—23.5°S，格林尼治子午线起 173°—177°W 内的所有岛屿、岩礁、暗礁、浅滩和水域"（附件 A.1）。

1887 年 8 月 24 日的《皇家宣言》使得汤加对其陆地领土和海域的管辖权持续了 120 余年（图 1）。在此期间，未曾有国家提出反对或抗议。

汤加于 1971 年 6 月 29 日通过提交继承书，成为 1958 年日内瓦《领海、毗邻区和大陆架公约》的缔约国（《联合国条约集》，第 499 卷，311 页）。随后，汤加于 1971 年 10 月 22 日向联合国秘书长提交了一份信函，表达了对英国就其他国家提交的关于上述公约的保留和声明的反对意见。

汤加于 1995 年 8 月 2 日成为了《公约》缔约国。1995 年 8 月 2 日汤加交存了关于执行《公约》第十一部分协定的参与文书，并于 1996 年 7 月 31 日签署和批准了《执行公约有关养护和管理跨界鱼类种群和高度洄游鱼类种群之规定的协定》。

国际法与《公约》均承认历史性所有权（国际法委员会，1962）。《公约》中有多处条款的规定承认了历史性所有权，例如第十五条关于海岸相向或相邻沿海国领海划界，第四十六条关于群岛国的定义用语。本划界案中，汤加认为 1887 年 8 月 24 日《皇家宣言》中的历史性所有权与依照《公约》建立的海洋管辖范围应保持一致。

另外，汤加认为可以将国际法中的历史性所有权适用到依照《公约》建立的国家管辖权范围的海域，其范围包含于 1887 年《皇家宣言》中涉及的地理界线。该界线无论是在其之外还是之内的海域宽度都要依照《公约》规定的内水、群岛水域、领海、毗连区、专

[①] 本划界案于 2014 年 4 月 23 日提交。

属经济区和大陆架进行确定。汤加依照1887年《皇家宣言》中涉及的地理界线主张的历史性所有权与《公约》的适用是保持一致的。

汤加于1972年6月15日刊登在政府公报上的一份《皇家宣言》声明了泰莱基汤加和泰莱基托克劳岛屿的管辖权：

> 由于长期以来北密涅瓦礁脉和南密涅瓦礁脉一直作为汤加人民的渔区，并且被认为是汤加王国的一部分，因此，现在在该暗礁上建造了泰莱基托克劳和泰莱基汤加小岛；现明确汤加对这些岛屿的主权，并确认和主张其12海里（19.31千米）范围内的岛屿、岩石、暗礁、浅滩和水域是汤加的一部分。

泰莱基托克劳和泰莱基汤加岛在1972年9月的南太平洋论坛上被承认是汤加领土的组成部分。

依照《公约》第三一一条第1款：

> 在各缔约国间，本公约应优于一九五八年四月二十九日日内瓦海洋法公约。

因此，汤加适用《公约》的第六部分和附件二的规定主张其权利，而不是《日内瓦海洋法公约》。

《公约》第七十六条第1款定义了国家管辖权下的大陆架：

> 沿海国的大陆架包括其领海以外依其陆地领土的全部自然延伸，扩展到大陆边外缘的海底区域的海床和底土，如果从测算领海宽度的基线量起到大陆边的外缘的距离不到二百海里，则扩展到二百海里的距离。

《公约》第七十六条第3款定义了大陆边（缘）：

> 大陆边包括沿海国陆块没入水中的延伸部分，由陆架、陆坡和陆基的海床和底土构成，它不包括深洋洋底及其洋脊，也不包括其底土。

依照《公约》第七十六条第2款，大陆架外部界限不应超过第4至第6款所规定的界限以外：

> 沿海国的大陆架不应扩展到第4至第6款所规定的界限以外。

《公约》第七十六条第 6 款可直接适用于本划界案：

> 虽有第 5 款的规定，在海底洋脊上的大陆架外部界限不应超过从测算领海宽度的基线量起三百五十海里。本款规定不适用于作为大陆边自然构成部分的海台、海隆、海峰、暗滩和坡尖等海底高地。

《公约》还规定了划定 200 海里外大陆架外部界限的程序，依照第七十六条第 8 款，沿海国应当基于委员会的建议确定大陆架外部界限：

> 从测算领海宽度的基线量起二百海里以外大陆架界限的情报应由沿海国提交根据附件二在公平地区代表制基础上成立的大陆架界限委员会。委员会应就有关划定大陆架外部界限的事项向沿海国提出建议，沿海国在这些建议的基础上划定的大陆架界限应有确定性和拘束力。

依照《公约》附件二第四条关于时限的要求和需要告知委员会：

> 拟按照第七十六条划定其二百海里以外大陆架外部界限的沿海国，应将这种界限的详情连同支持这种界限的科学和技术资料，尽早提交委员会，而且无论如何应于本公约对该国生效后十年内提出。沿海国应同时提出曾向其提供科学和技术咨询意见的委员会内任何委员的姓名。

2001 年 5 月 14—18 日召开的《公约》第十一次缔约国会议上明确指出，只有在委员会于 1999 年 5 月 13 日通过《科学和技术准则》之后，沿海国才能依照《公约》第七十六条第 8 款规定编写划界案的基本资料。考虑到缔约国，特别是发展中国家和小岛屿发展中国家，在履行《公约》附件二第四条规定的时限时可能会遇到的问题，缔约国会议（SPLOS/72）决定：

（a）对于《公约》在 1999 年 5 月 13 日以前开始对其生效的缔约国的谅解是，《公约》附件二第四条所述十年期间应从 1999 年 5 月 13 日起算；
（b）应继续审查各国、特别是发展中国家履行《公约》附件二第四条要求的能力方面的一般性问题。

汤加政府已经确认了汤加-克马德克海脊东部和劳-科尔维尔海脊西部可延伸国家管辖权的范围，其大陆架可延伸超过从测算领海的基线量起 200 海里以外。

汤加于 2009 年 5 月 11 日提交了关于汤加–克马德克脊东部区域的部分划界案，并于 2010 年 4 月 6 日由代表团团长、土地、测量与国家资源部部长 Lord Tuita，首席地质学家 Kelepi Mafi 以及司法部副部长 Aminiasi Kefu 向委员会做了陈述。汤加的代表团还包括汤加驻联合国大使 T. Taumoepeau-Tupou 阁下以及其他法律与技术顾问。

另外，除了说明一些实质性问题，在划界案中，Lord Tuita 还指出关于汤加–克马德克海脊东部区域的划界案是部分划界案，并且不妨碍第二个部分划界案，即劳–科尔维尔海脊西部区域 200 海里以外大陆架划界案。

Lord Tuita 认为在其 200 海里以外大陆架区域不存在任何边界争端。关于新西兰于 2009 年 6 月 29 日提交的第 06/09/09 号外交照会，Lord Tuita 指出它不反对委员会依照《公约》第七十六条第 10 款审议划界案并提出建议。

根据委员会第二十五届会议（CLCS/66）上的主席声明第 65 段，委员会同意根据划界案受理顺序正常审理本部分划界案：

> 65. 委员会然后继续举行非公开会议。针对审议划界案的方式，委员会决定根据《公约》附件二第五条以及议事规则第 42 条的规定，由依照议事规则第 51 条之三设立的小组委员会在今后届会上讨论划界案。委员会决定，本划界案按照收件先后顺序排列在先时，在全体会议上再次予以审议。

在汤加–克马德克海脊东部区域和劳–科尔维尔海脊西部区域，汤加、斐济和新西兰主张的国家管辖权下的海域存在重叠。到目前为止，三国并未达成一致的海洋划界协定。

依照《公约》第八十三条第 1 款，当确定大陆架外部界限会影响国际海洋边界划定的时候：

> 海岸相向或相邻国家间大陆架的界限，应在国际法院规约第三十八条所指国际法的基础上以协议划定，以便得到公平解决。

依照《公约》第七十六条第 10 款的规定，可以在不妨害海岸相向或相邻国家间大陆架界限划定的前提下，根据第 4 至第 6 款的规定沿海国的 200 海里以外大陆架外部界限：

> 本条的规定不妨害海岸相向或相邻国家间大陆架界限划定的问题。

《公约》第一三四条第 4 款指出了国际大陆架划界与大陆架外部界限确定两者之间的区别：

本条的任何规定不影响根据第六部分大陆架外部界限的划定或关于划定海岸相向或相邻国家间界限的协定的效力。

但是，依照《公约》附件二第九条的规定，委员会在审议划界案及提出建议的过程中需持谨慎的态度：

委员会的行动不应妨害海岸相向或相邻国家间划定界限的事项。

上述规定在某些情况下是具有合理性的，因为一国的大陆架权利与其海域划界相关。依照委员会《议事规则》附件一第三条：

虽有《公约》附件二第四条规定的十年期间，沿海国可以就其一部分的大陆架提出划界案，以避免妨害在大陆架其他部分划定国家间边界的问题，有关大陆架其他部分的划界案可以在以后提出。

汤加进而向委员会提交了第二个部分划界案——关于劳-科尔维尔海脊西部区域的大陆架外部界限的数据与信息，且不妨害随后其与斐济、新西兰可能进行的海域划界。

这两个部分划界案的立场与汤加于 2008 年 4 月 8 日发出的照会一致，在该照会中，汤加告知委员会其已注意到新西兰于 2006 年 4 月 19 日向委员会提交的划界案执行摘要的内容（第 NZ-CLCS-TPN-01 号），新西兰的主张已经涉及了汤加国家管辖权范围内的部分海域。在新西兰划界案中，其北部区域与汤加的专属经济区和大陆架区域的南部均有重叠。

因此，汤加政府对于新西兰的划界案澄清了自己的立场：

（1）依照《公约》第七十四条第 3 款和第八十三条第 3 款，在达成协议前，有关各国应尽一切努力作出实际性的临时安排，并在此过渡期间内，不妨害或阻碍最后协议的达成。这种安排不妨害最后界限的划定。

（2）依照《公约》第七十六条第 10 款，建立大陆架外部界限不应妨害海岸相向或相邻国家间大陆架界限划定的问题。

同时，汤加政府告知委员会由于两国主张的海域存在重叠，汤加与新西兰本着理解与合作的精神，依照《公约》第七十四条第 1 款和第八十三条第 1 款进行了协商。两国政府已尽力达成临时协定，包括在某特定区域考虑提交联合划界案。但由于相关问题的复杂性，并且委员会已经审理新西兰划界案，所以联合划界案的提出并不可行。但是，汤加政府在采取行动时应注意不危害或妨害委员会审议新西兰北部区域划界案。

汤加将其观点告知委员会并向委员会说明关于新西兰政府对《公约》第七十六条第10款的解释，即无论新西兰于2008年8月22日提交的划界案最终获得的委员会建议如何，其专属经济区与大陆架的国际海域边界应根据国际法通过协议划定，即依照国际法院规约第三十八条，获得公平解决。

根据磋商及2006年7月10日的第NZ-CLCS-TPN03号文件，汤加政府同意新西兰对第七十六条第10款的解释。

另外，根据斐济于2006年6月23日提交给秘书处的照会（NY 6/10/8/5），汤加认为斐济的立场与汤加在第二个部分划界案的立场是一致的：

> ……新西兰提交的划界案与委员会的建议同样不应妨害斐济将来可能提交的划界案，也不妨害斐济与新西兰之间关于克马德克海脊、哈佛海槽和科尔维尔海脊三个区域的大陆架划界。

斐济政府于2009年4月20日提交了划界案，2012年4月30日又提交了划界案补充材料，在其更新后的划界案执行摘要的第5-1段做出了解释：

> 5-1 在此部分划界案的区域，斐济与汤加以及新西兰之间存在未完成的海域划界。依照《公约》第七十六条第10款和附件二第九条，斐济的划界案不妨害海域划界事宜。

根据由汤加、斐济和新西兰提交给秘书处和委员会的官方信息可以看出，三国对于《公约》相关条款的解释是一致的，即其中任何一个划界案或者部分划界案都不妨害委员会审议，以及它们之后的各沿海国之间的海域划界。

依照《公约》附件二第四条，汤加虽然受到10年期限的限制，但在2009年5月11日提交的第一个部分划界案中，它提出保留之后提交第二个划界案的权利，即关于劳-科尔维尔海脊西部区域的信息与数据，用以支持200海里以外大陆架外部界限的确定。依照《公约》的相关规定，汤加通过秘书处将第二个部分划界案提交给委员会：

（1）依照《公约》第七十六条第8款和附件二第四条履行其义务；

（2）依照《公约》第七十六条第1至第7款规定的方法；

（3）不妨害各国在汤加-克马德克海脊和劳-科尔维尔海脊区域间的边界划定。

依照《公约》和委员会《科学和技术准则》，第二个部分划界案提供的数据和信息用以支持汤加关于劳-科尔维尔脊西部区域 200 海里以外大陆架外部界限的确定。

2　劳-科尔维尔海脊西部区域的大陆架外部界限

《公约》对于大陆边外缘和大陆架外部界限宽度做了两个规定。一个规定是第七十六条第 3 款：

> 大陆边包括沿海国陆块没入水中的延伸部分，由陆架、陆坡和陆基的海床和底土构成，它不包括深洋洋底及其洋脊，也不包括其底土。

另一规定包括第七十六条第 4 款（a）项（1）和（2）目，结合第 5 款和第 6 款确定大陆架的外部界限。其中两个为公式线，另外两个为限制线。两条公式线为

> （1）按照第 7 款，以最外各定点为准划定界线，每一定点上沉积岩厚度至少为从该点至大陆坡脚最短距离的百分之一；或
> （2）按照第 7 款，以离大陆坡脚的距离不超过六十海里的各定点为准划定界线。

两条公式线采用的是逻辑"或"关系，使用任何一条公式线延伸超过 200 海里都可以确定大陆架的外部界限。200 海里以外大陆架可延伸到 1% 沉积物厚度点或者大陆坡脚外推 60 海里的定点，选择二者间最远的点进而确定大陆架外部界限。

对于上述规则的适用，可看出当两条公式线都得以适用时，它们的外部包络线决定了沿海国可能主张的最大范围的大陆架权利区域。只要有任何一部分的包络线位于 200 海里以外，那么沿海国即满足从属权利检验，进而使用上述方法确定 200 海里以外大陆架外部界限。

确定大陆架的外部界限是适用《公约》第七十六条的重要步骤。在此步骤中会再次用到沉积物厚度和大陆坡脚外推 60 海里的外部包络线，但它仍然受到限制进而形成大陆架的外部界限。

由两个公式线形成的外部包络线受到限制线的制约。依照《公约》第七十六条第 5 款，大陆架外部界限不能扩展到限制线之外：

> 组成按照第 4 款（a）项（1）和（2）目划定的大陆架在海床上的外部界线的各定点，不应超过从测算领海宽度的基线量起三百五十海里，或不应超过连接二千五百公尺深度各点的二千五百公尺等深线一百海里。

位于劳-科尔维尔海脊西部区域的 200 海里以外大陆架外部界限仅适用大陆坡脚外推 60 海里的包络线和 350 海里限制线。

此区域不适合使用 1%沉积物厚度点公式线与 2500 米等深线外推 100 海里限制线。

2.1 大陆坡脚外推 60 海里公式线

综合考虑水深与地貌资料，可证明汤加劳-科尔维尔脊西部区域的大陆架是其领海以外依其陆地领土的自然延伸，扩展至大陆边外缘的海底区域的海床和底土（第七十六条第 1 款）。地貌标准的适用证明汤加可以主张 200 海里以外扩展大陆架的权利并确定外部界限。

大陆坡脚是由地貌条款确定的，即陆坡基部区域坡度变化最大的点。此外，新西兰划界案（2006 年 4 月 16 日）的委员会建议摘要（2008 年 8 月 22 日）中记载有北部区域大陆架外部界限定点的坐标和大陆坡脚点数据，汤加政府可参照其内容确定陆坡基部区域和大陆坡脚。

依照《公约》第七十六条第 7 款的规定，这些大陆坡脚外推 60 海里的点由不超过 60 海里的若干直线连接，进而划定其大陆架外部界限（图 2）。

2.2 350 海里限制线

《公约》规定了两条限制线用以制约两条公式线形成的外部包络线，即第七十六条第 5 款规定了两条限制线的适用，是大陆架外部界限不可超过的范围：

> 组成按照第 4 款（a）项（1）和（2）目划定的大陆架在海床上的外部界线的各定点，不应超过从测算领海宽度的基线量起三百五十海里，或不应超过连接二千五百公尺深度各点的二千五百公尺等深线一百海里。

本划界案收集并提交了汤加南部区域的大地测量基准数据，用以确定从领海基线量起 350 海里限制线的位置。汤加 200 海里以外大陆架外部界限满足限制线的制约（图 2）。

3 提供咨询意见的委员会委员

汤加收到了委员会委员 Galo Carrera-Hurtado 先生（1997 至今）的咨询意见。

4 不存在争端

劳-科尔维尔海脊的西部区域与其他国家存在主张重叠，汤加已经与相关国家进行协商咨询，期待不久后可以达成划界共识。因此，本部分划界案提供的关于大陆架外部界限的数据与信息并无争议，也没有妨害与邻国间的大陆架边界划定。

5 负责此划界案的相关机构与部门

负责编写本划界案的汤加相关机构如下（按照字母排序）：
- 总检察署；
- 皇家武装部队；
- 外交与商务部；
- 土地、环境、气候变化与自然资源部。

本划界案的编写还得到了英联邦秘书处的特殊咨询服务部门的帮助。

联合国海洋事务和海洋法司提供了科学和技术培训。

6 大陆架外部界限

图 3 描绘的是从劳-科尔维尔海脊东部的汤加与新西兰两国领海基线量起 200 海里以外大陆架外部界限。

表 1（略）所列的以经纬度坐标标出用以确定大陆架外部界限的各定点之间的直线距离均在 60 海里以内。所有坐标的经度均为东经。这更便于数据在地理信息系统（GIS）和其他数字高程模型（DEM）等可视化软件中的使用。

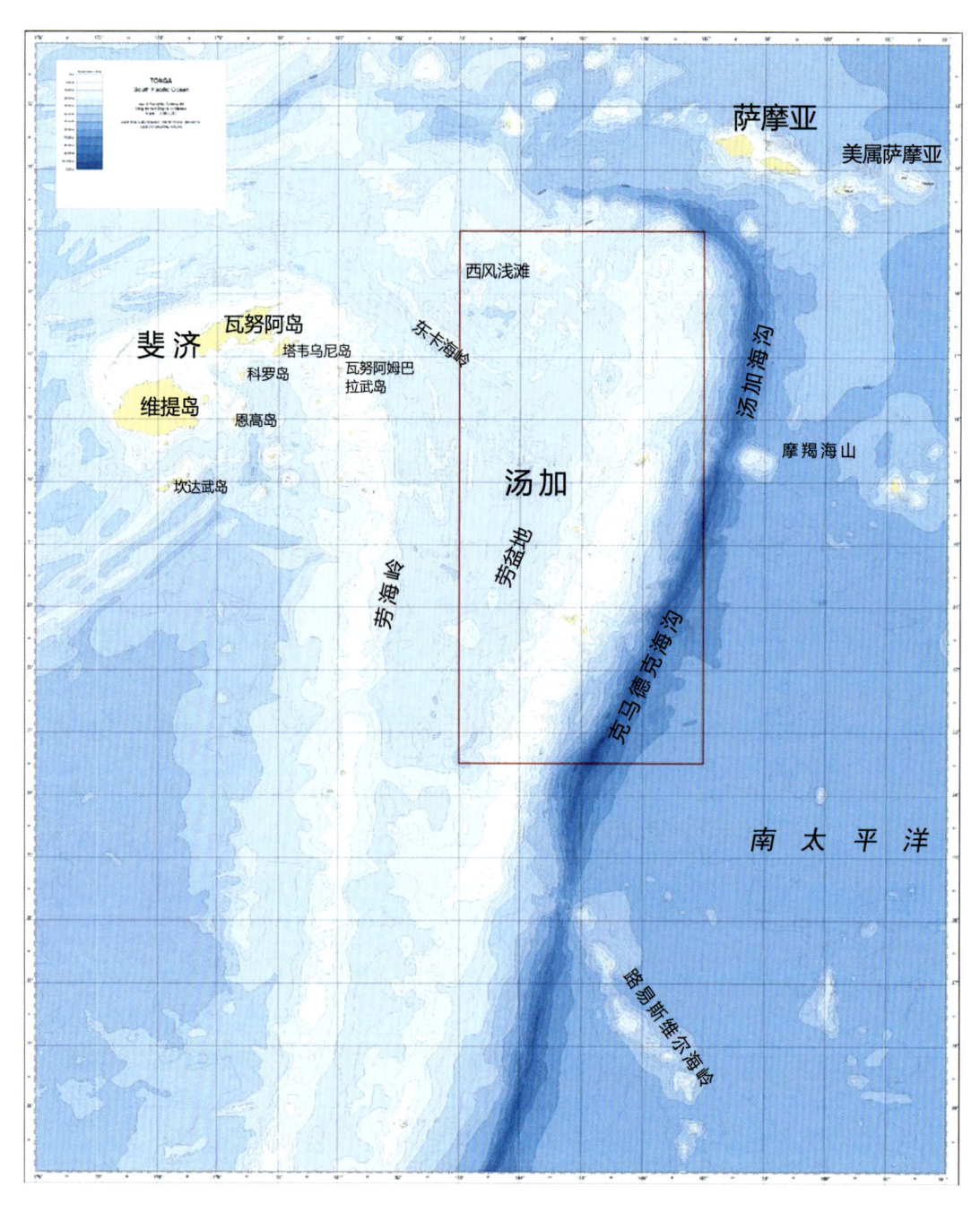

图 1　汤加国王颁布的《皇家宣言》中主张的陆地和海域的地理界线图

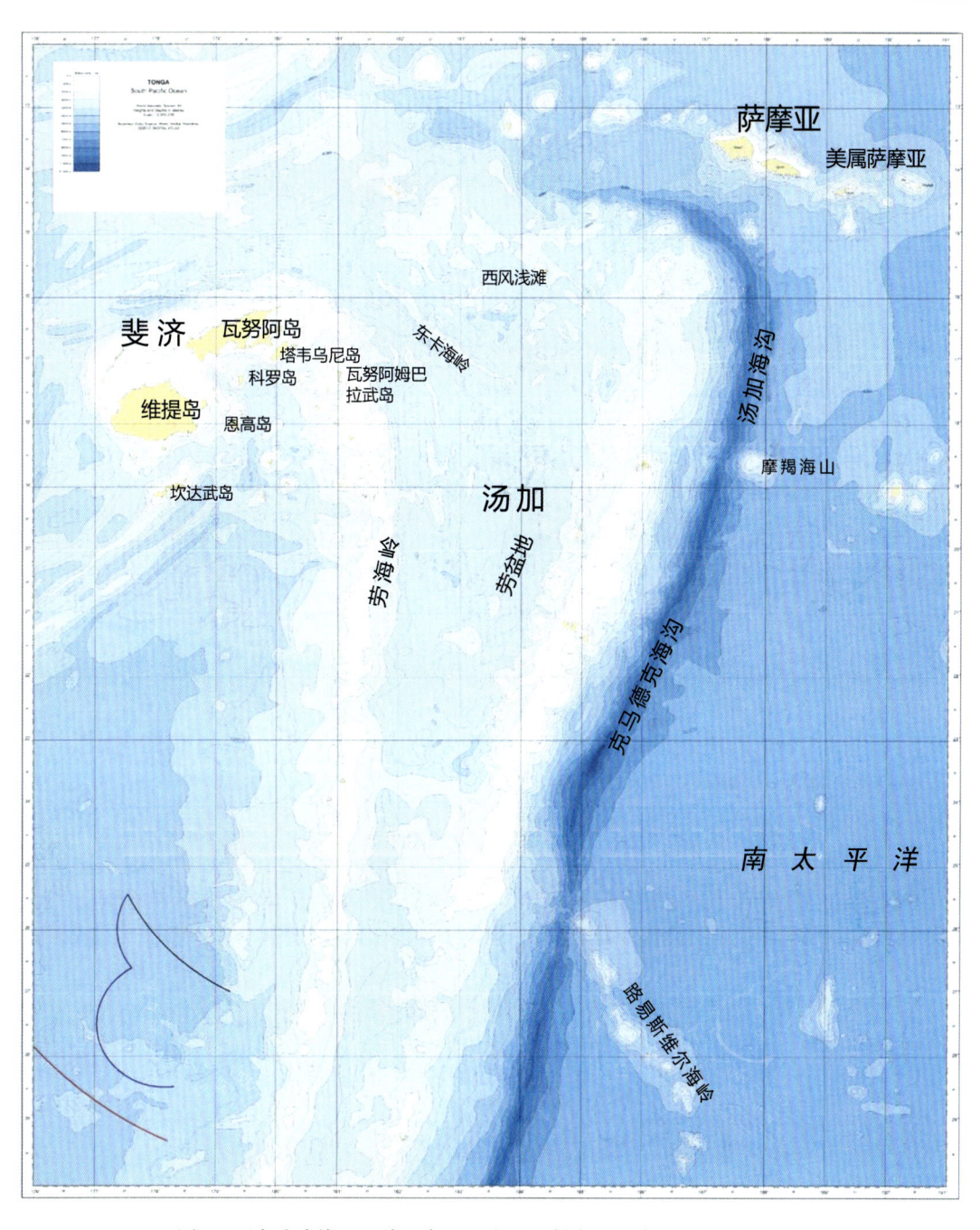

图 2 距离公式线（蓝线）与 350 海里限制线（红线）的适用示意图

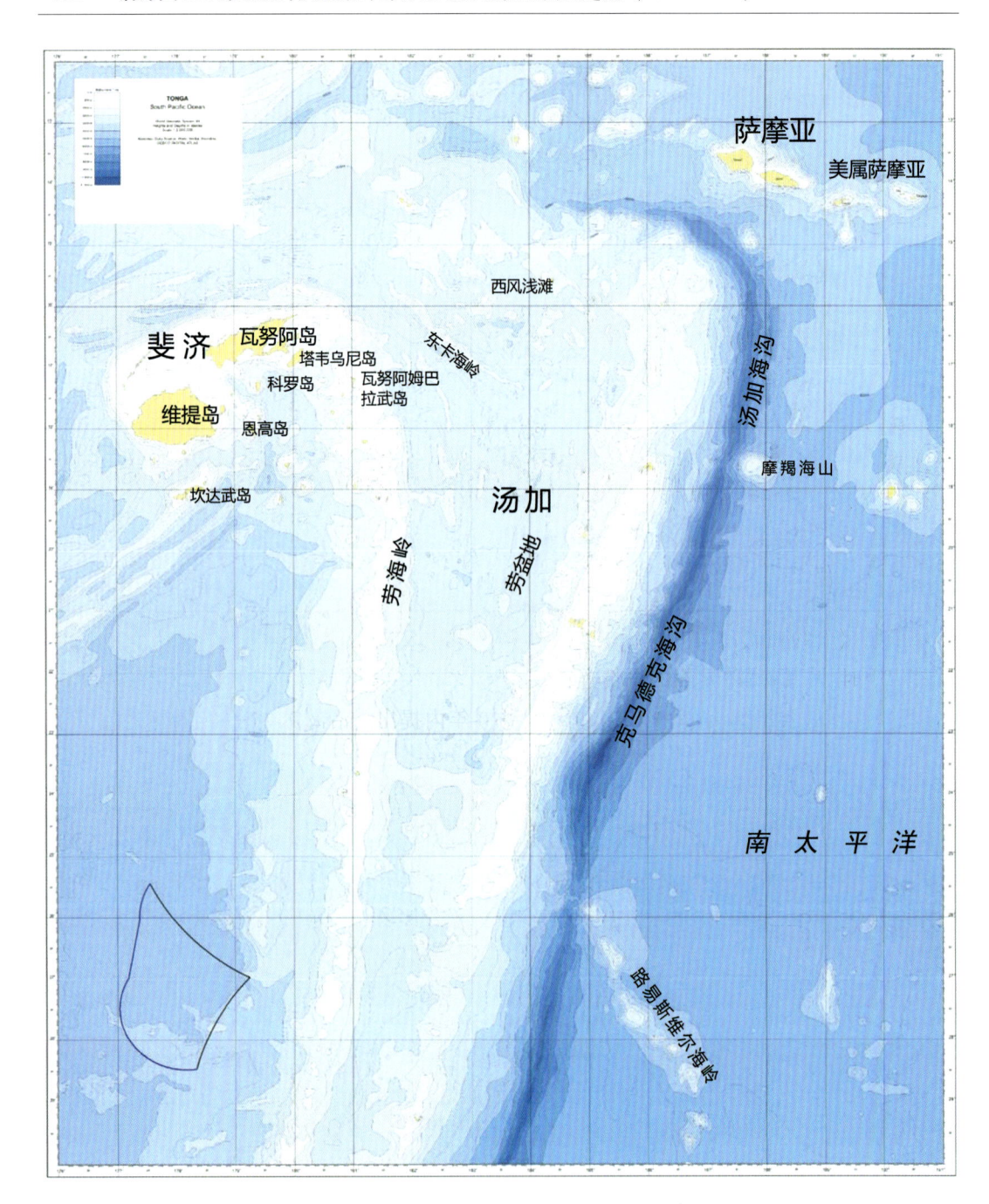

图 3　汤加 200 海里以外大陆架外部界限（蓝线）图

索马里划界案

索马里划界案执行摘要[①]

1 导言

索马里联邦共和国(以下简称"索马里")于 1989 年 7 月 24 日批准《公约》,《公约》于 1994 年 11 月 16 日对索马里生效。

依照《公约》附件二第四条,当沿海国拟依照第七十六条划定其 200 海里以外大陆架外部界限时,应将这种界限的详情连同支持这种界限的科学和技术资料,尽早提交委员会,而且无论如何应于本公约对该国生效后 10 年内提出。沿海国应同时提出曾向其提供科学和技术咨询意见的委员会委员的姓名。

2001 年第十一次缔约国会议决定,对于《公约》在 1999 年 5 月 13 日以前开始对其生效的缔约国的谅解是,《公约》附件二第四条所述十年期间应从 1999 年 5 月 13 日起算(SPLOS/72)。该决定适用于索马里,索马里应在 2009 年 5 月 13 日前提交其划界案。

同时,第十一次缔约国会议还决定继续审查各国、特别是发展中国家履行《公约》附件二第四条要求的能力方面的一般性问题(SPLOS/72)。由于缺乏资金与技术资源以及相关的专家与能力,许多发展中国家因该限制而受到挑战。

于 2008 年 6 月召开的第十八次缔约国会议决定,满足《公约》附件二第四条和 SPLOS/72 号文件(a)段所载决定所述的期限要求的方式可以是向秘书长送交一份初步资料,其中载有有关 200 海里以外大陆架外部界限的指示性资料,并说明编制划界案情况和打算提交划界案的日期(SPLOS/183)。

由于缺乏资金与技术以及相关专家的支持,作为一个发展中国家,索马里在履行《公约》附件二第四条面临巨大挑战。与此同时,索马里正经受一系列政治与安全问题的限制,这些情况阻碍索马里完成划界案的编制工作。

在上述基础上,索马里在联合国秘书处的特别代表(SRSG)Ahmedou Ould Abdallah

[①] 本划界案于 2014 年 7 月 21 日提交。

先生启动了 200 海里以外大陆架外部界限初步信息的编制工作，依照 SPLOS/183 号文件提交给秘书长。该材料的准备过程中，索马里在联合国秘书处的特别代表接受了挪威政府提供的帮助。索马里过渡联邦政府于 2009 年 4 月 14 日将初步信息提交给联合国秘书长。

在索马里过渡联邦政府的请求下，挪威于 2009 年 8 月同意对其划界案提供帮助。提供帮助的挪威机构包括：挪威皇家外交部、挪威测绘局、挪威石油管理局和阿伦达尔中心。

本划界案的提交是索马里履行依照《公约》第七十六条和附件二第四条规定的义务，并且补充了 2009 年 4 月 14 日根据 SPLOS/72 和 SPLOS/183 提交的初步信息。本划界案的主体案文包括索马里在建立 200 海里以外大陆架外部界限时使用的科学与技术数据、地图、技术流程与科技方法。

本划界案旨在服务和保护索马里国家与人民目前和将来的切身利益。

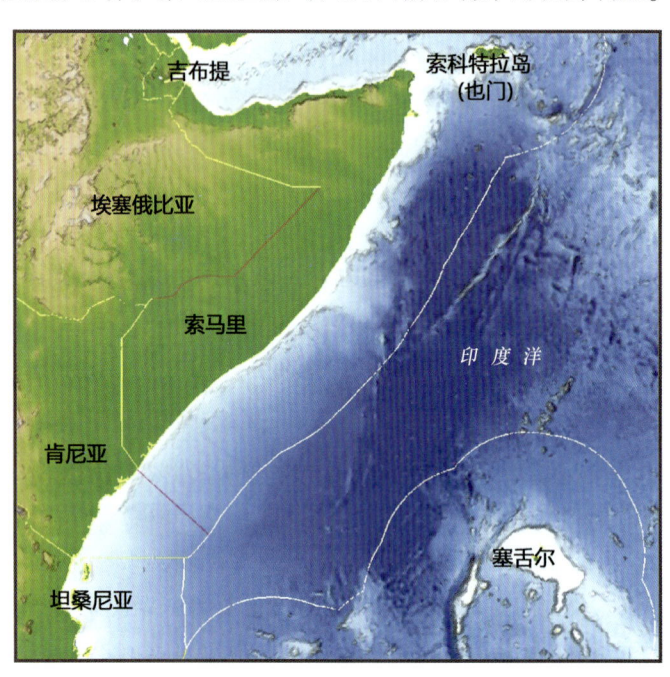

图 1　印度洋西北部海域和非洲陆地示意图

2　海域、地图与坐标

本划界案包含的数据与信息确定了索马里在印度洋西北部 200 海里以外大陆架外部界限。依照《科学和技术准则》，本执行摘要包含了展示大陆架外部界限的地图（图 6）和依照《公约》第七十六条确定的 200 海里以外大陆架外部界限的定点坐标（附件 1）。

3 划界案编写过程中得到的帮助与咨询意见

本划界案编写过程中,索马里过渡联邦政府得到挪威政府的支持和帮助,挪威皇家外交部、挪威测绘局、挪威石油管理局和阿伦达尔中心均提供了帮助。

基于开放资源和现代地理信息系统技术,由阿伦达尔中心的联合国环境规划署大陆架项目完成了技术分析以及准备了划界案主体案文和附件材料。

委员会前任委员 Harald Brekke 先生(1997—2012)对本划界案的编写提供了帮助和咨询意见。

挪威政府资助了划界案编写的经费。挪威政府的帮助基于以下前提:

(1)依照《公约》第七十六条和附件二第四条、SPLOS/72 和 SPLOS/183 的决议,和索马里于 2009 年 4 月 14 日提交的初步信息,编写本划界案;

(2)划界案编写过程中,挪威、联合国环境规划署大陆架项目以及挪威阿伦达尔中心不持任何立场,也不承担任何法律或其他相关海域划界的责任;

(3)挪威提供的咨询意见与帮助是基于公开数据资源,技术分析和主体案文草案的准备是基于联合国环境规划署大陆架项目/阿伦达尔中心提供的现代地理信息系统;

(4)挪威的帮助是为了使索马里满足时限的要求,履行《公约》附件二第四条、SPLOS/72 和 SPLOS/183 决定,以及补充索马里于 2009 年 4 月 14 日提交的初步信息。

4 索马里大陆架外部界限—基线

本划界案确定了索马里大陆架外部界限,且不妨害其与邻国之间的海域划界。具体论述见第 7 部分。

本划界案中,除了特殊情况外,索马里的领海基线为其低潮线。依照《公约》相关条款和卫星图片,挪威测绘局确定了 608 个领海基点,从北部陆架较宽的吉布提直至索马里-肯尼亚海域边界(S608/K1)的起点(图4)。

除了特殊情况外,这 608 个点依照《公约》规定组成了索马里的正常基线。索马里海岸线的长度从吉布提到 S608/K1 点共 3 050 千米。领海基点的数据定位精度为 1 弧秒(30 m)。

5 支持本划界案援引的第七十六条规定

基于第 6 部分的论述,索马里援引《公约》第七十六条第 1 款、第 3 款和第 4 款的规定确定 200 海里以外大陆架外部界限。本划界案使用了两条公式线。依照第七十六条第 7 款,划定外部界限的定点由不超过 60 海里的直线线段连接(图6)。

6 索马里大陆边缘概述

索马里大陆边缘以窄陆架为特征，唯有北部海域略微宽阔。大陆边缘南部 S608/K1 点与非洲北部哈丰角之间向东延伸有一显著的海底隆起（索马里中央坡尖），该隆起南部的陆坡较为平缓，北部地形则较为复杂，其陆坡约在水深 5 000 米处进入索马里海盆深海平原。

索马里海盆由 3 个次海盆组成，索马里中部坡尖将北部的北索马里次海盆和南部的西索马里次海盆分隔开。位于东部的东索马里次海盆被沿南西和南走向展布的包括柴恩海岭在内的海底洋脊与上述两个次海盆分隔开来（图 2）。

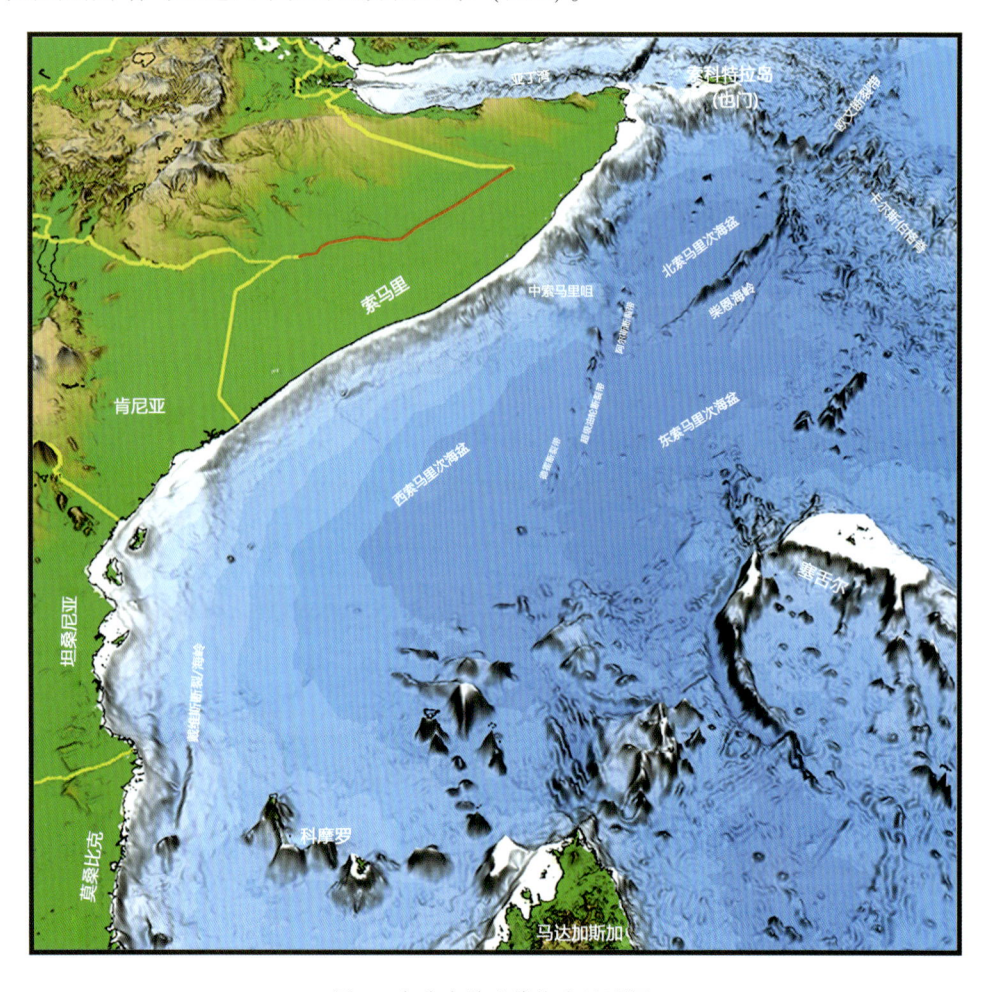

图 2 东非大陆边缘海底地形图

柴恩海岭向北延伸直至与北部卡尔斯伯格脊的南部侧翼相连，同时它与欧文断裂带在南端合并，欧文断裂带连接了卡尔斯伯格脊和希贝海脊。

卡尔斯伯格脊为印度洋洋中脊（印度洋主动扩张脊）的北部延伸。希贝海脊由欧文断裂带向西延伸，直至索科特拉岛的北部最终进入亚丁湾和红海。

印度洋在此处的开裂过程仍值得探究，但可以确定的是索马里大陆边缘为被动大陆边缘，形成于侏罗纪时期，是非洲大陆、马达加斯加与印度板块裂解的结果。

在侏罗纪时期，作为冈瓦纳超级大陆的一部分，索马里南部与马达加斯加平行，北部则与北印度平行。

冈瓦纳在此区域的初始裂谷作用开始于侏罗纪中期，先于索马里海盆的张开。索马里海盆东部与西部的磁异常数据说明了古洋壳的存在。位于北索马里次海盆之下的地壳也表现出低振幅磁异常，代表着洋壳性质。

磁异常特征表明，海底扩张开始于晚侏罗纪（最老磁异常条带 M22 时期），停止于早白垩纪（磁异常条带 M0 时期）。始于晚白垩纪的新一轮扩张作用，导致印度沿索马里海盆的东部向北迁移，随后由于柴恩海岭的形成导致最终的裂解。柴恩海岭是由于板块平移运动而形成的。

7　海域划界和其他相关事宜

本划界案中相关地图与信息均不妨害海洋划界事宜。

索马里与其邻国包括肯尼亚、也门以及坦桑尼亚都存在或者可能存在未决的双边大陆架划界问题。这些问题应依照委员会《议事规则》第四十六条和附件一的规定考虑。

依照国际海洋法与国际法院的判例，索马里在解决与邻国间的海域划界问题的第一步是建立一条临时等距离线。

7.1　索马里与肯尼亚之间的海域

索马里与肯尼亚之间的大陆架划界问题还未解决。基于国际法庭关于海域划界的判例，索马里至少可以向南主张至以 S608/K1 为起点的等距离线（图3）。

除了起点 S608/K1 处有个显著突出，索马里与肯尼亚的海岸线均较为平缓。索马里的海岸线从 S608/K1 起以大约北 38°的方位角向北延伸约 200 千米；而肯尼亚的海岸线从 S608/K1 以北 225°的方位角向南延伸约 200 千米。

基于这些数据，索马里主张的两国之间大陆架划界的等距离线起始于点 S608/K1，方位角为北（225+38）/2 = 131.5°。

索马里与肯尼亚之间未决的海洋划界问题应被视为委员会《议事规则》附件一第五条的"海洋争端"。肯尼亚主张的海域与索马里主张的海域产生重叠，该区域为"争议区"。

本划界案包含了海洋争议区。索马里已准备与肯尼亚进行协商以求达成一致，使得委员会可以审议两国的划界案，并且不妨害最终的海域划界。在此协议达成之前，索马里请求委员会不审议可能妨害双边划界的区域。

图 3　索马里主张的等距离线及其 200 海里线和 350 海里限制线示意图

图 4　索马里主张中的南部起点 S608-K1 卫星图

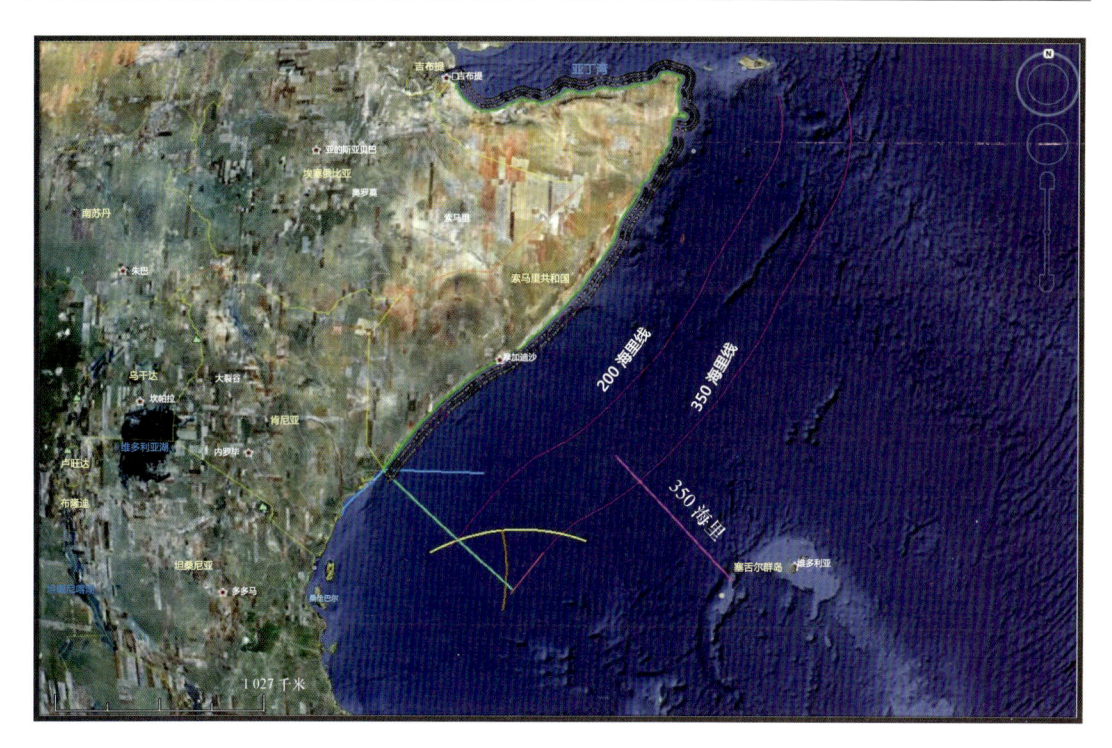

图 5　索马里与邻国之间的限制线和公式线示意图

7.2　索马里与也门之间的海域

索马里与也门之间的海洋划界问题还未解决。委员会网站上公布的也门划界案执行摘要，表明也门与索马里之间在 200 海里以外大陆架主张区域存在重叠。

未决的海洋划界问题和 200 海里以外大陆架主张重叠均应依照委员会《议事规则》第四十六款和附件一处理。依照附件一第五条，未决的海洋划界问题属于"海洋争端"，主张重叠区域为"争议区"。

索马里已准备与也门进行协商以求达成一致，使得委员会可以审议两国的划界案，并不妨害最终的海域划界。在此协议达成之前，索马里请求委员会不审议可能妨害双边划界的区域。

7.3　索马里与坦桑尼亚之间的海洋划界

基于目前的划界案以及委员会网站上公布的相关执行摘要，索马里与坦桑尼亚之间存在潜在的大陆架主张重叠区域。

未决的海洋划界问题和 200 海里以外大陆架主张重叠均应依照委员会《议事规则》第四十六款和附件一处理。依照附件一第五条，未决的海洋划界问题属于"海洋争端"，主张重叠区域为"争议区"。

索马里已准备与坦桑尼亚进行协商求达成一致，使得委员会可以审议两国的划界案，并不妨害最终的海域划界。在此协议达成之前，索马里请求委员会不审议可能妨害双边划界的区域。

8　索马里大陆架的外部界限

索马里的 200 海里以外大陆架外部界限是依照《公约》第七十六条，由 532 个定点确定的，具体为

（1）8 个点是依照第 4 款（a）项（1）目的沉积物公式确定；

（2）206 个是依照第 4 款（a）项（2）目的大陆坡脚外推 60 海里公式确定；

（3）318 个点是依照第 5 款的 350 海里限制线确定；

依照《公约》第七十六条第 7 款，这 532 个点均由不超过 60 海里的直线线段连接。各定点及其连线见图 6，不同色标标示了所援引《公约》第七十六条不同规定确定的各定点。

索马里主张的最北端大陆架外部界限点是大陆坡脚外推 60 海里线与也门 200 海里线的交点。

索马里主张的最南端外部界限点为索马里 350 海里限制线与索马里/肯尼亚等距离线的交点。

包括上述最北端和最南端在内的、划定索马里大陆架外部界限的各定点的坐标见附件 1 列表（略）。索马里与邻国肯尼亚和也门的最终海域划界应基于国际法，通过双边协议划定。

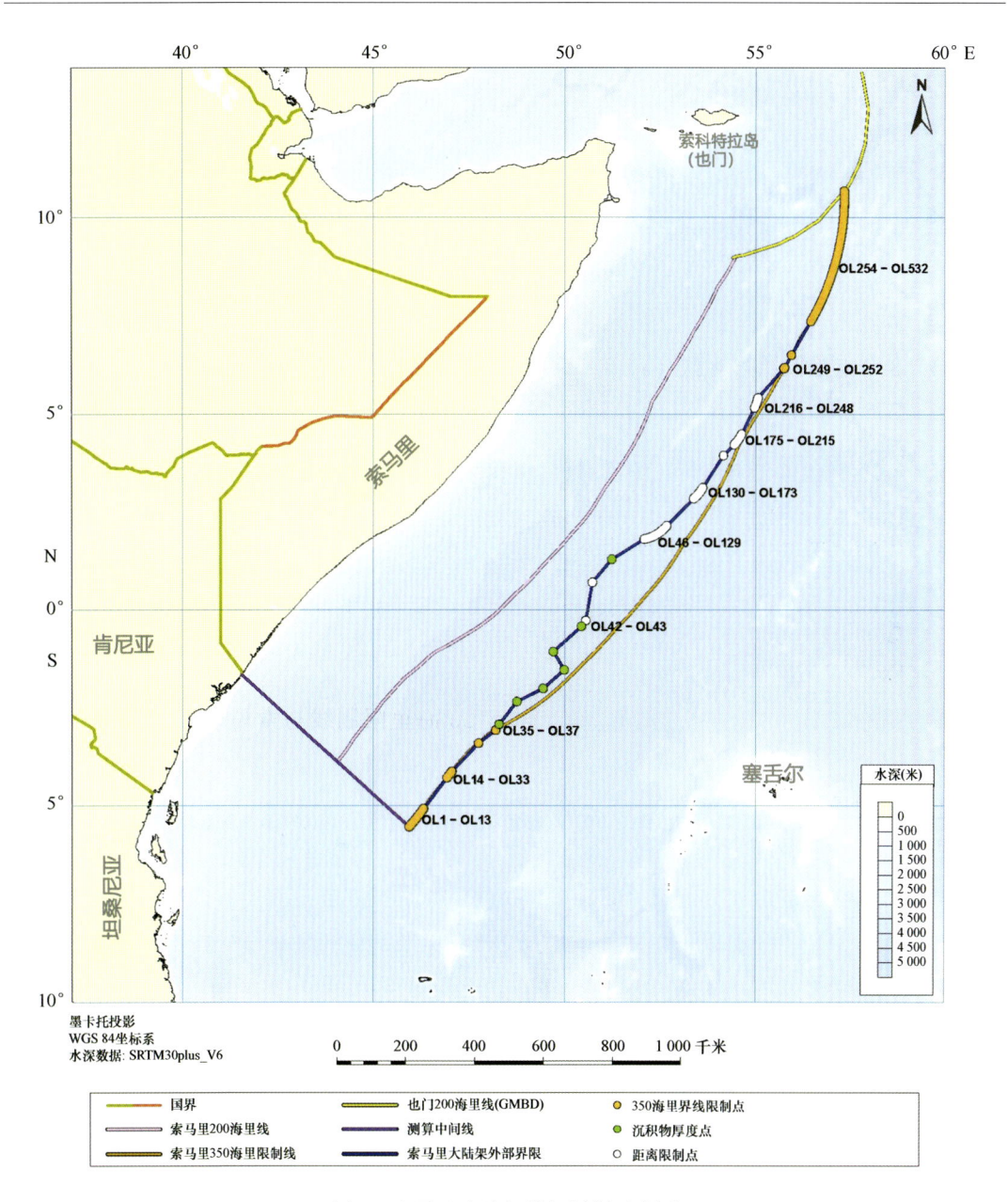

图 6 索马里大陆架外部界限示意图

西非七国联合划界案

佛得角、冈比亚、几内亚、几内亚－比绍、毛里塔尼亚、塞内加尔和塞拉利昂西非七国关于大西洋海域的联合划界案执行摘要[①]

1 导言

佛得角、冈比亚、几内亚比绍、几内亚、毛里塔尼亚、塞内加尔和塞拉利昂均签署并批准了《联合国海洋法公约》。在本划界案中将简称为"七沿海国"。

依照《公约》第七十六条和附件二第四条,七沿海国履行义务提交本划界案。本划界案主要涉及大西洋海岸相邻的七沿海国从领海基线量起 200 海里以外大陆架外部界限信息。

本联合划界案是由七个国家共同合作提交的,并得到挪威政府的协助。正如第 3 部分的描述,七沿海国主张的 200 海里以外大陆架外部界限是在挪威政府的技术与资金支持下共同完成的。

依照《公约》第七十七条,七沿海国大陆架的权利是固有的,并且这种权利自始存在。

在此之前,七沿海国已依照 2008 年第十八次缔约国会议决定(SPLOS/183 文件),分别向联合国秘书长提交了 200 海里以外大陆架外部界限的初步信息(见第 2 部分),并证明了《科学和技术准则》中规定的从属权利检验。本划界案体现了七沿海国在确定大陆架外部界限上的新进展,也体现了《公约》的精神在于维系和平、正义和全世界人民的进步。

在过去的这些年,国际法在解决区域海洋划界争端的适用取得了巨大成效,邻国之间未解决的海域争端问题引起了七国的重视。

这些问题包括 200 海里以内和以外大陆架的划界问题。另外,本划界案涉及区域中大

[①] 本划界案于 2014 年 9 月 25 日提交。

陆边的最北部和最南部均属于与邻国之间的主张重叠区，包括《第三届联合国海洋法大会最后决议》第三章解决办法中提到的问题。七沿海国保留关于海洋划界的权利和立场，同时提供了大陆架延伸至最南与最北边的详细信息。

涉及七沿海国之间或与第三国间未决或者可能产生的海洋划界事宜，七沿海国均认为应依照《公约》第七十六条第10款和附件二第九条处理，这些条款旨在说明委员会的行动不妨害海岸相向或相邻国家间划定界限的事项。本划界案中，七沿海国请求委员会在遵守上述规则的前提下，对划界案区域涉及的外部界限提出建议。涉及海洋划界、建立领海基线以及其他相关事宜，七沿海国一致请求依照《公约》第七十六条和附件二进行处理，同时认为委员会的建议对于该区域和国际团体将非常有利。七沿海国将非常感谢委员会作出的努力和贡献。

2　提交划界案的沿海国

按照字母顺序对七沿海国分别进行介绍，附件二（略）介绍了准备划界案的国家组织和机构。

佛得角

佛得角是位于大西洋中部的群岛国家，离西非陆地约460千米，与毛里塔尼亚和塞内加尔相向。它由10个岛屿和众多小型地理单元组成，陆地总面积达4 033平方千米。根据信风的主要方向，将这些岛屿分为两组。向风群岛包括圣安唐岛、圣维森特岛、圣卢西亚岛、圣尼古拉岛、萨尔岛和博阿维什塔岛。背风群岛包括马尤岛、圣地亚哥岛、福古岛和布拉瓦岛。群岛基线总长为998千米。

佛得角于1982年12月10日签署了《公约》并于1987年8月10日批准《公约》，《公约》于1994年11月16日对佛得角生效。依照《公约》第四十七条佛得角确定了群岛基线。

佛得角于2009年5月7日将200海里以外大陆架外部界限的初步信息提交给联合国秘书长。

冈比亚

冈比亚位于西非大陆，陆地领土面积约为11 300平方千米，其陆地呈长条状延伸，长约338千米，宽平均约25千米。冈比亚的北、东、南三面均与塞内加尔接壤。西部为大西洋，沿岸基线长约76千米。

冈比亚于1982年12月10日签署了《公约》，于1984年5月22日批准了《公约》，《公约》于1994年11月16日对冈比亚生效。

冈比亚于2009年5月4日将200海里以外大陆架外部界限的初步信息提交给联合国秘

书长。

几内亚

几内亚位于西非大陆，北接几内亚比绍，南邻塞拉利昂，陆地领土面积约为 245 857 平方千米。西部为大西洋，沿岸基线长 338 千米。

几内亚于 1984 年 10 月 4 日签署了《公约》，于 1985 年 9 月 6 日批准了《公约》，《公约》于 1994 年 11 月 16 日对几内亚生效。

几内亚于 2009 年 5 月 11 日将 200 海里以外大陆架外部界限的初步信息提交给联合国秘书长。

几内亚比绍

几内亚比绍陆地领土主要位于西非大陆，另外还包括邻近的比热戈斯群岛，陆地领土总面积约为 36 125 平方千米。几内亚比绍北邻塞内加尔，南接大西洋，东北连几内亚。如果将比热戈斯群岛的岸线计算在内，则几内亚比绍的基线总长度为 288 千米。

几内亚比绍于 1982 年 12 月 10 日签署了《公约》，于 1986 年 8 月 25 日批准了《公约》，《公约》于 1994 年 11 月 16 日对几内亚比绍生效。

几内亚比绍于 2009 年 5 月 8 日将 200 海里以外大陆架外部界限的初步信息提交给联合国秘书长。

毛里塔尼亚

毛里塔尼亚位于七沿海国的最北部，陆地领土面积达 1 027 000 平方千米，西邻大西洋，北接撒哈拉沙漠西部，南连塞内加尔，基线总长度约为 557 千米。

毛里塔利亚于 1982 年 12 月 10 日签署了《公约》，于 1996 年 7 月 17 日批准了《公约》，《公约》于 1996 年 8 月 16 日对毛里塔尼亚生效。

毛里塔利亚于 2009 年 5 月 11 日将 200 海里外大陆架外部界限的初步信息提交给了联合国秘书长。

塞内加尔

塞内加尔北接毛里塔尼亚，南邻几内亚比绍，西邻大西洋，并与佛得角相向。塞内加尔的陆地领土总面积约为 196 722 平方千米，基线总长度为 473 千米。

塞内加尔于 1982 年 12 月 10 日签署了《公约》，于 1984 年 10 月 25 日批准了《公约》，《公约》于 1994 年 11 月 16 日对塞内加尔生效。

塞内加尔于 2009 年 5 月 12 日将 200 海里以外大陆架外部界限的初步信息提交给联合国秘书长。

塞拉利昂

塞拉利昂北部与东北部均与几内亚接壤，南部与东南部与利比亚接壤，西邻大西洋。陆地领土面积为 71 740 平方千米。塞拉利昂除了陆地领土之外，还包括香蕉岛、邦斯岛、歇尔布罗岛、蒂怀岛和约克岛。塞拉利昂的基线长度为 373 千米。

塞拉利昂于 1982 年 11 月 10 日签署了《公约》，于 1994 年 12 月 12 日批准了《公约》，《公约》于 1995 年 1 月 11 日对塞拉利昂生效。

塞拉利昂于 2009 年 5 月 12 日将 200 海里以外大陆架外部界限的初步信息提交给联合国秘书长。

3 为联合划界案开展的次区域合作

联合国大会于 2008 年 12 月 5 日通过的海洋与海洋法第 A/RES/63/111 号议案，其第 19 段认为，发达国家应当帮助发展中国家向大陆架界限委员会提交划界案。根据这一决议，在经过协商以及西非国家经济共同体的请求下，挪威于 2008 年宣布将协助相关成员国准备关于大陆架外部界限的初步信息。

随后，于 2009 年 2 月 11—12 日召开的阿布贾部长会议上，西非国家经济共同体成员国中的沿海国采纳了这一建议。在 2009 年 5 月 13 日之前，所有相关成员沿海国均可官方征求挪威政府对编写初步信息的建议和帮助。挪威政府同意对佛得角、冈比亚、几内亚、几内亚比绍、毛里塔利亚和塞内加尔给予技术与资金支持，正如它们的初步信息中所表示的，使它们能在 2009 年 5 月 13 日之前提交初步信息。

基于阿布贾部长会议上的建议，于 2009 年 9 月 7—9 日在普拉亚（Praia，佛得角首都）召开次区域会议，会议由佛得角政府提出邀请并得到挪威的支持，召集了上述六国的专家。关于 200 海里以外大陆架外部界限划定的次区域工作组于 2009 年 9 月 9 日通过普拉亚行动计划。该计划要求建立次区域合作框架协议，来确定大陆架外部界限。另外，为执行协商好的扩展项目，这一框架协议还能确保协议的邻国之间对于大陆架的扩展主张不存在反对意见。

2010 年 9 月 21 日，普拉亚行动计划的六国签署了 200 海里以外大陆架外部界限次区域合作框架协议。另外，六国还分别与挪威签订了关于确定 200 海里以外大陆架外部界限的技术与资金支持的协议。

基于 2010 年框架协议以及和挪威签订的合作协议，成员国同意合作准备联合或者独立的划界案，并建立一些国家机构负责划界案的准备以及与西非国家经济共同体委员会、联合国西非办公室和其他组织的合作事宜。2010 年的框架协议还包含了对委员会审议成员国提交的存在潜在争议的划界案的一致同意。成员国表明，划界案以及随后的委员会建议都不妨害邻国之间的海洋划界争端以及任一国家在争端中的立场。

六个西非沿海国于 2011 年 9 月 20 日在纽约与挪威签署了一份附加协议，这一附加协议在第 7 款中明确规定了挪威所提供帮助的数据采集格式要求。

在 2009 年 5 月 12 日将初步信息提交给联合国秘书长之后，塞拉利昂决定加入这一合作框架协议。并于 2012 年 9 月 26 日在纽约签署加入上述六国于 2010 年 9 月 26 日签署的次区域合作框架协议、与挪威的资金与技术支持合作协议以及 2011 年 9 月 20 日签署的附件协议。

基于上述框架协议，七个西非国家与挪威形成了一个具有示范意义的合作组织。挪威的支持包括运用现代地理信息系统（GIS）进行七沿海国大陆架的桌面分析，对新地震和测深数据的采集与构造解释的资金支持，对数据采集项目的实施管理，对成员国的技术培训与能力建设，以及确定基线的大地测量协助等。同时，挪威政府声明挪威对于划界案中的法律问题及其他问题（包括领海基线的确定）不持立场也不承担法律责任。根据国际法，这些问题的唯一负责方应为各沿海国。

合作还包括技术及相关问题的日常性联络会议。基于 2014 年 1 月 27—29 日举行的第七次联络会议全体一致达成的建议，2014 年 6 月 10 日在普拉亚举行的部长级会议上，七沿海国决定在挪威的支持下，根据区域地质与地理特征提交一个联合划界案。

借此次联合划界案的提交缅怀为其作出贡献的、于 2013 年 10 月 12 日去世的大使 Hans Wilhelm Longva 先生。自 2009 年，Longva 大使领导着挪威团队与西非沿海国进行技术与资金合作。七沿海国政府高度认可其不间断持续支持的重要性，使得本划界案能够最终顺利完成。

挪威方面负责提供技术支持的国家机构见附件 3（略）。

4 海域、地图与坐标

本划界案中包含的数据与信息用于确定七沿海国从基线量起 200 海里以外大陆架的外部界限。

执行摘要中包括 3 幅地图，图 1 为相关海域概况图，图 2 为相关的地貌要素示意图，图 3 为大陆架外部界限示意图。

附件 1（略）包括一系列依照《公约》第七十六条的规定确定、用于划定 200 海里以外大陆架外部界限的定点坐标，各相邻点的距离单位为海里。

5 提供咨询意见的委员会委员

没有现任的委员会委员为本划界案提供咨询意见。

6 为支撑划界案援引的第七十六条规定

七沿海国援引了《公约》第七十六条第 1、第 3 和第 4 款确定 200 海里以外大陆架外

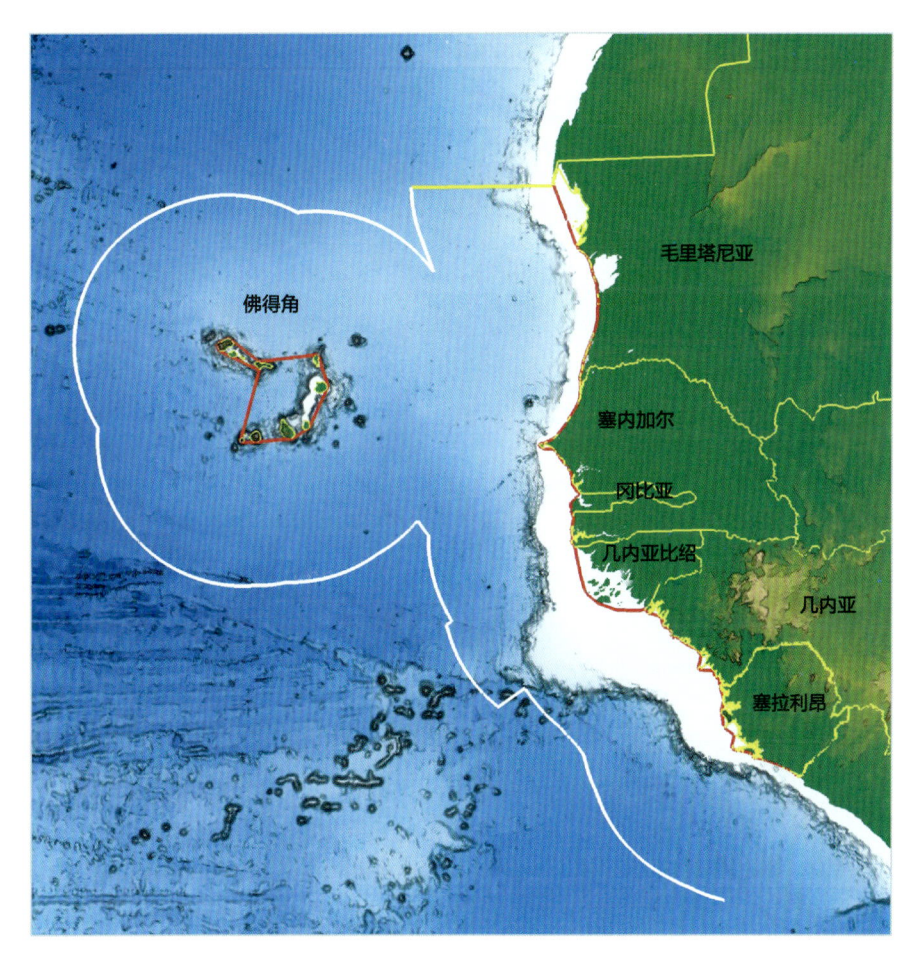

图 1 七沿海国联合划界案涉及区域概况图
黄线代表协议边界；红线代表基线；白线代表 200 海里线

部界限。在本划界案中主要使用了海登堡公式和卡地纳公式，并依照《公约》第七十六条第 7 款，连接各外部界限点的直线线段均不超过 60 海里。

7 大陆边缘概况

从地质和地貌来看，自北至南从毛里塔尼亚、塞内加尔、冈比亚、佛得角、几内亚比绍、几内亚直至塞拉利昂，七沿海国的大陆边缘为西非的赤道大西洋中部大陆边缘的一部分。本划界案涉及的大陆边缘延伸范围从最北边的撒哈拉海山至最南部的圣保罗断裂带，总长度约为 3 000 千米。

大陆边缘北部和中部主要为穹隆状的佛得角海隆，其上为佛得角群岛。在其北部，佛得角海隆的侧翼逐渐与佛得角海盆的深海平原相连；在其南部，佛得角海盆以几内亚断裂带和几内亚海盆为界。位于穹隆状佛得角海隆水深最浅处的佛得角海台，大约比深海平原

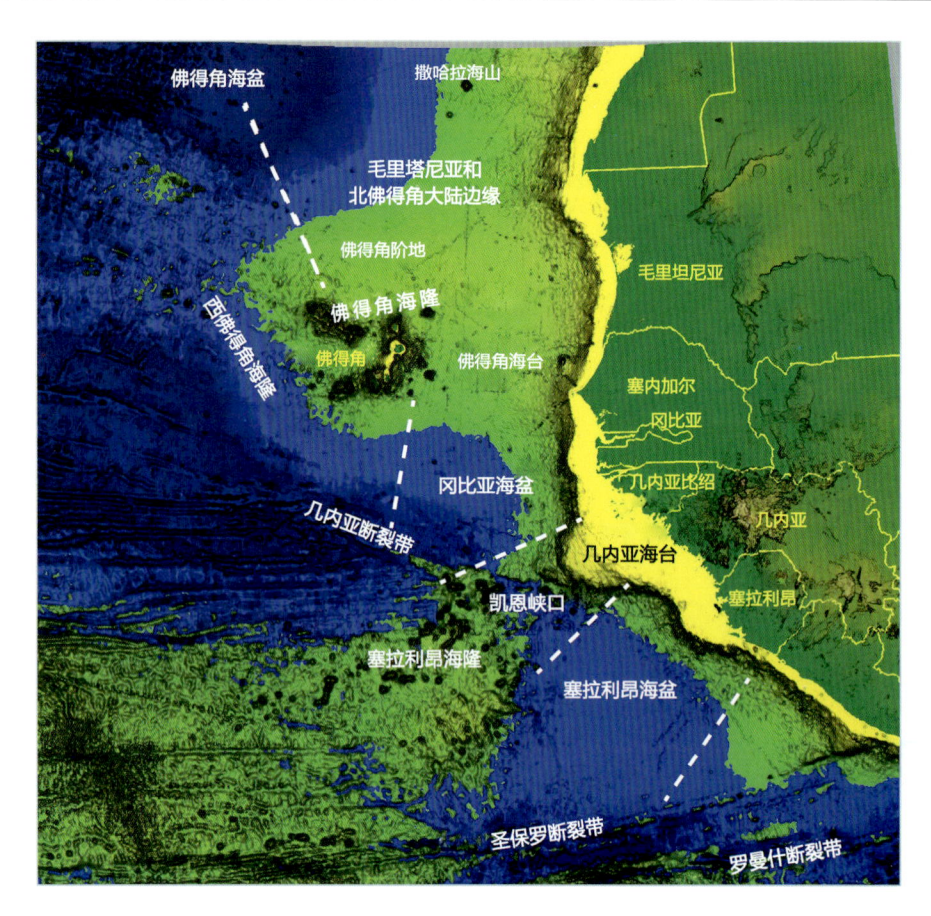

图 2　西非沿岸大陆边缘和深洋洋底主要地貌要素示意图

高 2 000 米。

几内亚断裂带向南延伸直至凯恩峡口，这个狭窄的海道将浅水陆壳性质的几内亚海台和洋壳性质的塞拉利昂海隆分隔开。几内亚海台的东南部为塞拉利昂海盆，它的发育受到其南部圣保罗断裂带的限制。几内亚断裂带和圣保罗断裂带均为西非几内亚和南美北部区域之间复杂横向裂解作用中的主要转换带。

8　各分区概况介绍

从地质角度看，西非大陆边缘在本划界案中相关区域可以分为五个部分。如图 2 所示，下面将分别进行介绍。

毛利塔利亚和佛得角北部大陆边缘

该区域大陆边缘的大部分水深线与毛利塔利的海岸平行，但由于受到佛得角海隆的影响而最终向西偏离。陆坡呈上陆坡较陡、下陆坡平缓的特征。该区水深从下陆坡顶点最浅

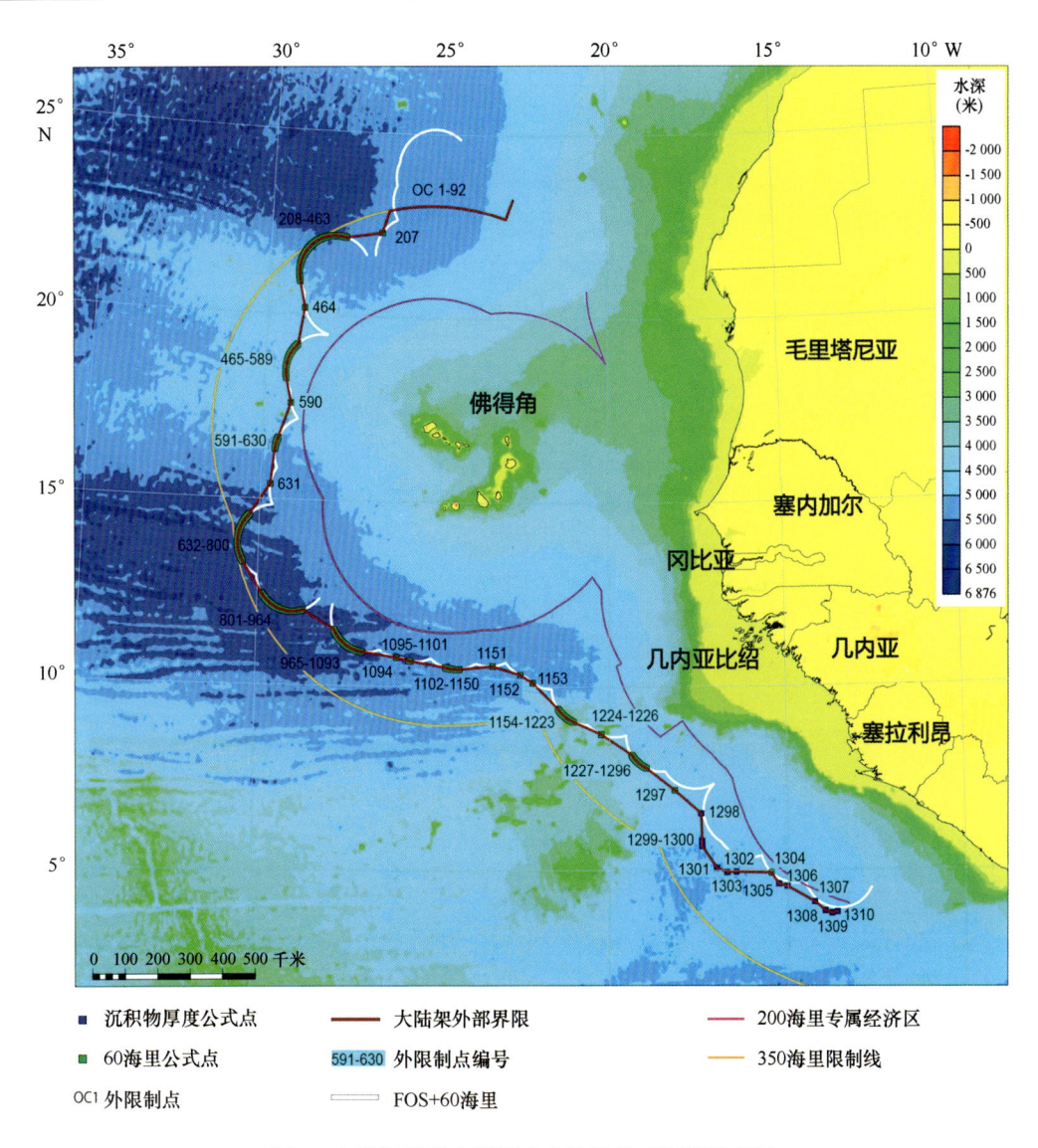

图 3 七沿海国联合划界案大陆架外部界限示意图

处的 2 800 米增加至毗邻的佛得角海盆的 5 500 米。该区的陆架和上陆坡为众多海底峡谷和冲沟切割冲刷。大量沉积流通过海底峡谷体系经下陆坡向海输运并逐渐汇聚沉降到佛得角深海平原。

佛得角隆起的西部区域

该区为佛得角海隆西部陆坡区，与大西洋中部相向，北为佛得角海盆，南接冈比亚海盆。该区的陆坡特征表现为，北部上覆沉积物平缓并逐步与佛得角海盆沉积融合，西部为崎岖起伏的火山洋壳基底，南部为几内亚断裂带。该区的水深从群岛基部大约 3 000 米逐渐增加至深海洋盆的 4 500 米。

冈比亚海盆

冈比亚海盆位于佛得角海隆的东南侧翼和塞内加尔、冈比亚和几内亚比绍南侧主陆的陆坡之间，呈圆形。该区的上陆坡较陡、下陆坡较平缓，陆坡延伸至几内亚断裂带。该区的大陆边缘由于具有多种沉积物输送通道，导致其地貌形态异常复杂。

凯恩峡口

凯恩峡口将几内亚海台和塞拉利昂海隆分隔开，位于几内亚断裂带和大陆边缘之间，其深度达 4 700 米。凯恩峡口的地貌形态复杂，包括一系列从几内亚海台分离出的块状高地。

塞拉利昂海盆

塞拉利昂海盆位于几内亚海台南部，其西部和北部分别为塞拉利昂海隆和几内亚海台，其南部为圣保罗断裂带。该区的陆坡分为陡峭的上陆坡和平缓的下陆坡，其毗邻的大陆边缘向该海盆输送大量沉积物，受重力流驱使的沉积物在其下陆坡聚集。

9 大陆架外部界限

该区的大陆架外部界限由 1196 个定点组成：

（1）13 个定点是依照第七十六条第 4 款（a）项（1）目规定的沉积物厚度公式确定；

（2）1091 个定点是依照第七十六条第 4 款（a）项（2）目规定的大陆坡脚外推 60 海里的弧线确定；

（3）92 个定点是依照第七十六条第 5 款规定的 350 海里限制线确定。

这 1196 个定点是由相邻两点间的距离不超过 60 海里长度的直线线段连接（图 3），不同颜色代表着适用不同条款确定的定点。更多关于定点的详细数据见附件 1（略）。

丹麦划界案：格陵兰岛北部海域

丹麦关于格陵兰岛北部大陆架的部分划界案执行摘要[①]

1 导言

丹麦王国（以下简称"丹麦"）于1982年《公约》开放签署日签署了《公约》，并于2004年11月16日批准了《公约》。本划界案是丹麦依照《公约》第七十六条第8款及附件二第四条规定，履行提交从领海基线量起200海里以外的大陆架外部界限资料义务的第五个部分划界案。

丹麦政府与法罗群岛政府分别于2009年4月29日和2010年12月2日就法罗群岛北部和南部大陆架提交了第一个和第二个部分划界案。丹麦政府与格陵兰政府分别于2012年6月14日及2013年11月26日就格陵兰南部和北部大陆架提交了第三个和第四个部分划界案。

本划界案是涉及格陵兰大陆架外部界限的第三个部分划界案。

依照《公约》第七十七条，沿海国对大陆架的权利是固有的，并且这种权利自始存在。

根据1963年6月7日的第259号皇家法令，丹麦宣布对其海岸的海床和底土拥有主权权利，允许在领海以外水深200米以内的范围，或在可开采的深度范围内进行天然沉积物的勘探、开采。依照《公约》，目前这种主权权利的行使范围延伸至距离领海基线200海里处或至海岸相向或相邻国家之间约定的边界。丹麦政府与格陵兰政府之间的协议（通过2009年6月12日的第473号皇家法令和关于格陵兰岛自治政府的法令实施），赋予格陵兰政府承担新的权利范围。依照2009年12月7日格陵兰议会第7号法令《矿物资源法》，自2010年1月1日起，格陵兰政府承担对矿物资源活动的立法和执法责任。

"丹麦大陆架项目"于2002年启动，由丹麦皇家科技创新部主管，该部门与格陵兰政府和法罗群岛政府密切合作，负责获取划定200海里以外大陆架外部界限所必需的数据。

[①] 本划界案于2014年12月15日提交。

本划界案从 2002 年起开始准备，地震和测深数据的采集以及数据的处理、分析和解释工作持续至 2014 年完成。由于气候条件和冰层覆盖等条件所限，格陵兰北部地区数据的采集困难重重。为了获得北极圈内大陆架延伸部分的相关数据，需特许建造极地破冰船。然而，即使是目前最大量级的核动力破冰船，也无法非常靠近格陵兰北部地区。因此该区域的野外调查工作只能在冰层最薄弱的 7 月下旬至 9 月中旬开展，且仅限于白天作业。冰层的不稳定性和不可预测性常常会导致实际调查与设计路线的严重偏离。另外，调查专用装备及数据采集技术也需进一步升级，以防恶劣的气候环境造成不利影响。除上述因素之外，不利的冰层条件及技术失误给实际调查带来的影响也不可忽略。可在海冰上扎营的时间非常短暂，通常仅限于春季，一旦逾期，冰层不稳定所导致的危险系数会大大增加。

本划界案是由丹麦外交部，格陵兰总理办公室，丹麦皇家气候、能源与建设部所属的丹麦和格陵兰岛地质调查局，格陵兰工业矿产资源部联合完成。丹麦和格陵兰岛地质调查局以及格陵兰工业和矿产资源部都是国家级海洋地质和地球物理研究机构。其他机构和研究所，特别是丹麦国家测绘与地籍局、丹麦国家空间研究所都提供了科学以及其他方面的支持。

2 地图和坐标

本划界案中的数据和信息旨在划定 200 海里以外大陆架外部界限。

执行摘要中包含两幅地图。图 1 显示了格陵兰北部 200 海里以外大陆架外部界限。图 2 显示了该海域的海底地形以及主要地理区域的名称。

附件一的两份表格列出了定点的地理坐标（略）。依照《公约》第七十六条的规定，表格列出了每一个定点的经纬度坐标以及相邻两定点间的距离。

图表坐标使用的地理坐标系统是 ITRF2000（历元 2000.0）。

3 提供咨询意见的委员会委员

委员会前委员 Harald Brekke 先生（1997—2012）、Philip Symonds 博士（2002—2012）和委员现任委员 Martin Heinesen 先生（2012 年至今）对本部分划界案的准备工作提供了咨询意见。

4 为支持划界案所援引的第七十六条规定

以下述第 5 部分的内容为基础，丹麦援引了《公约》第七十六条第 4、第 5、第 6 款的规定。

本划界案依照《公约》第七十六条第 4 款（a）项（1）目使用"卡地纳"公式确定

沉积物厚度点，依照《公约》第七十六条第 4 款（a）项（2）目使用"海登堡"公式确定大陆坡脚外推 60 海里定点。依照《公约》第七十六条第 7 款由连接定点的若干直线确定大陆架外部界限。

依照《公约》第七十六条第 7 款，大陆架外部界限应由连接以经纬度坐标标出的各定点划出长度不超过 60 海里的若干直线确定。

5 大陆边缘概况

格陵兰岛北部大陆边缘（图 2）成因复杂，受到地质历史时期断裂作用、伸展作用、挤压作用、走滑断层位移和多期次火山作用的共同影响。复杂的地质演化使得这一区域的海底高低起伏、特征复杂，包括罗蒙诺索夫海岭、加科尔洋脊、阿尔法-门捷列夫海岭和楚科奇陆架等地形上与格陵兰陆块相连的一系列海岭。这些海岭与陆块共同构成了完整的格陵兰岛北部大陆架。该陆架向东变窄，成为格陵兰岛东北部和斯瓦尔巴特群岛之间剪切带陆缘的一部分，称为旺德尔陆架。陆架向西逐渐变宽，进入林肯海形成林肯陆架，并与罗蒙诺索夫海岭相连。在这一区域，罗蒙诺索夫海岭呈海底高原状，因此也称罗蒙诺索夫海底高原。格陵兰岛北部的莫里斯杰塞普海隆凸出并伸向阿蒙森海盆。

陆壳性质的罗蒙诺索夫海岭像刀片一样将北冰洋分成两个主要海盆——欧亚海盆和美亚海盆。罗蒙诺索夫海岭自林肯陆架向东西伯利亚陆架延伸，贯穿整个北冰洋，延伸距离达 1 800 千米，其宽度为 45~200 千米。海岭顶部呈平缓至略圆状，深度自海平面以下 4 200 米至 400 米不等，最浅的部分接近格陵兰岛。

格陵兰岛北部陆壳被形成于古生代的富兰克林海盆占据，海盆向西进入加拿大北极群岛海域。该海盆经历晚古生代的强烈挤压作用，形成了埃尔斯米尔褶皱带。埃尔斯米尔岛的最北部为元古代的皮里地体，并在中奥陶世经历了前埃尔斯米尔运动等造山运动。皮里地体的岩性与斯瓦尔巴特群岛、斯堪的纳维亚半岛、格陵兰岛东部的加里东期地层的岩性极为相近。主加里东造山带在皮里大陆的东南部出露，后者沿着格陵兰岛东北岸延伸。

在古新世和始新世尤里坎造山运动的影响下，部分埃尔斯米尔褶皱带重新开始活动。与此同时，格陵兰岛向北漂移到北冰洋区域，引起了格陵兰岛北部和埃尔斯米尔岛的强烈挤压。与挤压作用伴生的构造变化和缝合带也影响到了陆壳上的林肯陆架和莫里斯杰塞普海隆。汇聚作用不仅导致了克连诺瓦峡谷中海盆的缩短和加厚，也导致格陵兰岛、加拿大附近罗蒙诺索夫海岭的洋壳发生相同的作用，使它们在现今呈现出海底高原状的地貌。

罗蒙诺索夫海岭阿蒙森海盆侧翼的岩石样品不仅与北埃尔斯米尔岛皮里地体中变质岩岩性相近，也与斯瓦尔巴特群岛、斯堪的纳维亚半岛、格陵兰岛东部和英国的加里东期地层的岩性相似。这些证据表明，自加里东期以来，罗蒙诺索夫海岭与格陵兰岛、加拿大北极群岛经历了相似的地质作用。另外，古新世—始新世的尤里坎造山作用影响了格陵兰岛北部地区和埃尔斯米尔岛，并形成了罗蒙诺索夫海岭这一重要地质体。自尤里坎造山运动

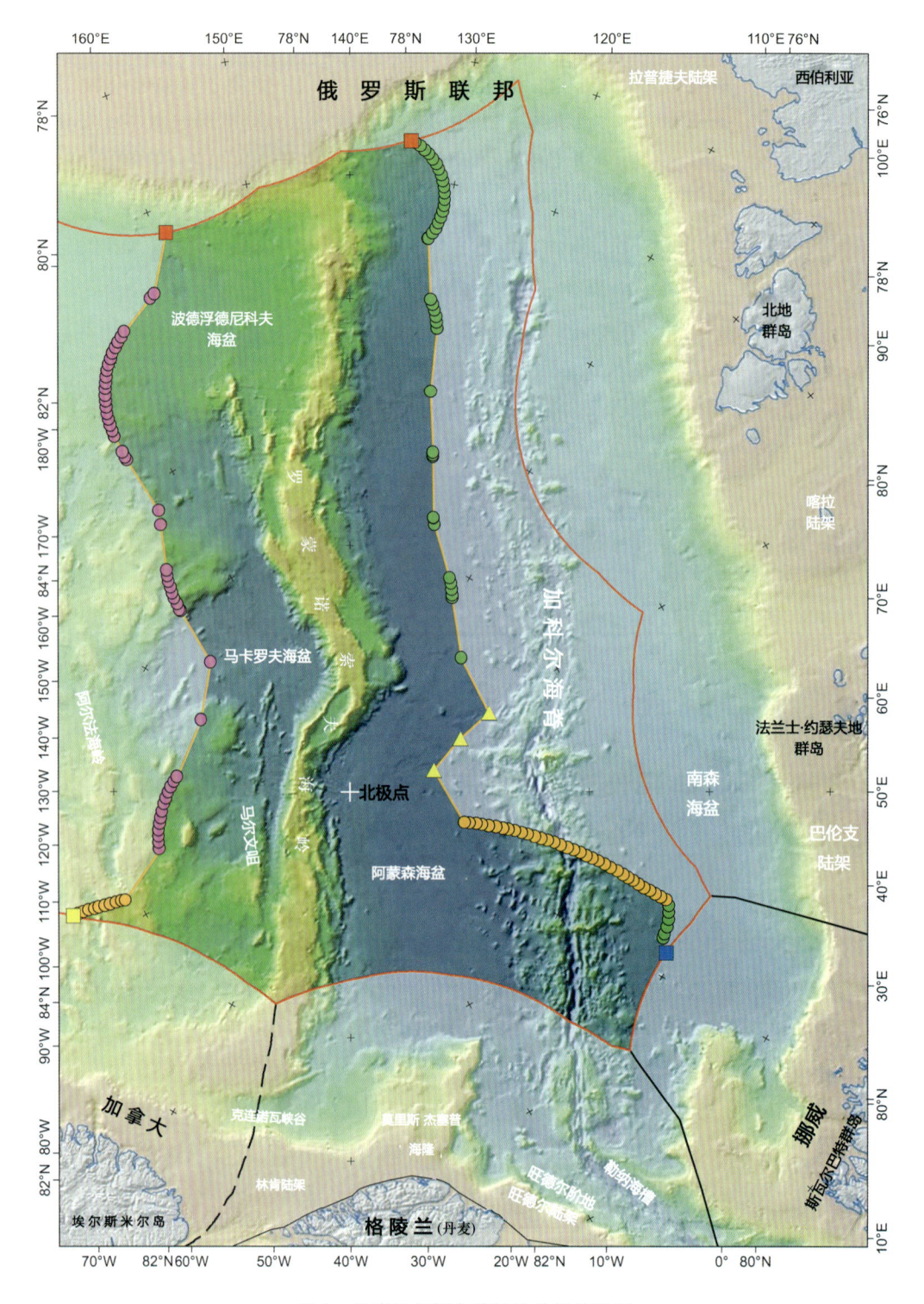

图 1 格陵兰北部大陆架的外部界限图

图例

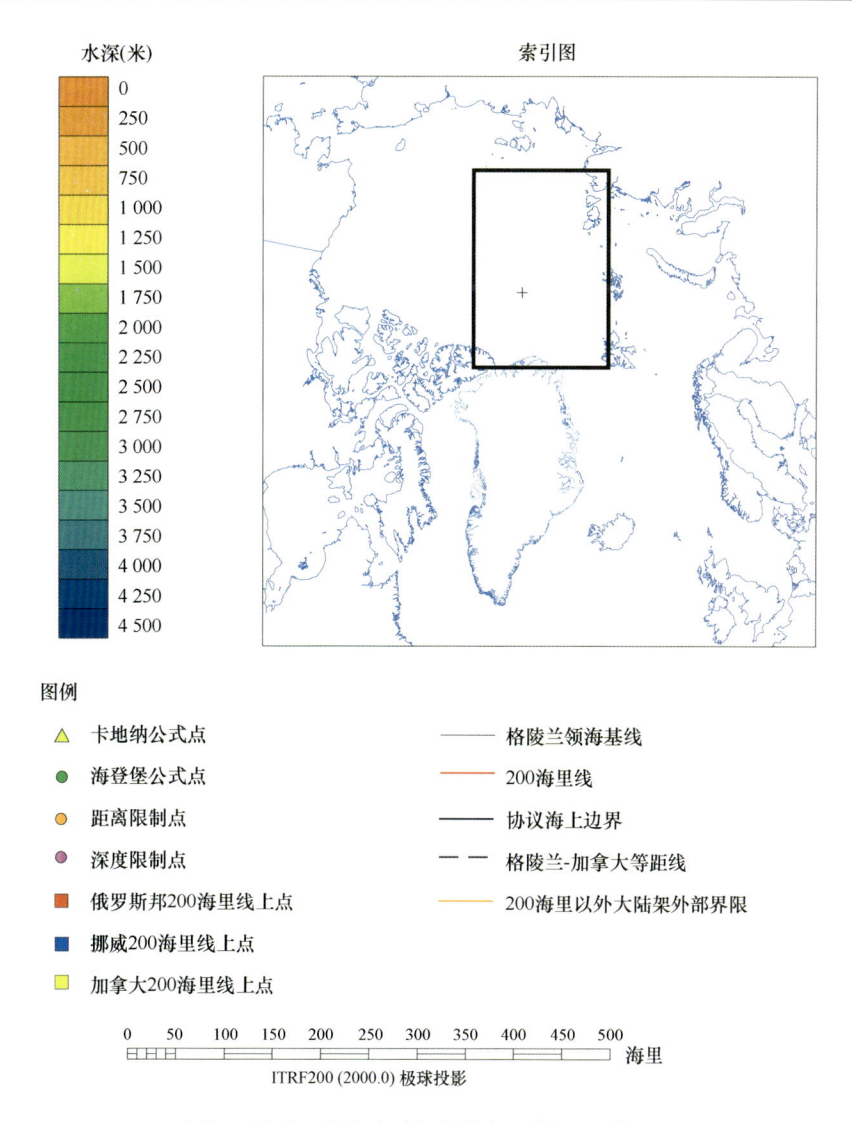

△ 卡地纳公式点　　　　　　—— 格陵兰领海基线
● 海登堡公式点　　　　　　—— 200海里线
○ 距离限制点　　　　　　　—— 协议海上边界
● 深度限制点　　　　　　　-- 格陵兰-加拿大等距线
■ 俄罗斯邦200海里线上点　 —— 200海里以外大陆架外部界限
■ 挪威200海里线上点
□ 加拿大200海里线上点

ITRF200 (2000.0) 极球投影

图 1　格陵兰北部大陆架的外部界限图（附图）

末期以来，罗蒙诺索夫海岭与林肯陆架、格陵兰岛北部陆架紧密相连，并与北美板块一同漂移。无论是从地貌还是从地质的角度来看，罗蒙诺索夫海岭均为格陵兰岛北部大陆边缘的组成部分。

由于北极地区的调查数据过于稀疏，北极构造地质演化历史的一些细节问题尚待解决。但欧亚海盆（包括阿蒙森海盆和南森海盆）的成因已得到大多数科学家的大致认可，始于55~60百万年的海底扩张以及超慢速扩张的加科尔洋脊形成现今的板块边缘。这一事件将罗蒙诺索夫海岭从巴伦支陆架和喀拉陆架分离出来。包括马尔文坡尖和地质学家坡尖在内的众多坡尖，沿着美亚海盆的侧翼从海岭主体上伸出。这些坡尖的地质成因、演化历史还不是完全清楚，它们有可能指示了中生代走滑断层或者与加拿大海盆张开相伴生的扭

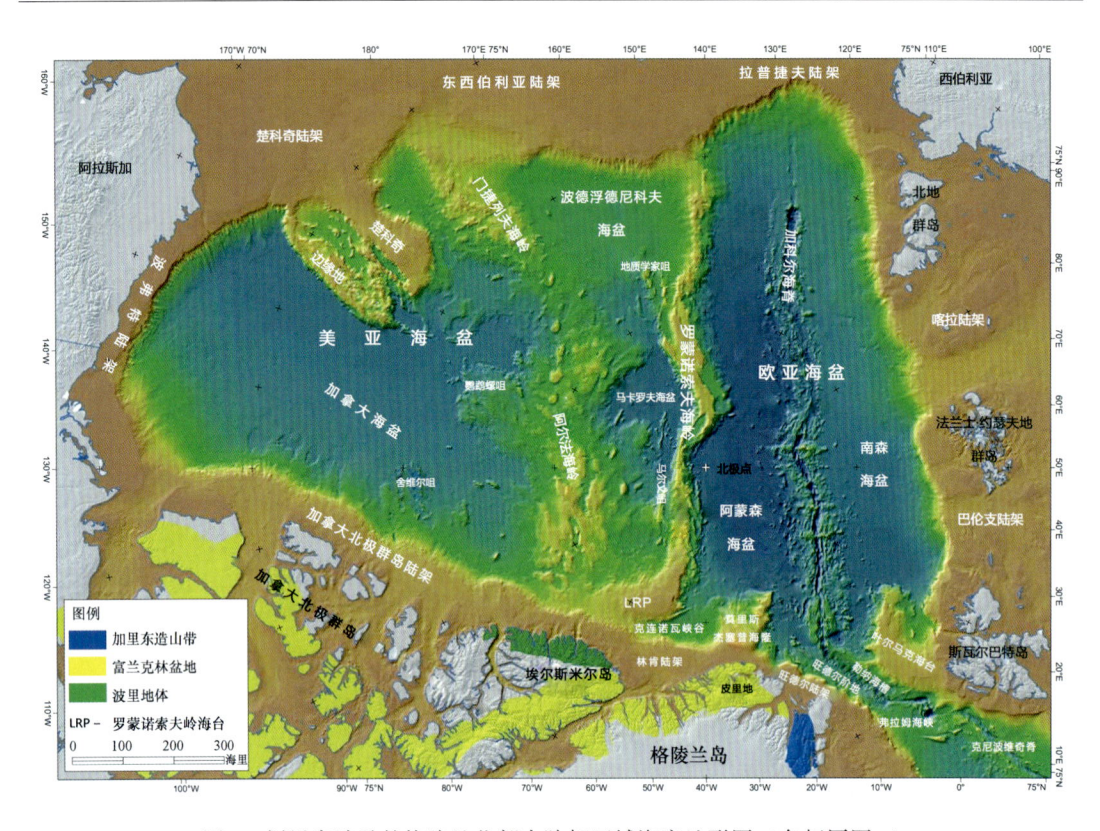

图 2　划界案涉及的格陵兰北部大陆架区域海底地形图（色标同图 1）

张边缘。但穿过坡尖的地震剖面数据却显示其为裂谷断陷构造属性，据此认为，晚白垩世到古新世期间重新活跃的构造活动，导致罗蒙诺索夫海岭发生裂陷而形成坡尖。与欧亚海盆最终张开方向相平行的晚白垩世伸展也证明了这一地质事件。

自形成以来，阿蒙森海盆和南森海盆经历了持续稳定的热沉降作用和远洋沉积作用。除远洋沉积作用之外，底流和冰川沉积物的输入也导致了冰海扇的形成，搬运沉积物也大量出现在盆地内。这些冰川沉积物对林肯陆架、巴伦支海陆架、喀拉海陆架、拉普捷夫陆架也有强烈影响。

加科尔洋脊在弗拉姆海峡内的勒拿海槽终止，与位于格陵兰岛东北部和斯瓦尔巴特群岛之间的克尼波维奇脊相连，并最终与大西洋洋中脊相接。这一海洋通道的张开年代较新，但其构造演化历史由于高角度斜向扩张引起的强烈剪切作用而复杂化。伴随岩浆作用的海底扩张始于勒拿海槽。

北冰洋加拿大海盆一侧的组成和演化目前仍是一个讨论热点。在早白垩世，阿拉斯加北极圈内地区和加拿大北极群岛之间的海底发生扩张，这至少导致了一部分加拿大海盆的形成，但其影响程度和形成时间尚未明确。阿尔法-门捷列夫海岭为火山高原，将罗蒙诺索夫海岭从加拿大海盆分离开来。形成阿尔法-门捷列夫海岭的火山作用是高纬北极大火成岩省的一部分。在早白垩世到晚白垩世末期，它对包括罗蒙诺索夫海岭、法兰士约瑟夫地群岛、加拿大北极群岛在内的北冰洋大部分区域均有影响。与门捷列夫海岭一样，阿尔法海岭也贯穿整个北冰洋，且地质特征复杂。高纬北极大火成岩省究竟是位于洋壳还是陆壳目前尚未形成定论。一种观点认为阿尔法-门捷列夫海岭是有陆源物质残余的海底高原，与印度洋的凯尔盖朗海底高原类似。阿尔法海岭在高纬北极大火成岩省形成之后发生伸展作用，相关证据表明，至少阿尔法海岭南部的部分地区存在由多相分裂和火山作用所形成的减薄陆壳。

阿尔法-门捷列夫海岭、楚科奇边缘地与格陵兰陆块在地貌上是连续的。然而，本部分划界案所提供的数据和材料，并没有对它们是否为格陵兰岛北部大陆边缘的海底高地提供依据。

6 格陵兰北部大陆架

依照《公约》第七十六条第7款的规定，格陵兰北部大陆架的外部界限由直线划定，这些直线由卡地纳公式和海登堡公式确定的定点以及距离和深度限制规则确定的定点连接而成。

罗蒙诺索夫海岭在欧亚海盆一侧的格陵兰北部大陆架的外部界限（图1）延伸到挪威斯瓦尔巴200海里线的地方，另一端延伸至俄罗斯200海里线。在美亚海盆一侧，罗蒙诺索夫海岭的格陵兰北部大陆架的外部界限延伸到加拿大200海里线，另一端延伸至俄罗斯200海里线。

7 海上划界

格陵兰北部大陆架划界仍存在未决问题。应当依照《公约》第七十六条第10款、《公约》附件二第九条以及委员会《议事规则》附件一第四十六条的规定对这些问题进行考量。

格陵兰北部大陆架存在潜在的权利主张重叠。挪威已经按照《公约》第七十六条第8款的规定对于格陵兰北部大陆架重叠区域执行其程序。

加拿大

未来准备提交的关于加拿大北极地区大陆架外部界限的划界案可能与格陵兰北部大陆架产生重叠。

在本划界案准备过程中，丹麦与加拿大进行定期磋商。这些磋商表明加拿大大陆架外部界限将会与格陵兰北部大陆架外部界限产生重叠。

这个问题仍待双方协商解决。

挪　威

挪威于 2006 年 11 月 27 日提交了关于巴伦支海、北冰洋和挪威海三个区域的划界案。委员会已于 2009 年 3 月 27 日通过了该划界案的建议。

2006 年 2 月 20 日，丹麦和格陵兰政府与挪威共同签署了关于大陆架划界和格陵兰与斯瓦尔巴之间渔区的协议。协议于 2006 年 6 月 2 日生效。

在协议的序言中，各方均表示希望将双方之间 200 海里以外大陆架划界与其外部界限的划定综合考虑。

2007 年 1 月 24 日，丹麦政府与格陵兰政府告知联合国秘书处关于挪威提交的划界案执行摘要第 6.2 部分，丹麦/格陵兰不反对委员会审议挪威提交的数据和划界案材料并对此部分提出建议。此类考虑因素和建议不妨害丹麦/格陵兰之后提交的数据和材料，也不妨害将来丹麦/格陵兰和挪威间的大陆架划界。

挪威政府向丹麦政府表示不反对委员会审议并对此部分划界案提出建议。此类审议和建议不妨害今后的划界。

俄罗斯

2014 年 3 月 27 日丹麦政府和格陵兰政府与俄罗斯通过互相照会共同达成如下谅解：

"当一国向大陆架界限委员会提交划界案时，其他国家立即通过外交照会致联合国秘书长说明如下问题：

（1）其他国家不反对委员会审议一国的划界案并提出建议；

（2）委员会对一国划界案作出的建议不损害其后委员会审议的划界案所在沿海国的权利；

（3）以上建议将不妨害两国今后的划界。

各方都需要在向委员会提交划界案时提及此协议，要求委员会提出建议时考虑到此协议，并请求联合国秘书长确保联合国成员国与公约成员国都能够了解上述外交照会的内容。"

美　国

美国在北冰洋宣称的大陆架权利可能会与格陵兰北部大陆架外部界限产生重叠。

该问题依双方协商为准。

根据以上谅解，丹麦要求委员会审议此格陵兰北部大陆架部分划界案及数据并提出建议，不会对今后丹麦/格陵兰、加拿大、挪威、俄罗斯以及美国提交的划界案造成损害，也不会对上述诸国的大陆架划界造成损害。该请求已在各方间达成一致。

最终的划界将由双边协议决定。

西班牙划界案：加那利群岛

西班牙关于加那利群岛以西的部分划界案执行摘要[①]

1 导言

西班牙王国（以下简称"西班牙"）依照1982年《公约》第七十六条和附件二向委员会提交本划界案，确定加那利群岛以西200海里以外的大陆架外部界限。依照委员会《议事规则》（CLCS/40/Rev.1）附件一第三条，本划界案为部分划界案。

依照SPLOS/183决定，西班牙于2009年5月提交了西班牙加那利群岛以西大陆架外部界限的初步信息和国家声明[②]。

在该文件中，西班牙依照第十八次缔约国会议SPLOS/183决定1（a）段的决定，提供以下信息：

(1) 西班牙加那利群岛以西200海里以外大陆架外部界限的初步信息；
(2) 部分划界案的准备工作描述；
(3) 计划提交划界案的日期。

依照《公约》第七十六条，西班牙向委员会提交了两份关于其大陆架外部界限的部分划界案：

(1) 法国、爱尔兰、大不列颠和北爱尔兰联合王国以及西班牙于2006年5月19日在海洋事务和海洋法司（DOALOS）提交了关于凯尔特海和比斯开湾的部分划界案，并在委员会第十八届会（CLCS/52）上做了陈述。委员会于2009年3月24日通过了最终建议（CLCS/62）；

[①] 本划界案于2014年12月17日提交。
[②] 参见委员会的网站：http://www.un.org/depts/los/clcs_new/submissions_files/preliminary/esp_can_2009_preliminaryinfo.pdf。

（2）关于加利西亚地区的部分划界案已经于2009年5月11日在海洋事务和海洋法司做了登记，并且在2010年4月7日的委员会第二十五届会（CLCS/66）上做了陈述。

依照《公约》第七十六条第8款、附件二第四条以及委员会《议事规则》（CLCS/40/Rev.1），西班牙基于科学技术数据编写了本划界案，用于支持加那利群岛以西200海里以外大陆架外部界限的划定。

本划界案基于多波束测深数据、浅地层剖面、多道地震数据以及拖网和岩芯样品，这些数据、文件和样品是2010年至2014年间西班牙考察船RV"Hespérides"号、"Sarmiento de Gamboa"号和"Miguel Oliver"号6次海洋调查航次（海洋调查GAROE-2010、DRAGO-2011、GAIRE-2011、ZEEE-2011、AMULEY-ZEEE-2012和MAEC-SUBVENT-1 2013）所采集的。海洋调查航次是由西班牙扩展大陆架技术小组设计和实施的，该技术小组由西班牙地质调查局（Instituto Geológicoy Minero de España, IGME）、西班牙海洋研究所（Instituto Español de Oceanografía, IEO）以及海军水道测量研究所（Instituto Hidrográfico de la Marina, IHM）的专家组成，Luis Somoza Losada博士负责组织协调工作。

对多波束测深数据的汇编还包含了西班牙专属经济区（ZEEE）调查项目中前四次水道测量航次（ZEEE-99、ZEEE-00、ZEEE-2011a和ZEEE-2012）采集的数据，这些调查由RV"Hespérides"号船执行，西班牙国防部基础设施总指挥部负责组织协调工作（图1）。

使用不同类型的多波束测深仪（Simrad EM-12、EM-120a和EM-302、Atlas HYDROSWEEP DS）和浅地层剖面仪（TOPAS PS-18和Atlas PARASOUND P-35）（表1），完成总长度为68 338千米的测深调查测线。除此之外，利用安装在RV"Sarmiento de Gamboa"号考察船上的280道数字地震系统完成总长度为4 471千米的多道地震反射剖面，该多道地震系统的数字电缆长3 500千米，道间距设置为12.5米（表1）。

表1 为获取划界案数据而实施的海洋调查所使用的调查方法和获取的测线长度

海洋调查名称	年份	考察船	调查设备	测线长度（千米）	样品（类型）	地震反射剖面（千米）
CANARIAS_1988	1999	Geco Tau		1 950		1 950
ZEEE_1999	1999	Hespérides	Simrad EM-12 TOPAS PS-18	4 014		
ZEEE_2000	2000					
GAROE_2010	2010	Hespérides	Simrad EM-120 TOPAS PS-18	12 449		

续表

海洋调查名称	年份	考察船	调查设备	测线长度（千米）	样品（类型）	地震反射剖面（千米）
DRAGO_2011	2011	Miguel Oliver	Simrad EM-302 TOPAS PS-18	10 895	岩石拖网	
GAIRE_2011	2011	Sarmiento de Gamboa	Atlas HYDROSWEEP DS Atlas PARASOUND P-35	4 471		4 471
ZEEE_2011	2011	Hespérides	Simrad EM-120 TOPAS PS-18	13 235		
AMULEY_ZEE_2012	2012	Hespérides	Simrad EM-120 TOPAS PS-18	18 054		
MAEC_SUBVENT-1_2013	2013	Hespérides	Simrad EM-120 TOPAS PS-18	7 284	重力取芯器/岩石拖网	
合计（千米）				72 352		6 210

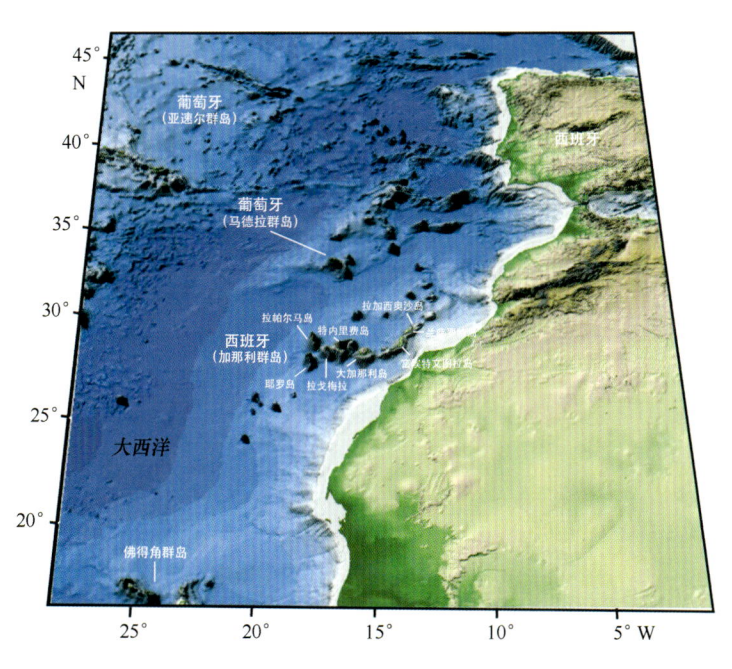

图 1　加那利群岛周边海域海底 3D 图

全球水深数据源自 GEBCO GDA，2003

除此之外，本划界案还有三条作为支撑数据的多道地震剖面图是在 CANARIAS_1988

调查航次中获取的，它们同时还用于支撑编制"根据 SPLOS/183 决定，关于加那利群岛以西的西班牙大陆架外部界限部分划界案的初步信息和国家准备说明"。

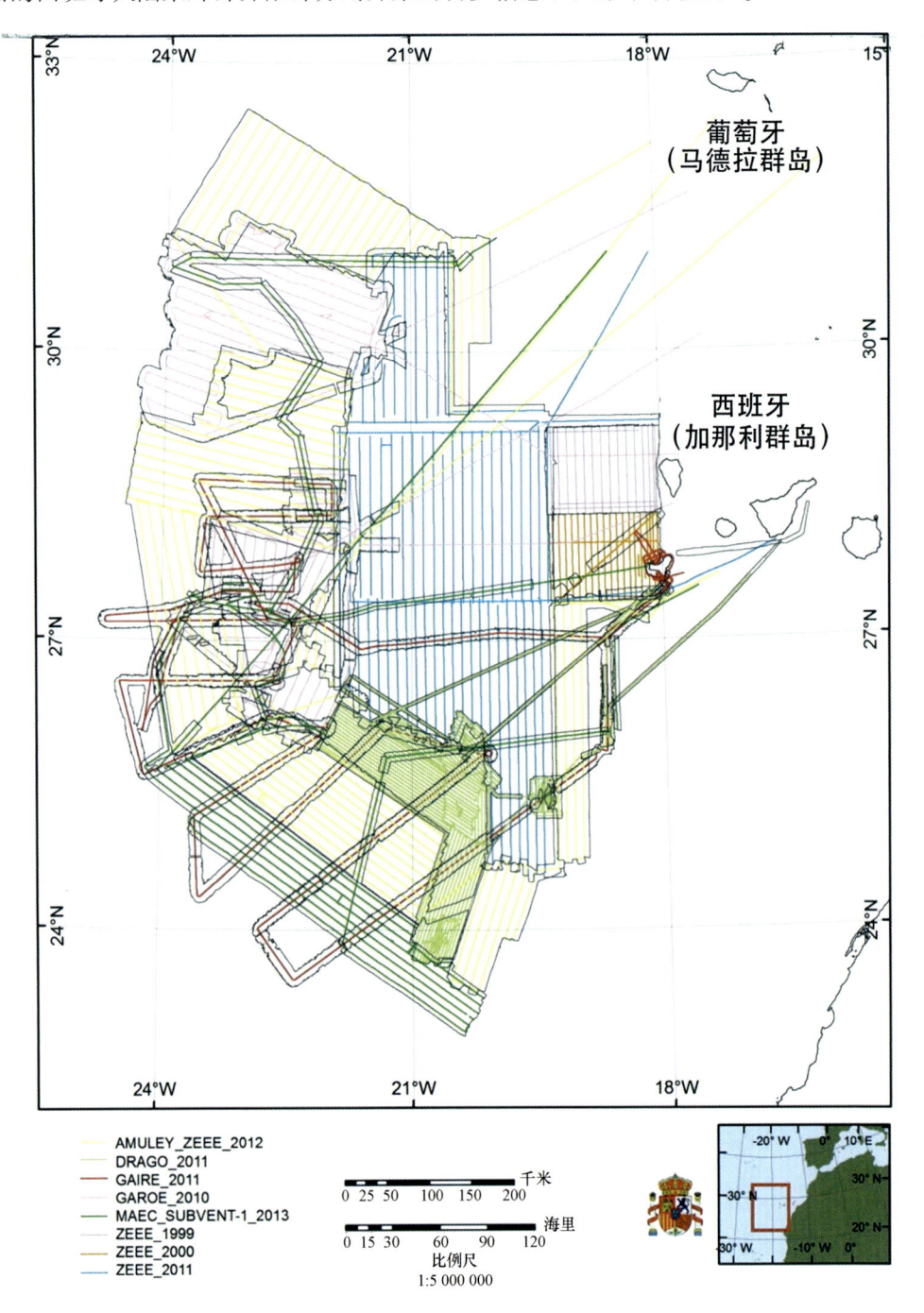

图 2　1999—2013 年在加那利群岛以西执行的海洋调查

2 加那利群岛以西 200 海里以外大陆架外部界限

本划界案仅涉及加那利群岛以西的大陆架外部界限（图 1 和图 2）。

依照委员会的《科学和技术准则》（CLCS/11），此次提交的划界案证明了加那利群岛陆块的水下自然延伸超过了 200 海里，满足从属权利检验。因此，西班牙援引《公约》第七十六条中的第 4 至第 10 款来划定加那利群岛以西的大陆架外部界限。

西班牙基于部分划界案中提供的科学技术信息能够证明，大陆坡脚外推 60 海里以及 1%沉积物厚度点描绘的包络线，均超出了从测算领海宽度的基线量起 200 海里的范围。

3 为支撑划界案援引的第七十六条的规定

本部分划界案中主张的外部界限依照《公约》第七十六条第 4、第 5、第 6 款确定的。

4 提供咨询意见的委员会委员

没有委员会委员为本划界案的编写提供咨询意见。

5 不存在争端

依照委员会《议事规则》附件一第五条（a）款，西班牙希望告知委员会，本部分划界案所涉及的大陆架区域不存在任何与其他沿海国的争议，且不妨害任何两国之间的划界。

西班牙希望告知委员会，本划界案既不会预先判定也不会妨害葡萄牙划界案中的大陆架外部界限，更不会妨害第三方可能主张的权利。

6 负责编写本划界案的国家机构

划界案由以下国家机构编写：
- 外交与合作部（MAEC）；
- 法国和葡萄牙边界事务国际委员会；
- 国际法司（AJI）；
- 国家研究秘书办公室下属的经济与竞争部（MINECO）；
- 西班牙地质调查局海洋地质司（IGME）；
- 西班牙海洋研究所（IEO）；
- 海洋技术司（UTM-CSIC）；
- 海洋考察船活动监控与协调委员会（COCSABO）；
- 国防部（MDEF）；

- 海军水道测量研究所（IHM）。

外交事务与合作部负责总体的组织协调。西班牙扩展大陆架科学与技术小组，包括上述机构的科学家，负责科学技术工作（地图、数字、附属文件、附录和数据）。

表 2 编写本划界案的专家及其所在机构和专业

专　　家	国家机构	专业领域
Luis Somoza Losada 博士	西班牙地质调查局海洋地质司	科学技术协调员
Teresa Medialdea Cela 博士	西班牙地质调查局海洋地质司	地球物理学
Ricardo León Buendía 博士	西班牙地质调查局海洋地质司	地形学
Francisco Javier González Sanz 博士	西班牙地质调查局海洋地质司	岩石学
Juan T. Vazquez Garrido 博士	西班牙海洋研究所	地质学
Luis M. Fernández Salas 博士	西班牙海洋研究所	海洋探测
Desiree Palomino 博士	西班牙海洋研究所	地理信息系统（GIS）
Daniel González-Aller Lacalle 中校	海军水道测量研究所	水道测量工程，协调员
Juan Ramón Conforto Sesto 中校	海军水道测量研究所	水道测量工程，海洋探测和大地测量
Juan Rengel Ortega 中校	海军水道测量研究所	水道测量学家，海洋探测和大地测量
Salvador Espinosa González Llanos 少校	海军水道测量研究所	水道测量学家，海洋探测和大地测量
LTN Paloma Sevillano Sánchez	海军水道测量研究所	水道测量学家，海洋探测和大地测量
Constantino Cid Álvarez 一级军士长	海军水道测量研究所	水道测量学家，Caris-Lots

7　加那利群岛以西 200 海里以外大陆架外部界限的描述

依照《公约》第七十六条第 7 款（图 3~图 5 和附件 1），西班牙将 WGS84 坐标系的 448 个经纬度坐标确定的定点以直线连接，由这些不超过 60 海里的直线线段构成加那利群岛以西 200 海里以外的大陆架外部界限。

划界案中第一个定点（FP-1）为位于西班牙和葡萄牙之间、距离西班牙拉帕马岛 200 海里线和葡萄牙马德拉群岛 200 海里线的等距点。为了计算这个点，使用葡萄牙水道测量研究所公开发布的官方数字海岸线①。

定点 FP-2 至 FP448 是运用距离公式或者 1% 沉积物厚度公式计算出来的。

依照委员会《科学和技术准则》规定的程序，将 29 个陆坡基部区坡度变化最大的点

---

① 参见网站 http://www.hidrografico.pt。

确定为大陆坡脚点。为了确定这些大陆坡脚点，需要收集大量多波束测深数据（图 2）。"相反证明"适用于特殊情况，但本划界案中并未使用"相反证明"规则确定大陆坡脚点。

依照《公约》第七十六条第 4 款（a）项（2）目，定点 FP-2 至 FP-98、FP-99 至 FP-123、FP-124 至 FP-131 以及 FP-388 至 FP-448（图 3~图 5）使用大陆坡坡脚外推 60 海里的公式确定。

依照《公约》第七十六条第 4 款（a）项（2）目，定点 FP-262、FP-263 和 FP-387（图 3~图 5）使用沉积岩厚度至少为从该点至大陆坡脚最短距离的 1% 的公式确定。主要根据 GAIRE-2011 海洋调查中为支持本划界案而采集的总长 4 736 千米的多道地震反射剖面及其速度分析结果。除此之外，依照委员会《科学和技术准则》（CLCS/11）第 8.5.3 段，对于每一个定点，已有证据证明其与大陆坡脚之间沉积的连续性。

依照《公约》第七十六条第 6 款，定点 FP-132 至 FP-208、FP-209 至 FP-222、FP-223 至 FP-261、FP-264 至 FP-386（图 3~图 5）均位于距离测算领海宽度的基线量起 350 海里的位置。

依照《公约》第七十六条第 6 款的规定，通过综合两个公式线而确定的加那利群岛以西区域大陆架外部界限定点均不超过领海基线量起的 350 海里线。

本划界案采用的领海基线主要分布在拉帕马岛和艾希路岛以西区域（图 3）。在艾希路岛以西，8 月 5 日的 2510/1977 号皇家法令确定使用由 7 个基点连接成的直线基线作为测算西班牙领海宽度的领海基线。在拉帕马岛以西，由于没有公布直线基线，因此选取低潮线作为领海基线。该低潮线是通过飞行摄影测量利用保真技术绘制的。

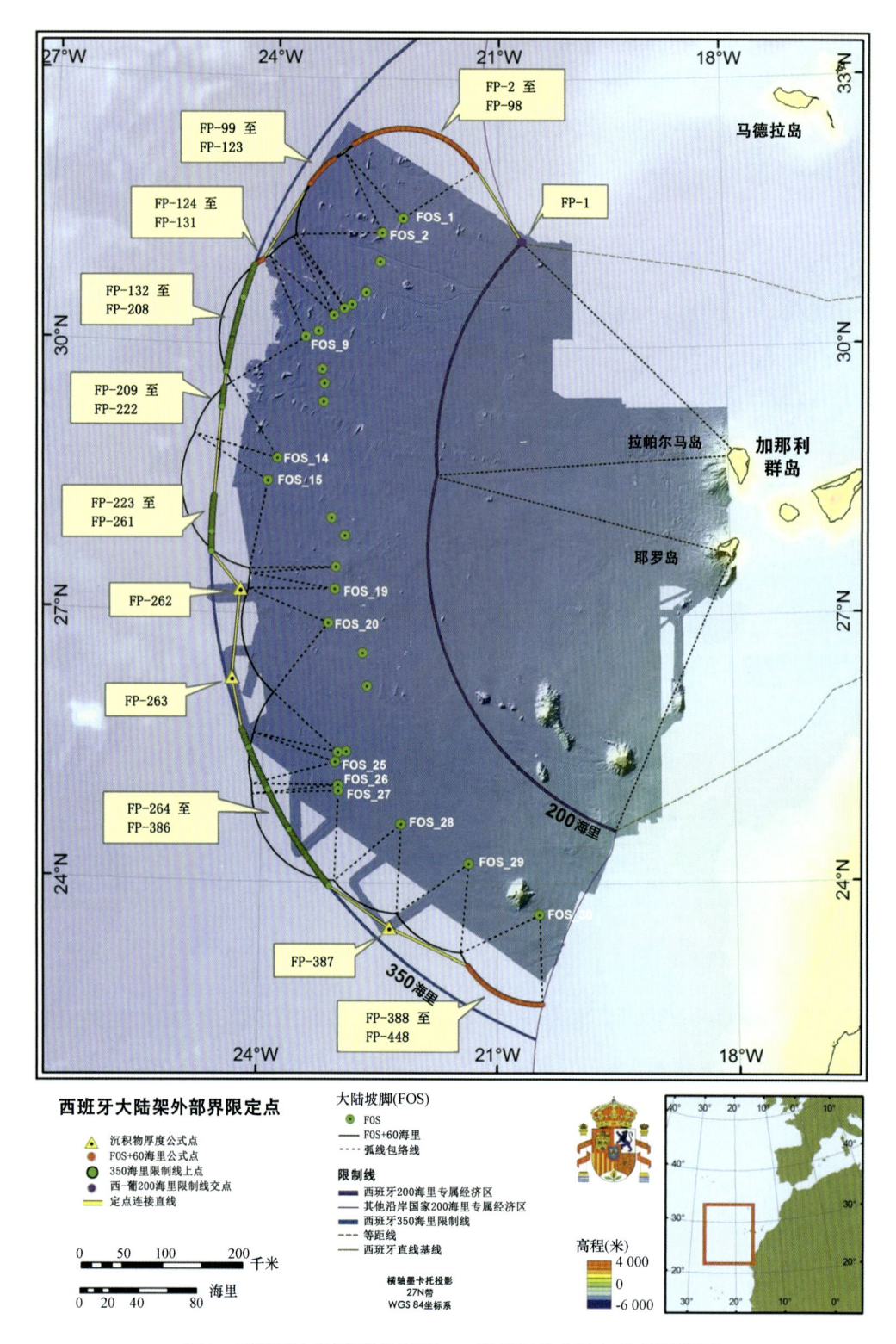

图 3　西班牙加那利群岛以西 200 海里以外大陆架外部界限图

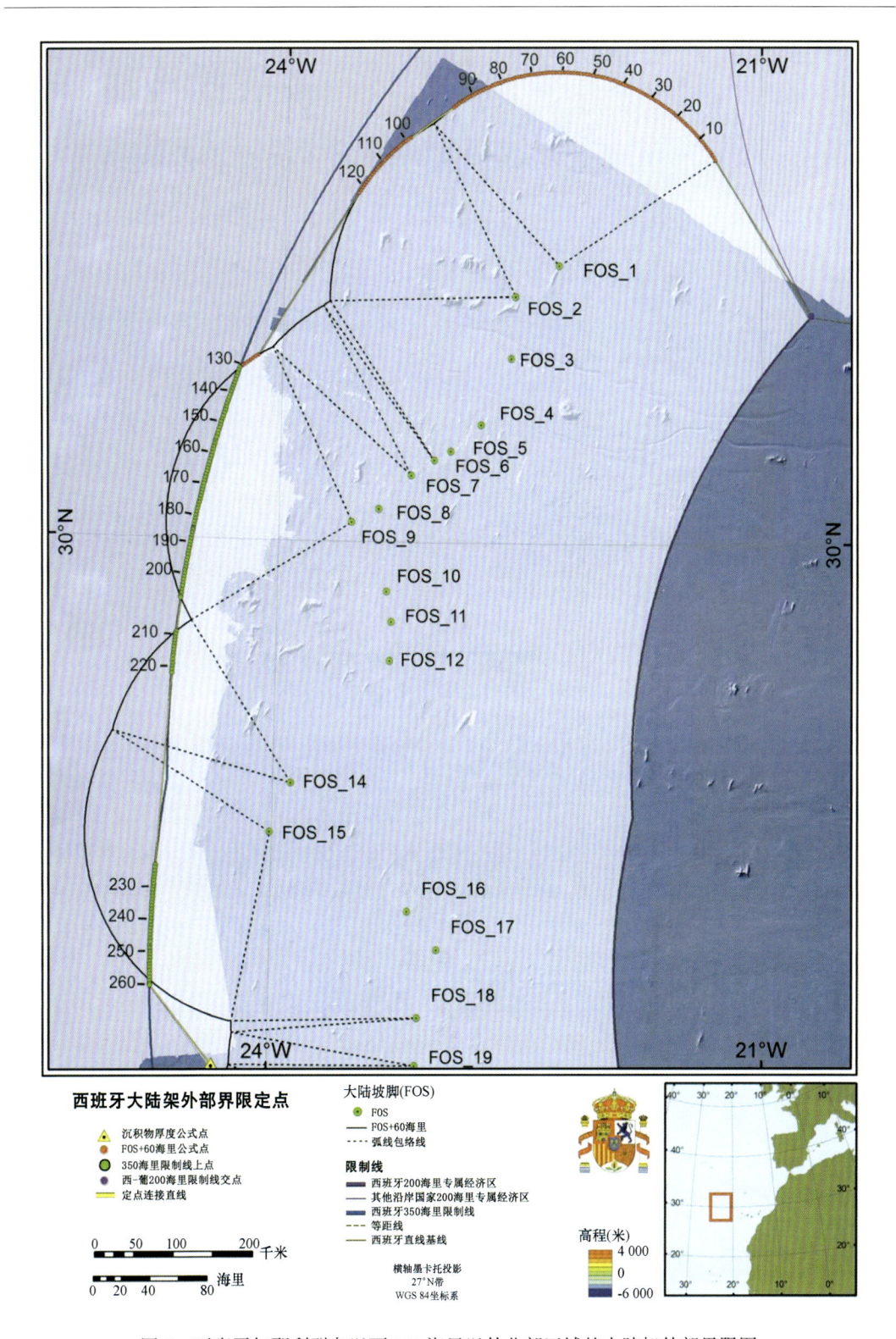

图 4　西班牙加那利群岛以西 200 海里以外北部区域的大陆架外部界限图

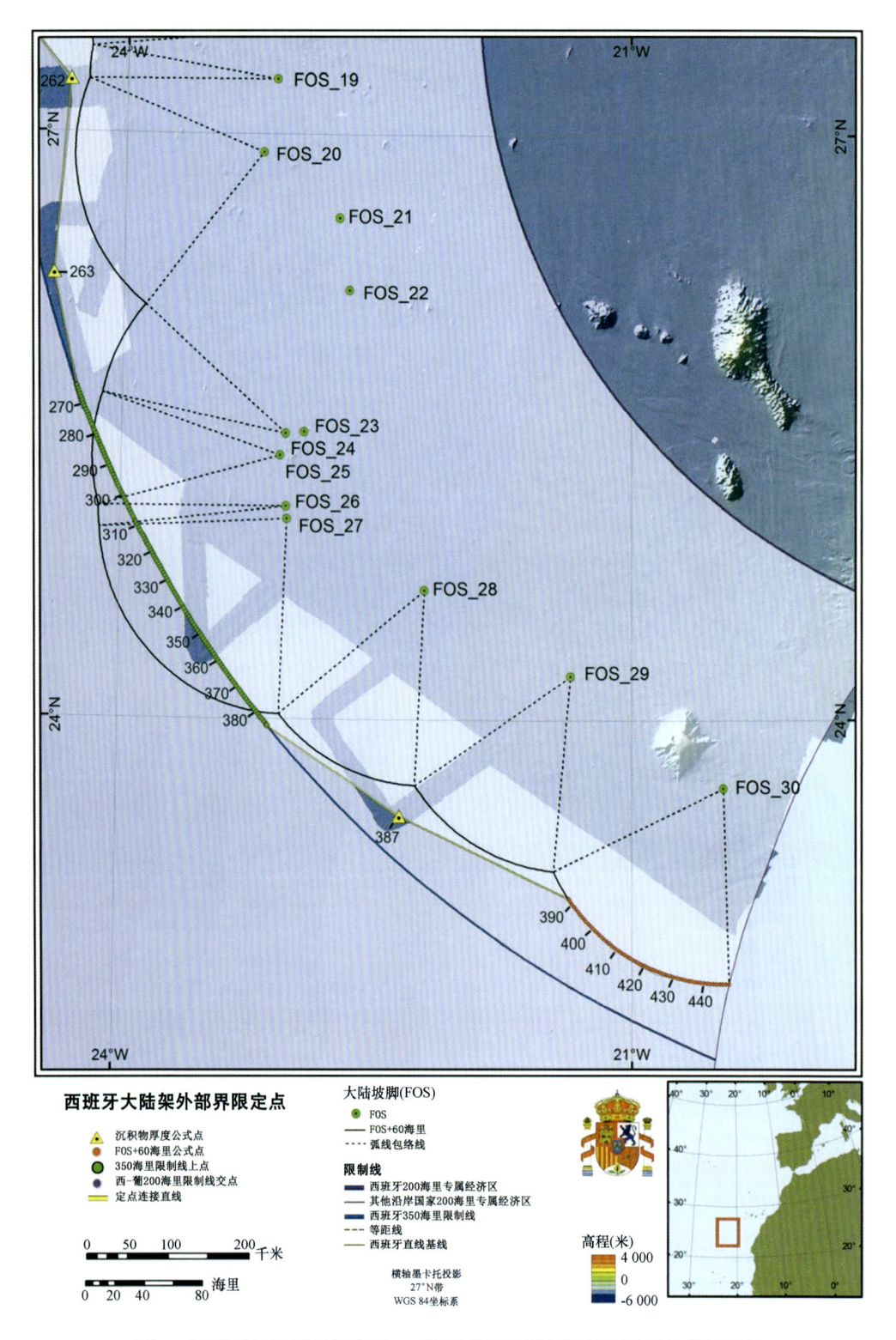

图 5 西班牙加那利群岛以西 200 海里以外南部区域的大陆架外部界限图

阿曼划界案

阿曼划界案执行摘要[①]

1 导言

阿曼苏丹国（以下简称"阿曼"）依照1982年《公约》第七十六条第8款向委员会提交本划界案，划定从领海基线量起200海里以外大陆架外部界限。

阿曼于1989年8月17日批准《公约》，《公约》于1989年9月16日对阿曼生效。本划界案为阿曼履行《公约》附件二第四条规定的义务，也符合缔约国会议SPLOS/72和SPLOS/183号决定。阿曼于2009年4月15日向联合国秘书长提交了其大陆架外部界限的初步信息。

阿曼基于国际法对其享有主权的陆地领土向海自然延伸的大陆架权利是固有的，并自始存在。关于这些权利，阿曼在其1981年2月10日颁布的15/81皇家政令的第6条关于领海、大陆架和专属经济区的规定中做出明确主张。皇家政令第7条规定：阿曼将对大陆架外部界限作出声明[②]。提出声明的条款符合《公约》第七十六条第8款和第9款的规定。这些条款规定了在委员会提出建议后，沿海国应当建立大陆架外部界限并将标明外部界限的海图交存联合国秘书长。

本划界案由阿曼政府各部门共同参与合作的一个长期项目实施完成，此外，新西兰地质和核科学研究所的子公司GNS科学国际有限公司提供了咨询意见。本划界案使用的数据库包含历史的测深、地质和地球物理数据以及为本划界案新采集的相关数据。依照委员会《科学和技术准则》，所有可用的资料已被用来全面解释阿曼大陆边缘的地质构造及其自然延伸。

2 划界案区域概述

阿曼位于阿拉伯半岛的东南角，与沙特阿拉伯王国、也门共和国和阿拉伯联合酋长国

[①] 本划界案于2017年10月26日提交。
[②] 即划界案——译者注。

接壤（图1）。阿曼陆地面积309 500平方千米，海岸线长度约3 165千米，北朝阿曼海，东向阿拉伯海，南临亚丁湾。

划界案涉及的大陆架区域，其陆架紧邻陆地且水深较浅、宽度较窄，陆坡宽阔且地形复杂，陆坡区分布有大型的具中等坡度的台地，该台地在本划界案中被称为欧文阶地。欧文阶地长约750千米，宽约200千米，面积约17万平方千米，主要包括欧文盆地及其周边海域、欧文海岭和舍尔比萨特海岭（图2）。

地质、地球物理和地球化学数据表明，包括欧文阶地在内的陆坡由伸展减薄的地壳和岩石构成，其性质和起源与阿曼陆块相同。陆坡在形态和地质上与邻近的阿拉伯海和亚丁湾的深洋洋底不同，明显浅于相邻的深海平原。与相邻深海海盆相比具有较浅且更复杂的基底结构和较厚且较低密度的地壳。

大陆坡脚沿欧文海岭东缘、欧文断裂带和欧文阶地南缘分布。

依照《公约》第七十六条第4款规定的大陆坡脚起算的大陆边外缘，从阿曼的领海基线向海延伸超过200海里。因此，依照《公约》第七十六条第5至第7款的规定，阿曼有权在该区域划定200海里以外的大陆架外部界限。

阿拉伯海东部大陆边外缘由《公约》第七十六条第4款（a）项（1）目的"沉积物厚度公式"确定。南部亚丁湾区域大陆边外缘由《公约》第七十六条4款（a）项（2）目的2个大陆坡脚外推60海里线确定。

3 援引的第七十六条规定

阿曼陆块在其大陆边缘的延伸是依照《公约》第七十六条第1、第3和第4款确定的。

大陆坡脚是依照《公约》第七十六条4款（b）项确定的。

阿曼大陆边外缘是依照《公约》第七十六条4款（a）项（1）目沉积物厚度公式和《公约》第七十六条4款（a）项（2）目大陆坡脚外推60海里公式确定的。

依照《公约》第七十六条第7款的规定，大陆架外部界限由不超过60海里的直线连接的各定点划定。大部分外部界限受到《公约》第七十六条第5款规定的350海里限制线制约。

4 提供咨询意见的委员会委员

阿曼政府收到阿曼籍现任委员 Adnan Rashid Al-Azri 先生和墨西哥籍前任委员 Galo Carrera Hurtado 先生的咨询意见。

5 负责编写划界案的机构

本划界案由以下阿曼机构合作编写：

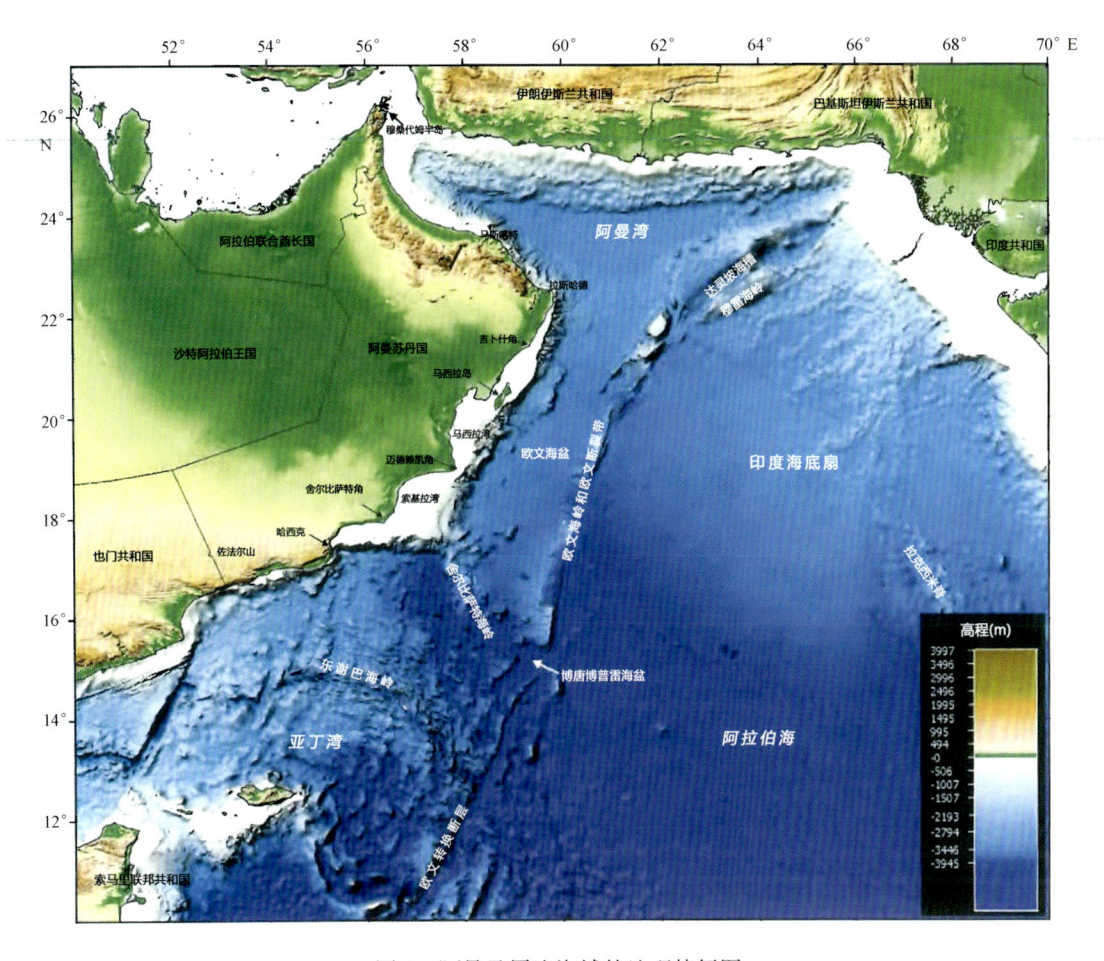

图 1 阿曼及周边海域的地理特征图

海底地形底图数据基于融合了多波束测深数据的 GEBCO_ 2014 网格数据（Weatherall et al., 2015），其中绘制的陆地边界（来自 ESRI 数据和地图）仅用于区域概况展示，不应视为在国际法框架下任何效力的接受或认可

- 外交部；
- 国防部（阿曼国家水文局）；
- 石油和天然气部；
- 贸易和工业部；
- 法务部；
- 农业和渔业部；
- 内政部；
- 苏丹卡布斯大学；
- 环境和气候事务部；
- 交通和通讯部；
- 阿曼皇家警察。

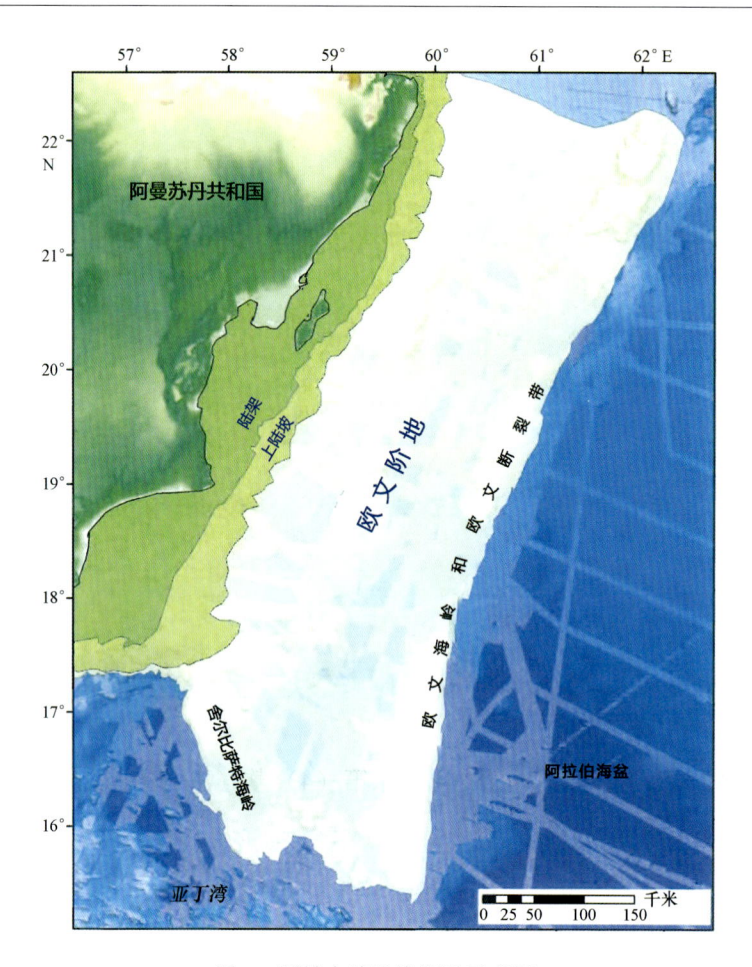

图 2 阿曼大陆边缘概况示意图

划界案的准备还得到了新西兰地质和核科学研究所的子公司 GNS 科学国际有限公司提供的帮助，及以下机构收集的数据：
- 新加坡 Gardline CGG 合资公司；
- 法国海军水文与海洋服务局（SHOM）；
- 法国国家科学研究中心高等师范学校地质实验室；
- 法国皮埃尔和玛丽居里大学；
- 法国国家科学研究中心索邦大学；
- 法国巴黎文理研究大学；
- 英国南安普敦大学；
- 英国剑桥大学；
- 日本大洋发现计划高知大学岩芯库；
- 德国联邦地球科学和自然资源研究所（BGR）。

6　相关海上划界

阿曼的大陆架权利，正如巴基斯坦和印度各自向委员会提交的划界案所述，在阿拉伯北部海域存在重叠。由于存在重叠和各自的需求，需要在该区域进行沿海国之间的大陆架划界，这已得到三个相关国家的正式承认。

划界案涉及的大陆架外部界限在阿曼与巴基斯坦、阿曼与印度之间仍需要进行大陆架划界。依照《公约》第七十六条第 10 款，《公约》附件二第九条的规定，划界案不妨害未来的划界。

因此，阿曼向委员会保证，尽管阿曼和巴基斯坦以及阿曼和印度之间的大陆架边界仍有待划定，但并不存在争端，委员会对划界案的审议不妨害划界相关事项。

7　大陆架外部界限

依照《公约》第七十六条第 7 款，大陆架的外部界限由各定点连接的不超过 60 海里直线线段确定（图 3）。外部界限由如下 145 个定点划定：

- 1 个点位于印度 200 海里线上。
- 8 个点位于依照《公约》第七十六条第（4）款（a）项（1）目规定的沉积岩厚度至少为大陆坡脚最短距离 1%的位置。
- 134 个点依照《公约》第七十六条第 5 款，位于阿曼 350 海里线上。
- 1 个点依照《公约》第七十六条第 4 款（a）项（2）目的规定，由大陆坡脚外推 60 海里的弧线确定。
- 1 个点为依照《公约》第七十六条第 4 款（a）项（2）目规定的大陆坡脚外推 60 海里线和阿曼 200 海里线的交点。

扩展大陆架外部界限的定点坐标列表见附录 1（表 A1）（略）。所有用于计算依照《公约》第七十六条确定的大陆架外部界限的坐标，使用世界大地测量 1984 坐标系统（WGS84）。

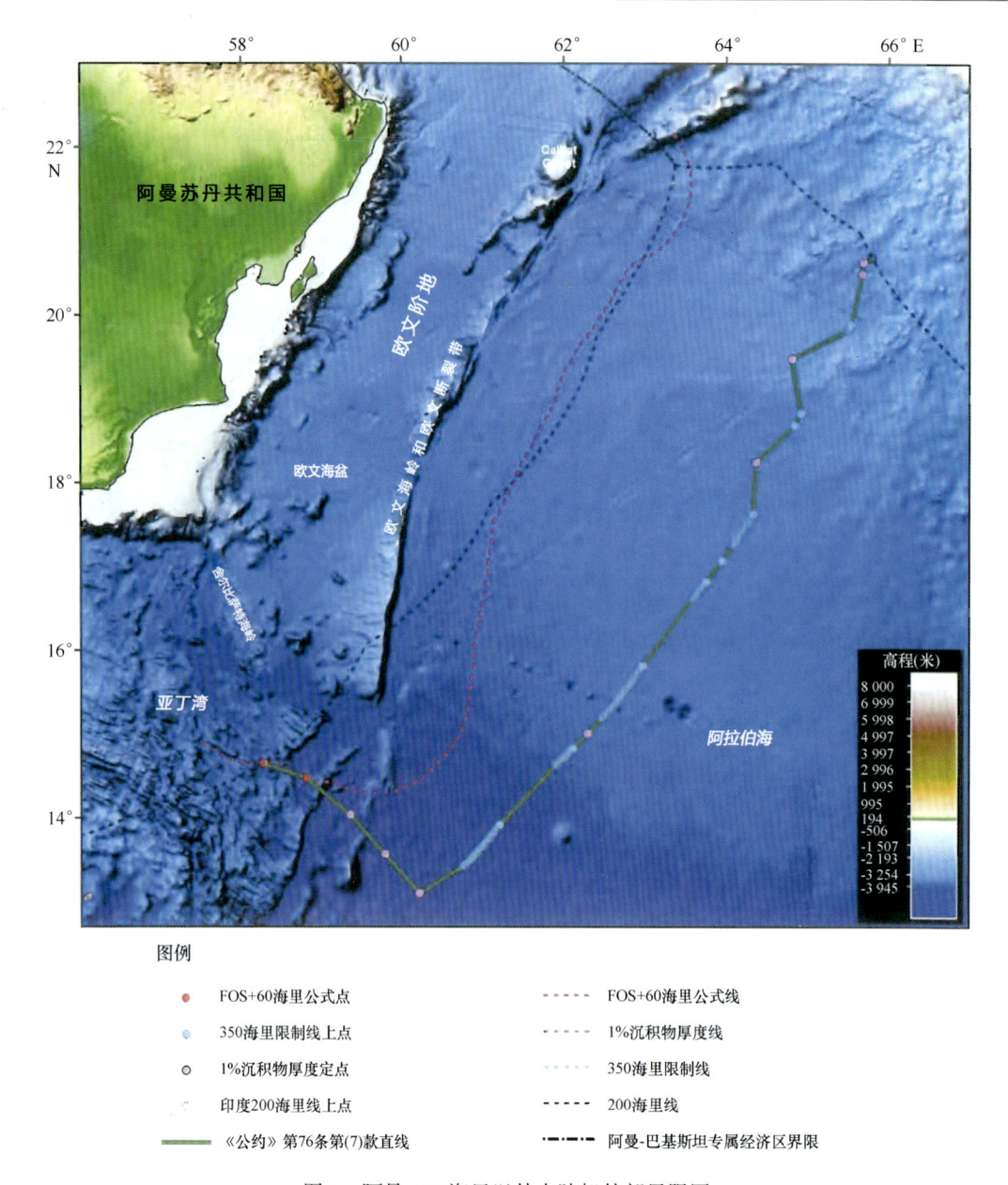

图 3　阿曼 200 海里以外大陆架外部界限图

阿曼或其他国家的 200 海里线的标示仅用于说明，不应视为在国际法框架下对其效力的接受或认可

修订案

俄罗斯修订案：鄂霍茨克海

俄罗斯关于鄂霍茨克海的部分修订划界案执行摘要[①]

1　导言

俄罗斯联邦（以下简称"俄罗斯"）于 1982 年 12 月 10 日签署了《公约》，并于 1997 年 2 月 26 日批准《公约》，《公约》于 1997 年 4 月 11 日起对俄罗斯生效。

俄罗斯依照《公约》第七十六条第 8 款提交本划界案，本划界案是关于鄂霍茨克海的修订部分划界案。

俄罗斯于 2001 年 12 月 10 日提交的第一份完整划界案中涉及该海域，委员会于 2002 年 6 月 24 日至 28 日的第十一次会议中对该划界案进行了审议。

关于鄂霍茨克海，委员会第十一次会议提出了如下建议：

"89. 委员会认为关于鄂霍茨克海的划界案需要更多的数据和信息支撑，该海域的划界案需要遵循第七十六条第 4、第 5 款的两条公式线和两条限制线"。

"163. 委员会建议俄罗斯联邦针对鄂霍茨克海北部海域编制一个材料齐全的部分划界案。该部分划界案不应妨害与稍后可能提交划界案的南部邻国间的划界，尽管稍后可能提交的划界案有关于《公约》附件二第四条规定的十年期限的规定"。

本修订划界案充分考虑了委员会上述建议。

2　扩展大陆架

本划界案旨在依照《公约》第七十六条规定，将鄂霍茨克海俄罗斯专属经济区所包围的一块飞地海域的海床和底土纳入其扩展大陆架。该飞地位置介于 50°42′—55°42′S 之间，

[①]　本划界案于 2013 年 2 月 28 日提交。

148°30′—150°44′E 之间。

《俄罗斯联邦专属经济区法》（1998 年 12 月 17 日第 191 号）第三条第 1 款规定：

> 专属经济区的外部界限建立在从测算领海宽度的基线量起二百海里的距离，除非俄罗斯签署的其他国际条约中另有规定。

因此，在《公约》第七十六条背景下，俄罗斯在鄂霍茨克海的专属经济区外部界限为从领海基线量起 200 海里。

俄罗斯在鄂霍茨克海北部区域的专属经济区如俄罗斯国防部（第 60101 和第 60102 号表）导航和海洋学管理局官方公布的海图所示，该图比例尺为 1∶2 000 000。基于《公约》第七十五条第 1 款的规定：

> 在本部分的限制下，专属经济区的外部界线和按照第七十四条划定的分界线，应在足以确定这些线的位置的一种或几种比例尺的海图上标出。在适当情形下，可以用列出各点的地理坐标并注明大地基准点的表来代替这种外部界线和分界线。

因此，上述官方海图所示俄罗斯专属经济区的外部界限为从领海基线量起的 200 海里为法定界限。依照《公约》第七十六条第 3、第 4 款的规定，在 200 海里线外飞地的海床和底土是俄罗斯陆地领土的自然延伸，是俄罗斯的扩展大陆架。

飞地位于地貌大陆架和地质大陆架内，其海底因构造作用的侵蚀和重塑作用而崎岖不平。根据地形特征和测深数据能清楚地确定该飞地完全位于大陆坡脚的向陆一侧。

大陆坡脚位于鄂霍茨克海南部海域的飞地南侧，在 2 500~3 000 米水深范围可一直从北海道岛北部经萨哈林岛南部，并向东沿着千岛（南鄂霍茨克海）盆地的北部边缘延伸至堪察加半岛。

地质和地球物理数据也为《公约》第七十六条第 3 款规定的大陆架范围的确定，以及该海域大陆坡脚点的确定提供了更多支撑证据。

飞地完全位于 2 500 米等深线向陆一侧，也位于从领海基线量起的 350 海里限制线内。

因此，依照《公约》第七十六条的规定，飞地 200 海里以外整个海域的海床和底土都属于俄罗斯的扩展大陆架。由于飞地完全位于大陆坡脚基部的向陆侧，所以并无扩展大陆架的外部界限，也没有列出相关坐标点。

3 援引的第七十六款相关规定

本划界案援引了《公约》第七十六条的如下规定。

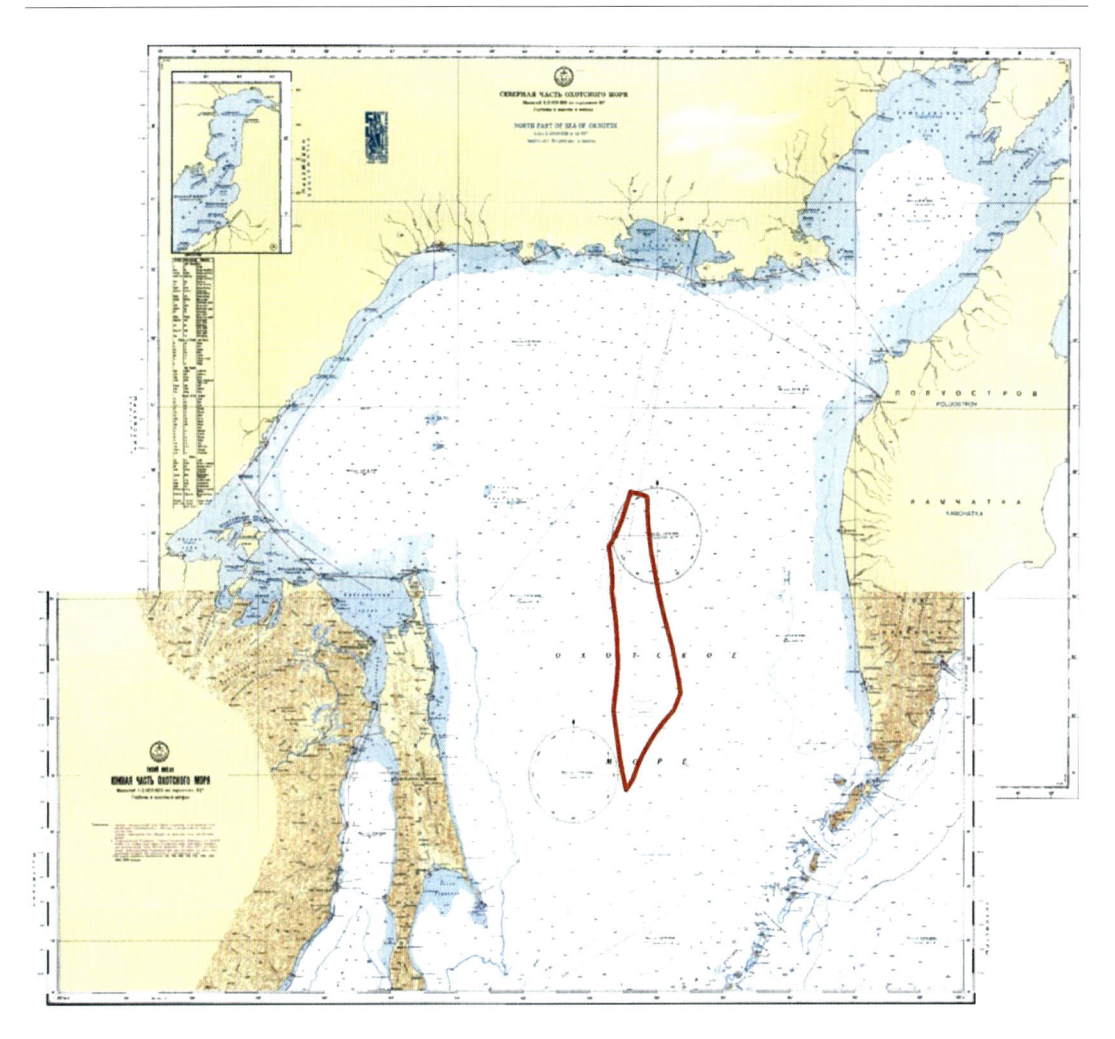

图 1　鄂霍茨克海飞地区域 200 海里以外扩展大陆架（红色多边形区）示意图

第 1 条：关于大陆架是其陆地领土的自然延伸并扩展到超过 200 海里的大陆边外缘的概念；

第 3 条：关于大陆边的定义；

第 4 条：只有基于形态和水深数据确定大陆坡脚的位置时，援引了第七十六条 4 款 (b) 项的规定。

4　提供咨询意见的委员会委员

委员会委员 Ivan F. Glumov 博士为本划界案提供了咨询意见。

5 关于日本对 2001 年俄罗斯划界案立场的说明

依照委员会《议事规则》附件一第二条（CLCS/40/Rev.1），俄罗斯已告知委员会其与日本在南鄂霍茨克海存在未决海洋划界争端。

本划界案不包含南鄂霍茨克海领海基线的图件。本划界案的飞地位于鄂霍茨克海的北部海域，不涉及俄罗斯与日本的未决领土划界。本划界案所采用的最近的领海基点离俄罗斯和日本待划定海洋边界的争端区域 48 千米。

基于上述情况，俄罗斯认为本划界案不妨害关于俄罗斯与日本在南鄂霍茨克海的海洋划界。

6 负责编写本划界案的国家机构

俄罗斯自然资源与生态部联邦地下资源利用局，俄罗斯国防部导航和海洋学管理局负责编写本划界案。

俄联邦地下资源利用局世界海洋地质与矿产资源研究所编写本划界案的文本内容，包括地图、海图、附件和数据。

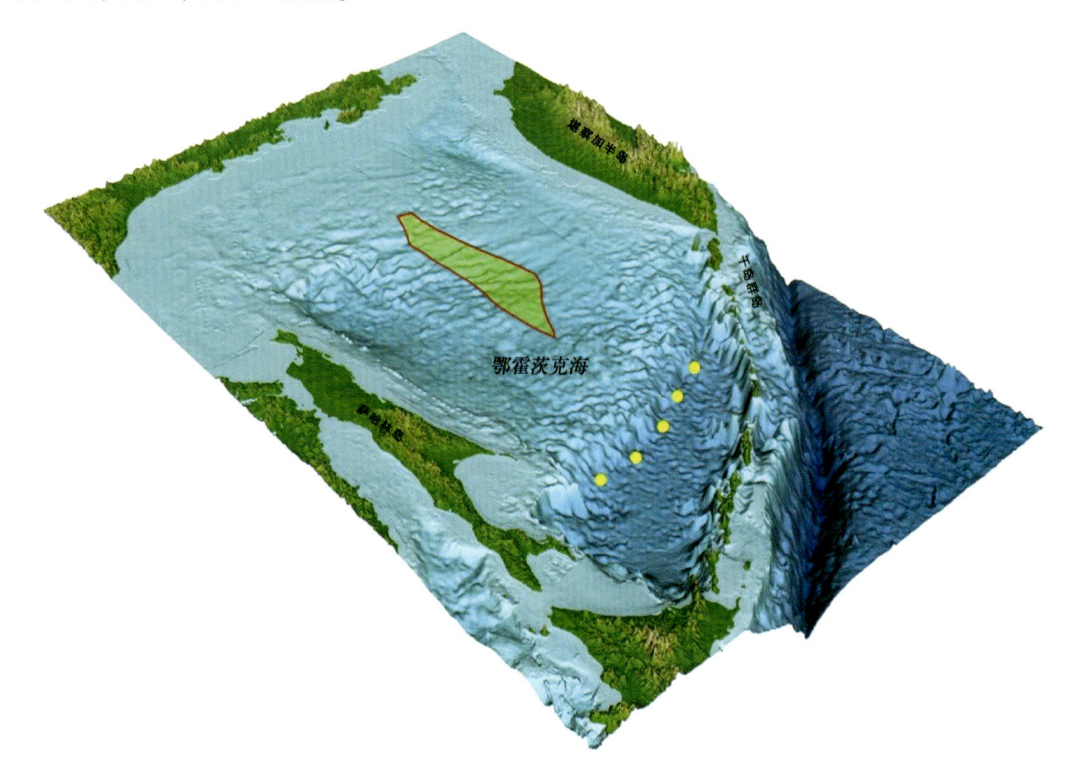

图 2 鄂霍茨克海的 3D 海底地形图（1）
图中绿色的飞地为 200 海里以外扩展大陆架，黄点为大陆坡脚

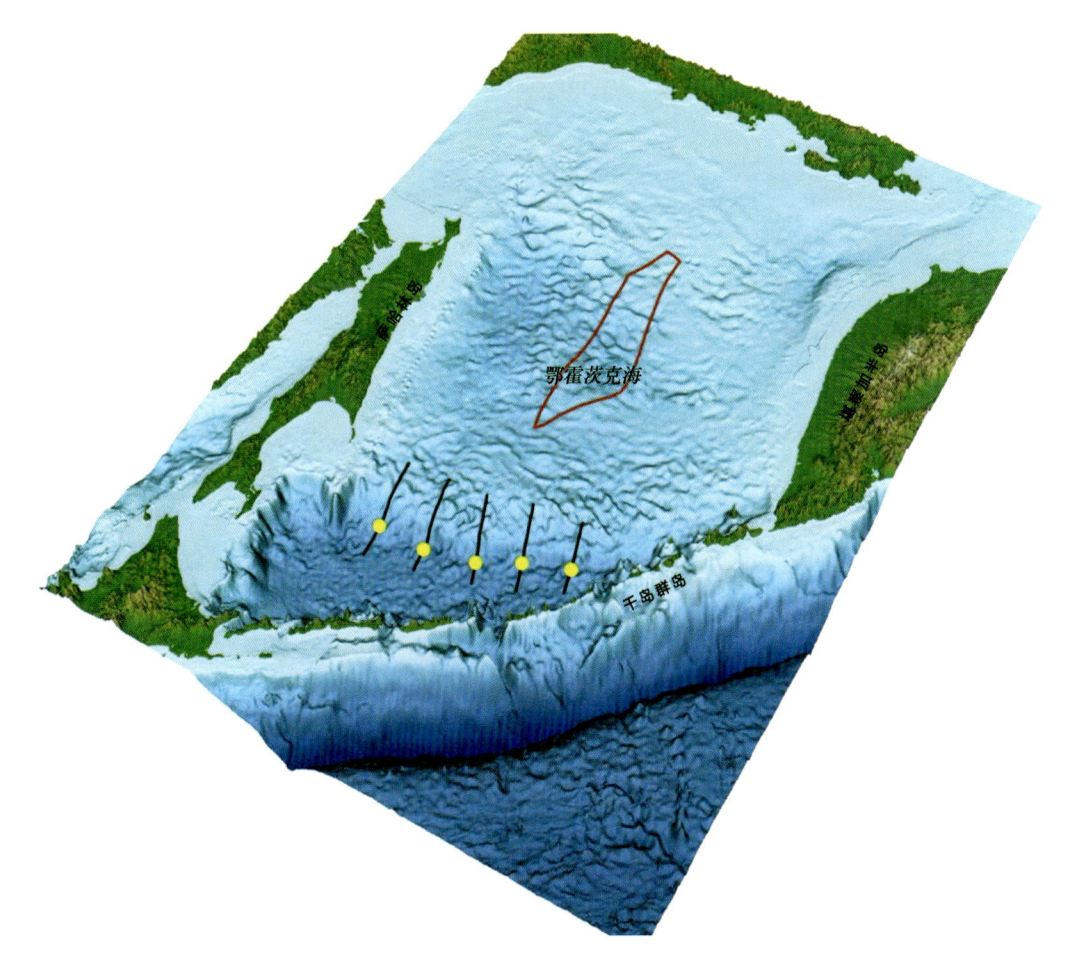

图 3　鄂霍茨克海的 3D 海底地形图（2）

图中红线圈闭的飞地为 200 海里以外扩展大陆架，黄点为大陆坡脚

俄罗斯修订案：北冰洋

俄罗斯关于北冰洋大陆架的部分划界案执行摘要[①]

1 导言

俄罗斯于 1982 年 12 月 10 日签署了 1982 年《公约》，并于 1997 年 2 月 26 日批准《公约》。《公约》于 1997 年 4 月 11 日对俄罗斯生效。依照《公约》第七十七条，俄罗斯对其沿岸大陆架享有的权利是固有的，并且这种权利自始存在。

依照《公约》第七十六条第 8 款，本划界案是关于北冰洋区域的修订部分划界案。该区在俄罗斯 2001 年首次递交的划界案中就已经包括，该划界案在 2002 年 6 月 24 日至 28 日召开的委员会第十一届会议上通过审议建议。

委员会在已经通过的建议中关于北冰洋区域的建议如下：

154/166，委员会建议俄罗斯提交关于北冰洋中部区域的扩展大陆架的修订划界案。

155/167，委员会建议俄罗斯依照《科学和技术准则》中包含的科技建议以及委员会建议中多个章节所指出的建议修改划界案。

156/168，委员会认为根据划界案所提供的材料不足以认定罗蒙诺索夫海岭是《公约》所指的海底高地。

157/169，委员会建议，根据目前的科学认知，阿尔法-门捷列夫复合脊不能被认为是《公约》所指的海底高地。

依照《议事规则》和《科学和技术准则》以及委员会的实践，俄罗斯保留基于新的数据研究来补充材料以及修订部分划界案的权利。

[①] 本划界案于 2015 年 8 月 3 日提交。

2 俄罗斯在北冰洋的扩展大陆架

俄罗斯在北冰洋的大陆架外部界限修订部分划界案包含了依照《公约》第七十六条规定的、俄罗斯陆地领土在北冰洋中部区域水下自然延伸的海床和底土。

俄罗斯在北冰洋的扩展大陆架权利基础是依照《公约》第七十六条的规定，从领海基线量起超过200海里的距离。在俄罗斯划界案中，该距离与俄罗斯专属经济区相符。《俄罗斯联邦专属经济区法》（1998年12月17日第191号）第3条第1款规定：

> 专属经济区的外部界限建立在从测算领海宽度的基线量起二百海里的距离，除非俄罗斯签署的其他国际条约中另有规定。

《公约》第七十五条第1款中规定：

> 在本部分的限制下，专属经济区的外部界线和按照第七十四条划定的分界线，应在足以确定这些线的位置的一种或几种比例尺的海图上标出。在适当情形下，可以用列出各点的地理坐标并注明大地基准点的表来代替这种外部界限或分界线。

俄罗斯专属经济区界限如俄罗斯国防部航行和海洋司于2014年公布的北冰洋中部海盆（海军部第91115号）地图中所示。

1985年1月5日的苏联部长理事会政令中批准了直线基线的基点，并由航行和海洋司（海军部第9055号）公布于《俄罗斯海事立法》（1994）。联合国网站载有英文版本。

列表包含了直线基线各基点的地理坐标。在这份文件中，普通基线的位置毗连直线基线，文字说明道"沿着低潮线向前到基点……"。

依照《公约》第七十六条，俄罗斯修订部分划界案涉及北冰洋，涵盖了俄罗斯北极边缘海地貌上的陆架区，为欧亚海盆和中部美亚海盆的一部分。欧亚海盆主要包括南森海盆、阿蒙森海盆和加科尔洋脊。中部美亚海盆主要包括马卡洛夫海盆和由罗蒙诺索夫海岭、波德福德尼科夫海盆、门捷列夫-阿尔法海岭、门捷列夫和楚科奇海盆、楚科奇海台组成的北冰洋中部复合海底高地。

俄罗斯修订部分划界案建立北冰洋大陆架外部界限是基于对北冰洋中部复合海底高地的科学认知，即罗蒙诺索夫海岭、门捷列夫-阿尔法海岭、楚科奇海台以及分隔它们的波德福德尼科夫和楚科奇海盆是陆壳起源，属于《公约》第七十六条第6款规定的大陆边缘自然组成部分的海底高地，不受350海里的距离限制。

本修订部分划界案依照《公约》第七十六条提交的外部界限包含在执行摘要的图件中

(图1)。更详尽的描述见相应的执行摘要章节。

依照《科学和技术准则》第3.2.1和第3.2.3段的规定，俄罗斯修订部分划界案北冰洋区域外大陆架的建立所使用的单位为海里或者米。

大地测量坐标使用两个版本：

（1）度、分、秒。精确到秒的小数点后第二位。

（2）度，精确到小数点后六位。

依照《科学和技术准则》第3.2.8到第3.2.13段的规定，俄罗斯修订部分划界案中建立大陆架外部界限使用的所有大地测量坐标和距离计算都是基于WGS-84坐标系。

俄罗斯国家大地测量和制图数据都来源于1942年的国家坐标系统（基于Krassovsky 1940椭球的Pulkovo-42基准面）。

为了将坐标系统从Pulkovo-42系统转换到WGS-84系统，俄罗斯分别通过PZ-90.02地球参数系统1990（2007年6月20日俄罗斯政府颁布的No.797-p令）和国家标准GOST R 51794-2008"全球导航卫星系统"对采用的转换参数做了说明。

国际水道测量局发布的S-60手册中包含了从俄罗斯1942坐标系统（Pulkovo-1942）到WGS-84系统的坐标转换数据。

本修订部分划界案使用GeoCAP软件，基于"平均坡度变化"算法来确定大陆坡脚点。

3 援引的《公约》第七十六条规定

俄罗斯修订部分划界案是依照《公约》第七十六条的规定划定其扩展大陆架。

第1款：关于大陆架的定义，作为陆地领土的自然延伸，"沿海国的大陆架包括其领海以外依其陆地领土的全部自然延伸，扩展到大陆边外缘的海底区域的海床和底土，如果从测算领海宽度的基线量起到大陆边的外缘的距离不到二百海里，则扩展到二百海里的距离"。

第3款：关于大陆边缘的组成成分。

第4款：依照（a）项（1）目、（a）项（2）目、（b）项的规定，基于地貌、水深和地震数据确定大陆坡脚的标准。

第5款：建立扩展大陆架的限制：从测算领海宽度的基线量起不超过350海里，或者2500米等深线外推100海里。

第6款：大陆边自然组成部分的海底高地可以不受"基线量起350海里"距离的限制。

第7款：关于扩展大陆架的建立，从测算领海宽度的基线量起超过200海里的扩展大陆架，由不超过60海里的直线将经纬度坐标确定的定点连接而成。

4 提供咨询意见的委员会委员

在俄罗斯关于北冰洋扩展大陆架划定的修订部分划界案准备过程中，委员会现任委员 I. F. Glumov 博士（2012 至今），委员会前委员 Yu. B. Kazmin 博士（1997—2012）和 H. Brekke 博士（1997—2012）提供了科学咨询意见。

5 准备本划界案的国家机构

负责准备此次北冰洋扩展大陆架划定的修订部分划界案的俄罗斯政府部门有：
- 俄罗斯联邦自然资源与环境部的联邦矿产资源局；
- 俄罗斯联邦外交部；
- 俄罗斯联邦国防部的航行和海洋司；
- 俄罗斯科学院。

修订部分划界案文本以及图表、附件和相关数据由联邦矿产资源局属名为 Academician I. S. Gramber 的俄罗斯地质和矿产资源研究所，以及国家航行-水道测量研究所（俄罗斯国防部）和 P. P. Shirshov 海洋研究所（俄罗斯科学院）提供。

6 海洋划界及其他事宜

依照委员会《议事规则》附件一第二条，俄罗斯向委员会说明北冰洋区域以下未决海上划界争端：

在阿蒙森海盆、罗蒙诺索夫海岭、马卡洛夫和波德福德尼科夫海盆区域，俄罗斯与丹麦存在争端；

在马卡洛夫海盆和门捷列夫海岭区域，俄罗斯与加拿大存在争端。

依照《公约》第七十六条第 10 款、《公约》附件二第九条、委员会《议事规则》第四十六条和委员会《议事规则》附件一的规定来解决北冰洋区域大陆架划界问题。

6.1 挪威

挪威与俄罗斯曾就巴伦支海和北冰洋的西南森海盆的 200 海里以外大陆架划界进行双边磋商。

在俄罗斯第一次提交北冰洋扩展大陆架的划界案中涉及了其中部分区域，2002 年 3 月 20 日挪威就该划界案向联合国秘书长提交了照会。挪威在照会中指出，挪威与俄罗斯就巴伦支海中部区域、两国领海基线量起 200 海里以外区域进行了协商，意在达成海洋边界

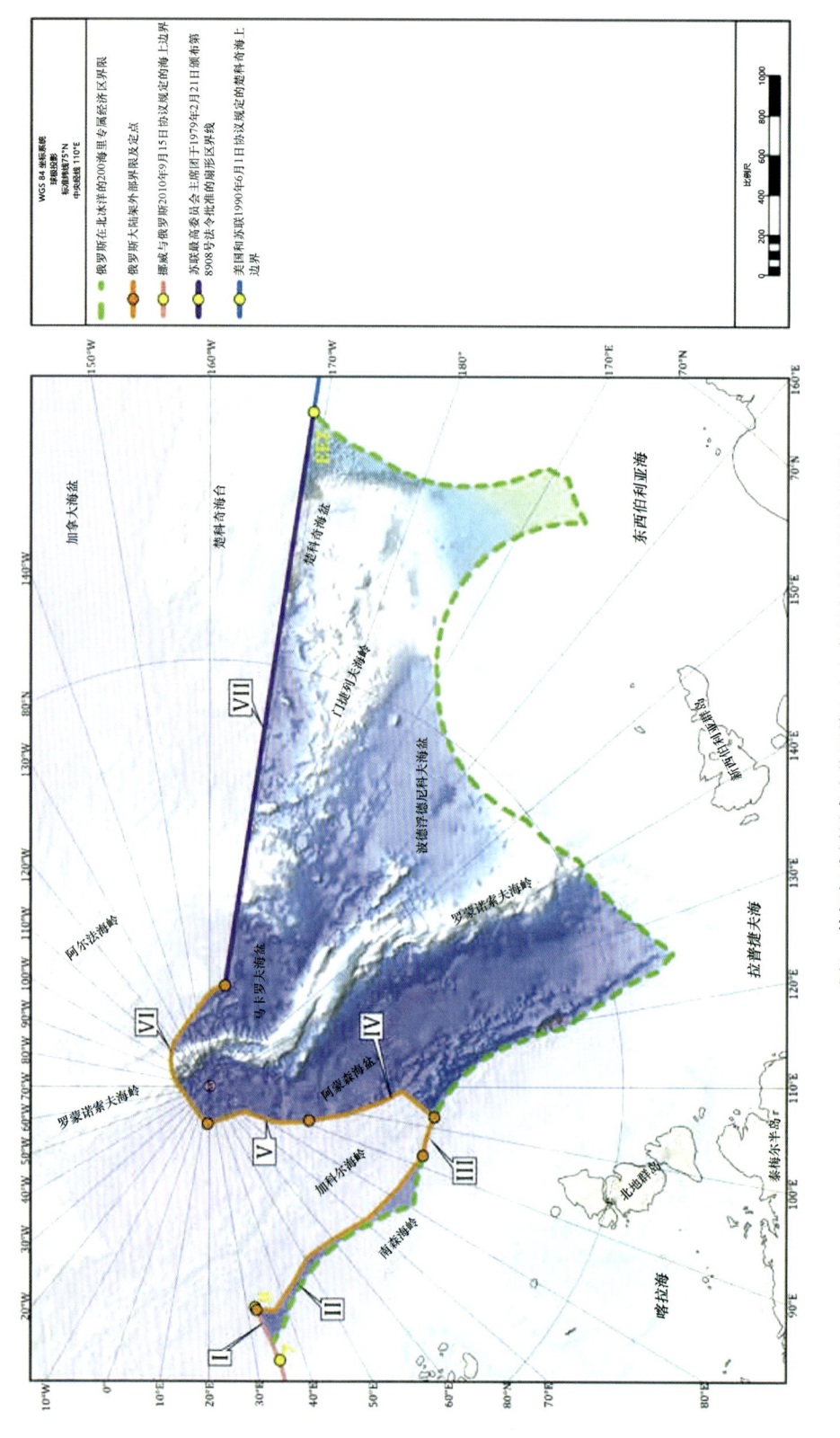

图1 修订部分划界案中依照第七十六条规定划定的外部界限图

协定。

在此情况下，根据委员会《议事规则》附件一第五条（a）款的规定，挪威同意委员会审议俄罗斯涉北冰洋扩展大陆架区域划界案并提出建议，但不应妨害两国双边划界，并考虑上述照会中提及的各方谅解。

委员会建议就巴伦支海相关区域，挪威与俄罗斯海上边界条约生效后，将划界海图和坐标提交委员会。

联合国秘书长在"海洋和海洋法"报告（A/57/57/Add.1 文件中）就此向委员会提出建议，界限应反映俄罗斯大陆架最西边界，以及挪威在巴伦支海 200 海里以外大陆架最东部的界限，并且指明委员会建议不应妨害双边划界的结果。

在上述 2002 年 3 月 20 日的照会中，挪威描述了西南森海盆最东部区域，与俄罗斯双边协商意在达成两国海上划界条约。

挪威与俄罗斯在巴伦支海和北冰洋的海上划界问题在《俄罗斯与挪威就巴伦支海与北冰洋的海上划界与合作条约》中得到解决。该条约于 2010 年 9 月 15 日签署，自 2011 年 7 月 7 日起生效。

6.2 美国

苏联与美国于 1990 年 6 月 1 日签订协议，涉及楚科奇和白令海、太平洋和北冰洋区域的领海、专属经济区及大陆架划界。美国已批准该协议，俄罗斯自签署之日起实施该协议。

6.3 丹麦

丹麦主张的格陵兰北部大陆架与本划界案存在大范围重叠，特别是北冰洋极区及罗蒙诺索夫海岭区。

俄罗斯与丹麦就该问题进行磋商，并达成如下共识：

"当其中一国向委员会提交划界案，其他国家需立即向联合国秘书长提交相应外交照会，照会内容应说明如下观点：

（1）不反对委员会审议划界案并提出建议；

（2）委员会的建议不妨害其他国家提交划界案及委员会审议的权利；

（3）委员会建议不妨害两国大陆架划界。

协议各方在向委员会提交的划界案中需引用此协议；希望委员会基于此协议提出建议；希望联合国秘书长向联合国成员国及公约缔约国公布上述说明的外交照会内容。"

6.4 加拿大

加拿大准备提交的划界案涉及北冰洋，也涉及本划界案区域。俄罗斯与加拿大就此问题进行磋商，并达成以下共识：

"当其中一国向委员会提交划界案，其他国家需立即向联合国秘书长提出相应外交照会，照会内容应说明如下观点：

（1）不反对委员会审议划界案并提出建议；

（2）委员会的建议不妨害其他国家提交划界案以及委员会审议的权利；

（3）委员会建议不妨害两国大陆架划界。

协议各方在向委员会提交的划界案中需引用此协议；希望委员会基于此协议提出建议；希望联合国秘书长向联合国成员国及公约缔约国公布上述说明的外交照会内容。"

综上所述，俄罗斯请求委员会在审议本修订部分划界案时考虑这些相关材料，并提出建议，并且不妨害随后的俄罗斯、丹麦、加拿大、挪威和美国的大陆架划界案提交，也不妨害俄罗斯与丹麦、加拿大、美国的大陆架划界。

俄罗斯与丹麦、加拿大、挪威、美国在北冰洋的大陆架划界最终应在委员会通过建议之后，根据《公约》第八十三条解决。

依照委员会《议事规则》和《科学和技术准则》的规定，并考虑委员会实践，俄罗斯保留根据新数据或研究提交增补资料的权利，且有可能对俄罗斯扩展大陆架的外部界限做出新的修订。

7 基于新数据对北冰洋中部海底高地复合体地质特征的认识

7.1 数据

委员会对俄罗斯第一个划界案的建议主要为了解决罗蒙诺索夫海岭和门捷列夫海岭的地质属性问题，俄罗斯在划界案中认为这两个地质构造均为《公约》第七十六条第6款规定的大陆边自然组成部分的海底高地。委员会审议了划界案提交的数据和信息，认为罗蒙诺索夫海岭不是《公约》规定的海底高地。委员会同时认为根据目前的科学认知，也不能认为门捷列夫-阿尔法海岭复合体是《公约》规定的海底高地。

委员会上述审议本质上是科学性的，是审议关于罗蒙诺索夫海岭的属性及其自然延伸问题，以及门捷列夫-阿尔法海岭和波德福德尼科夫海盆的地质特征、构造位置及其自然属性。委员会审议了上述构造声学基底的属性、地壳的组成与属性等问题。委员会不认可划界案中对海底高地的陆壳起源的认识。尽管委员会建议承认门捷列夫-阿尔法海岭复合体的成因存在不同的假说（裂离的大陆碎片、古海底扩张洋脊、大火成岩省洋壳），但只接受最后一种观点，亦即门捷列夫-阿尔法海岭是在加拿大海盆扩张后在洋壳上由于热点作用而形成的大火山岩省。

委员会之所以得出此结论是因为基于划界案提交时的科学认识。当时的地震反射数据仅有1990年前从浮冰站获得的少量数据，从20世纪90年代早期才开始进行破冰船的多道地震勘测工作。在罗蒙诺索夫海岭海域，2002年初仅有5条浮冰站测得的反射地震数据和6条破冰船测量的多道地震数据。在门捷列夫-阿尔法海岭区域，只有有限的浮冰站反射地震数据和3条由RV"Polarstern"号在1998年完成的短多道地震剖面。另外1989—1991年在波德福德尼科夫海盆到马卡洛夫海盆、1992年在罗蒙诺索夫海岭、2000年至今在门捷列夫海岭通过浮冰站做了少量折射和反射地震调查。

因此，较先进的多道数字地震测线仅局限在罗蒙诺索夫海岭海域。除了3条很短的1998年RV"Polarstern"号完成的反射地震测线，门捷列夫和阿尔法海岭以及波德福德尼科夫和马卡洛夫海盆实质上并未实施多道地震调查、浅地层剖面调查。用于证明门捷列夫-阿尔法海岭成因的玄武岩样品采集于2002年，均来自同一个站位。对这些绝对年龄为82百万年的火山岩的组成研究仅获得一些相互矛盾的信息。

在2005到2014年期间，俄罗斯开展了大规模的地质、地球物理调查。2002以来，在北冰洋中部海盆，俄罗斯完成超过4 000千米的深部地震探测，超过23 000千米的多道地震测线，超过35 000千米的水深调查，120个地质样品站位。近年来丹麦、加拿大、美国学者开展大量地质、地球物理综合研究（Funck et al., 2011）。遗憾的是大多数研究成果都未公开发表。

值得注意的是2004年在北冰洋的罗蒙诺索夫海岭首次实施了深水钻探（IODP/ACEX项目）。

图3是2002年之前和2015年初多道地震测线分布对比图。

7.2 地质背景

俄罗斯在2011年、2012年及2014年实施的多道地震调查在整个北冰洋获取了区域地震测线，为更好地理解欧亚和美亚海盆的组成和构造提供了数据基础。测深和地震测线总体上清晰地展示了罗蒙诺索夫海岭、门捷列夫海岭、楚科奇隆起和由它们分隔的波德福德尼科夫海盆及楚科奇海盆共同形成一大型的大陆地块单元，即本划界案所称的北冰洋中部海底高地复合体，它比加拿大海盆和阿蒙森海盆高出1.5千米。该陆块是北冰洋大陆边缘的组成部分，是欧亚大陆边缘的自然延伸（图4）。

7.3 自然延伸

从2010年到2014年的测深和地震勘测结果显示，从东西伯利亚浅水陆架、楚科奇海到罗蒙诺索夫海岭和门捷列夫海岭在地貌上是自然延伸的，无任何间断或构造作用的痕迹。地震折射和反射数据证明从浅水陆架到海底高地和美亚海盆中的波德福德尼科夫和楚科奇海盆的低地的沉积物也是连续的。

7.4 裂谷扩张

多道地震剖面清晰显示东西伯利亚陆架上的罗蒙诺索夫海岭、波德福德尼科夫海盆、门捷列夫-阿尔法海岭、楚科奇海盆和楚科奇角是裂谷扩张构造，是美亚海盆形成和构造演化的一个最重要的因素。北冰洋中部高地复合体所在整个海域为正断层、地堑、半地堑和其他裂谷、拉张构造（倾斜地块、铲状断层、生长断层、拖曳褶皱等）所控制，各类裂谷和拉张构造在本区广泛分布。

测深和地震数据显示大致呈南北向的构造沿东—西拉张伸展方向分布，与邻近的俄罗斯北极浅水陆架方向近似。

7.5　岩浆作用

根据最新数据可以确定大部分的北冰洋中部高地复合体经历了两期的北极大火成岩省岩浆作用。

第一期发生在 120~130 百万年前，2012 年在门捷列夫海岭采获的玄武岩年龄为 128 百万年（Morozov et al., 2013）。第二期发生在 80~90 百万年，主要以采自门捷列夫-阿尔法海岭的大量岩石样品为代表。研究发现（Mukasa et al. 2009，2012），破冰船"Healy"从楚科奇角北部采获的岩石样品为亚碱性玄武岩，采自北风号海岭的为碱性玄武岩，采自门捷列夫海岭为亚碱性-碱性玄武岩。美亚海盆的火山玄武岩揭示的地壳年龄和组成与陆壳性质的北冰洋海盆（斯瓦尔巴、法兰士·约瑟夫地群岛、德隆群岛、埃尔斯米尔岛及加拿大北冰洋群岛的其他岛屿）相似（Maher，2001）。其玄武岩样品显示它们为火山碎屑岩，代表浅水环境下水下岩浆喷发形成。

7.6　声学基底

俄罗斯和其他国家科学家于 2005—2014 年采集的多道地震数据显示其声学基底存在有高振幅反射，有些地方比较连续，有些地方出现尖灭和中断，在声学基底的顶部或沉积序列之下基底之上该反射层经常有中断现象，表现出杂乱反射特征。这些反射相被解释为是玄武岩熔岩流和岩墙与厚层凝灰岩和（可能是）沉积岩交错组成的地层。火山岩地层不仅在地堑有发育，在陆坡和因裂谷作用、拉张作用以及因地堑形成而导致的断裂构造等构造性隆起区也有发育。

俄罗斯于 2011 年、2012 年和 2014 年采集的多道地震数据的地震层序分析显示，门捷列夫-阿尔法海岭和楚科奇角及被分隔的楚科奇海盆的声学基底为玄武岩岩群和相关的火山岩所覆盖。火山岩的厚度变化较大，从陆坡和局部隆起的 100 多米到目前基底坳陷处的 1~15 千米。

岩群是由各种粗面玄武岩和碱性玄武岩组成，这不是典型的大陆和海洋的大火成岩省。目前可获得的样品数据支持这样的观点，即美亚海盆在早期阶段的同裂谷玄武岩喷发作用发生在 128~112 百万年前。更年轻的第二期岩浆作用（80~90 百万年前）完成于中生代俄罗斯北极地区与美亚海盆分离期间的北极大火成岩省双峰火山作用阶段。

俄罗斯修订案：北冰洋　171

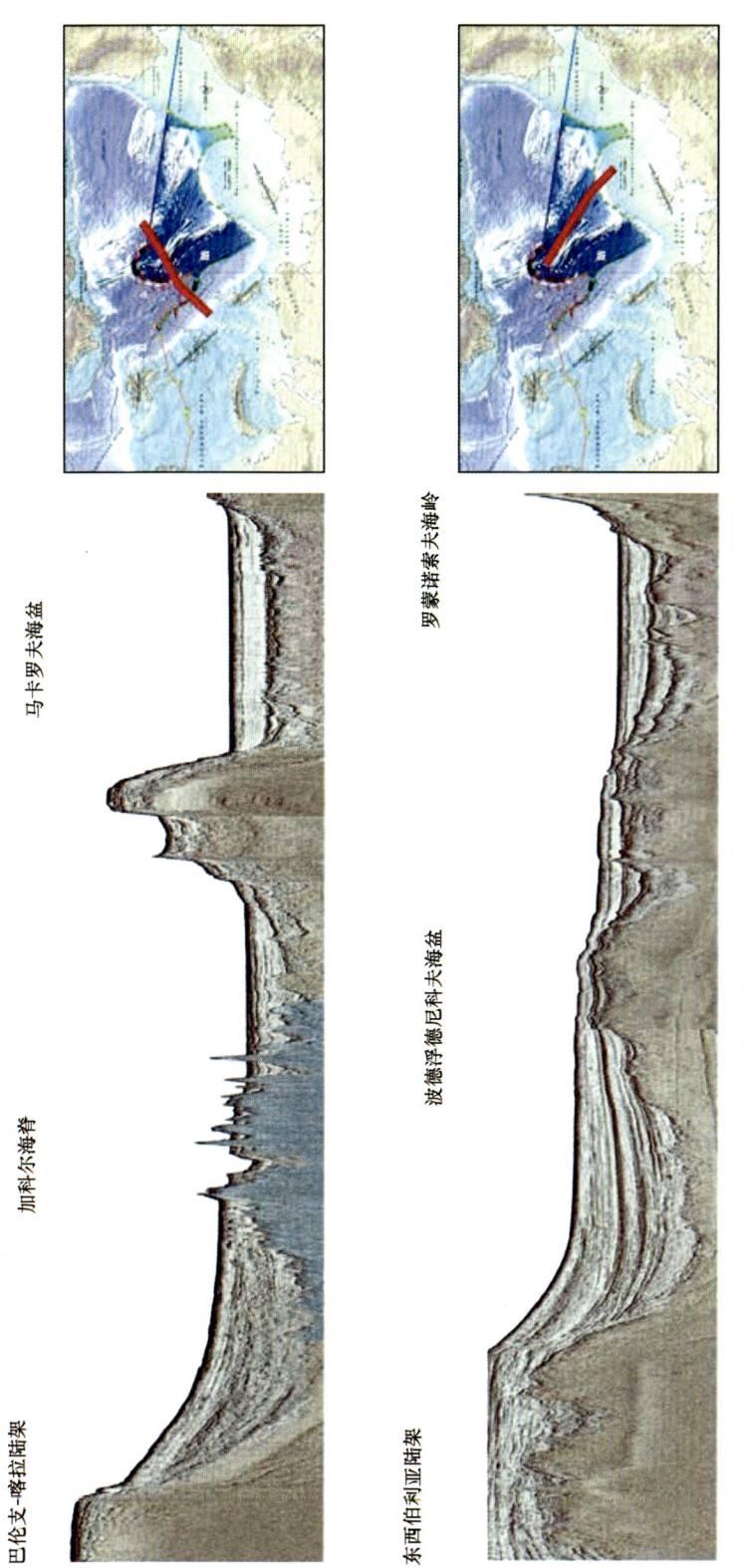

图2 穿越俄罗斯北冰洋扩展大陆架区域的两条多道地震剖面

马卡罗夫海盆

罗蒙诺索夫海岭

加科尔海脊

波德浮德尼科夫海盆

巴伦支-喀拉陆架

东西伯利亚陆架

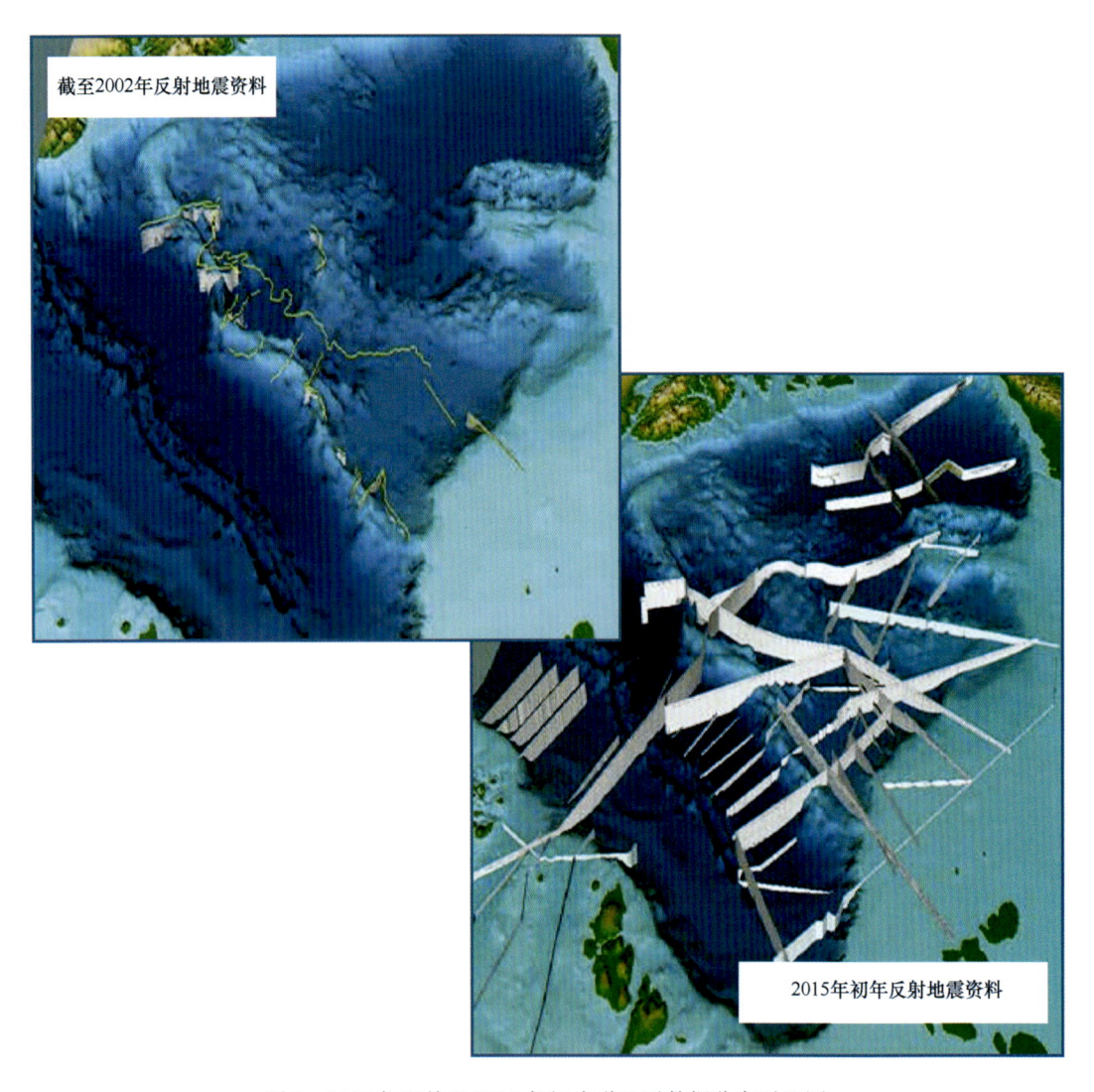

图 3　2012 年以前和 2015 年初多道地震数据分布对比图

自 2005 年至 2012 年，在北冰洋很多海底高地区域采获拖网岩石样品，提供了岩群之下基底的可能类型和年龄的信息。俄罗斯海洋调查期间，在门捷列夫海岭断崖拖网采获大量沉积岩、变质岩和火成岩样品（Morozov，2013）（图 6）。沉积岩主要为碳酸盐岩和各类碎屑岩。砂岩的碎屑锆石年龄显示出不同的年代，包括太古代和元古代。最年轻的锆石年龄为 450~350 百万年和 250~200 百万年，说明其声学基底分布有古生代和三叠纪—早侏罗世的砂岩。碳酸盐岩主要为灰岩和白云岩。灰岩中发现有中晚古生代的大型底栖动物。

7.7　地壳类型

委员会《科学和技术准则》（第 7.2.9 段）规定，地壳地质类型不能作为划分第七十

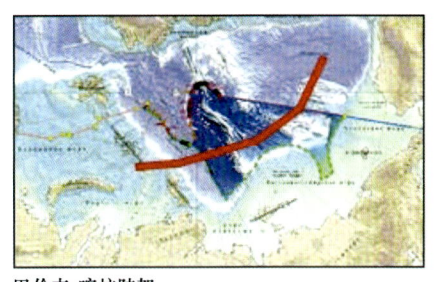

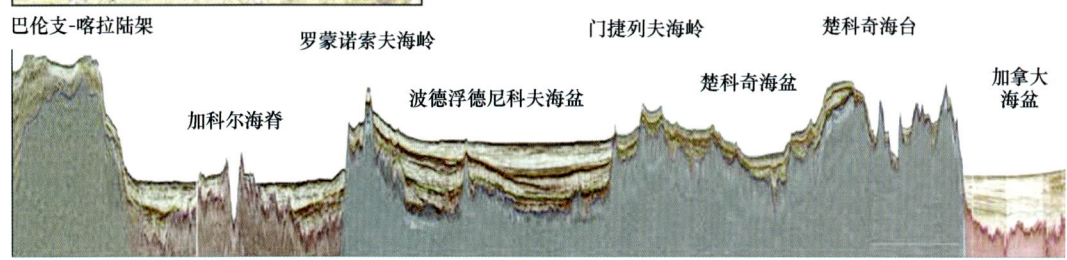

图 4 北冰洋多道地震剖面组合（西起西伯利亚浅陆架，东至加拿大海盆）

六条第 6 款所定义的各类法律意义上的洋脊和海底高地的唯一准则。这个结论对北极盆地完全有效。

北冰洋绝大部分浅水陆架的地壳均为减薄的陆壳（约 35 千米），其基底均匀一致，但其结构特征差异非常大。

在东西伯利亚陆架沿罗蒙诺索夫海岭的走向和波德福德尼科夫海盆实施了深部地震探测（DSS）。但是，由于莫霍面之上的下地壳地震速度的多解性，这些数据的处理和解释尚不能得到一个可信的地壳类型结论。不同的学者给出了不同的差异较大的速度结果。因此，下地壳的高地震速率不能作为判别洋壳或陆壳的唯一标准。一个重要的事实是，2010 年在陆壳性质的东西伯利亚陆架采集的深部地震测线（"Dreamline"）获得的下地壳速度为 7.2 米/秒，与 2012 年采自门捷列夫海岭走向的深部地震探测数据分析结果近似（7.2~7.3 米/秒），可证明门捷列夫海岭为陆壳。

7.8 北极海盆形成的地质模型

委员会《科学和技术准则》（第 7.3.1 段）规定，《公约》第七十六条第 6 款所指的"海底高地"一词包括多种高地，"等"一字意味着并未详尽，所有这些海底高地的共同点是它们都是大陆边缘的自然组成部分。因此应该考虑大陆边缘的形成过程及其陆壳的生长方式。

2002—2015 年获得的科学数据并不支持 2002 年委员会建议提出的观点，亦即门捷列夫-阿尔法海岭复合体为加拿大海盆扩张后由于热点的岩浆作用在其洋壳之上形成的大火山岩海台。该假说是由于当时北极海盆深水海域缺乏必要的地质地球物理数据，仅基于相邻陆块的地质数据提出的。

本修订划界案基于新数据提出了北极海盆形成的地质模型（图5），分为3个阶段。北极海盆在225百万年的三叠纪尚不存在。其初始位置大致在Angayucham海盘古大陆的边缘—古太平洋的海湾处。

第一阶段：晚侏罗—早白垩，由于太平洋主要沿晚古生代埃尔斯米尔造山系的俯冲引起的弧后扩张导致加拿大海盆的扩张，初始北冰洋开始形成。在S. Carey（1958）之后的A. Grantz（1998）认为加拿大海盆的扩张是北极阿拉斯加-楚科奇陆块从加拿大北冰洋区域沿罗蒙诺索夫海岭走滑带逆时针旋转66°的结果，其旋转中心位于麦肯齐河口。这种旋转模型自提出后被许多科学家广为接受。我们也接受该旋转模型，但我们认为走滑断层的位置是沿着现今的阿尔法-门捷列夫海岭楚科奇隆起的东部边缘，而非罗蒙诺索夫海岭。加拿大海盆拉张后，现代北冰洋中部海底高地复合体成为西伯利亚陆架的一部分，所以是楚科奇-西伯利亚大陆边缘的自然组成部分。

第二阶段：海底高地的形成源自陆壳从罗蒙诺索夫海岭向东的裂谷拉伸作用。在陆架区，从拉普捷夫海到楚科奇海，从中阿普第阶同时开始裂谷作用。裂谷和拉伸作用在波德福德尼科夫海盆和楚科奇海盆表现为沉降作用。

在130~110百万年期间，北极大火成岩省（HALIP岩墙）的第一阶段发生强烈的岩浆作用。岩浆作用的同时伴随着裂谷作用、拉伸减薄作用以及岩石圈的加热。在这种情况下，地壳的拉伸可达50%~100%或更多。北极大火成岩省岩墙的第二阶段岩浆作用发生在90~80百万年期间的晚白垩系。该阶段的裂谷作用在现今的亚极地区域存在一个剪切量，导致近剪切拉分盆地马卡洛夫海盆的形成（110~80百万年）。现今美亚海盆高地和盆地相间的地垒地堑地形就是岩墙第一期岩浆作用过程中裂谷拉伸作用导致的。晚白垩纪的第二期岩浆作用，导致北冰洋中部海底高地发生沉降，晚白垩系-古近系的沉积作用开始。"Cesar"和"T-3"航次在玄武岩顶部采集到马斯特里赫特-坎潘期沉积岩。

第三阶段：由于发生在56百万年以前加科尔洋脊的扩张，欧亚海盆拉张作用开始。罗蒙诺索夫海岭从巴伦支-卡拉陆架裂离，成为北冰洋中部海底高地复合体的一部分。美亚海盆的楚科奇边缘和门捷列夫-阿尔法海岭、波德福德尼科夫海盆、楚科奇海盆以及罗蒙诺索夫海岭持续裂谷拉伸作用。其构造强度在中中新世有所减弱，几乎在门捷列夫-阿尔法海岭、罗蒙诺索夫海岭和楚科奇角、波德福德尼科夫和楚科奇海盆整个区域内形成不受构造活动干扰的呈毯状分布的半远洋沉积盖层。

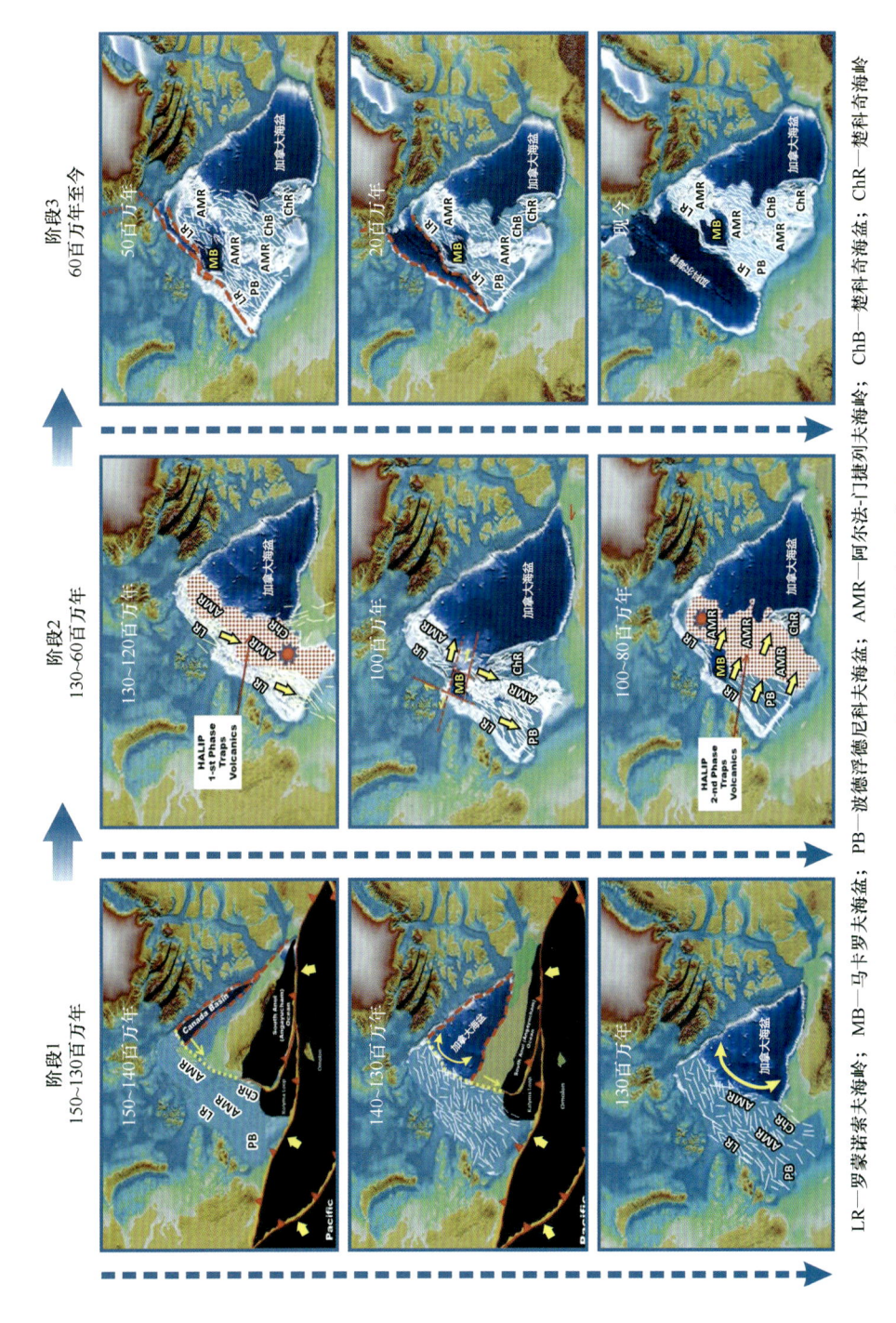

图5 北冰洋盆地构造演化示意图

LR—罗蒙诺索夫海岭；MB—马卡罗夫海盆；PB—波德浮德尼科夫海盆；AMR—阿尔法-门捷列夫海岭；ChR—楚科奇海岭；ChB—楚科奇海盆

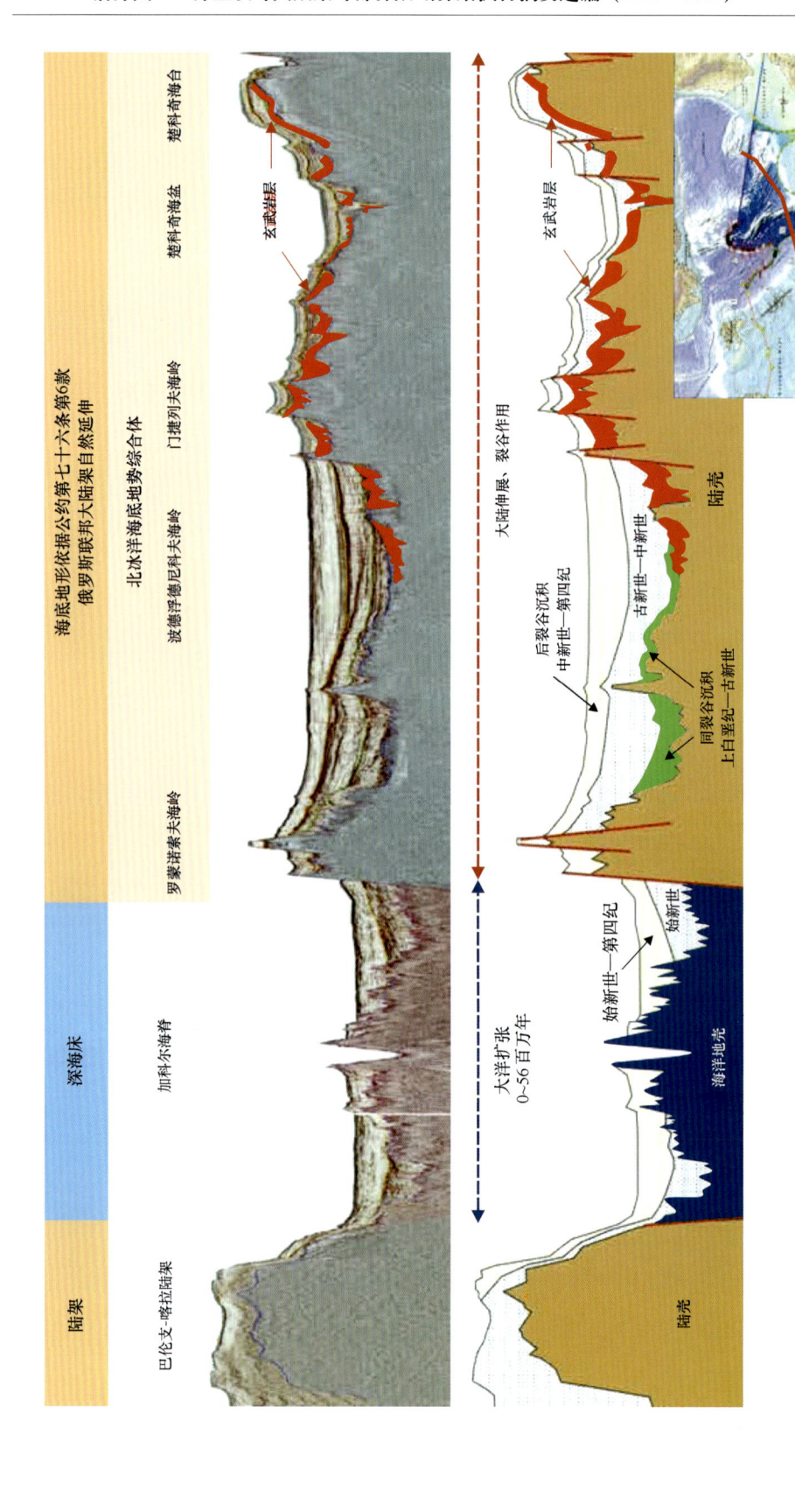

图6 修订部分划界案涉及区域的主要构造单元和地理位置图

8 俄罗斯北冰洋大陆架外部界限描述

俄罗斯修订的北冰洋区域的大陆架外部界限是依照《公约》第七十六条的规定而建立的,如图 1 和图 7 所示。

大陆架外部界限是由一系列连续的线段组成(Ⅱ-Ⅶ),线段是由地理坐标确定的不同的点构成,地理坐标见修订划界案列表所示(略)。大陆架外部界限是根据《公约》第七十六条规定的不同标准建立的。俄罗斯法律上的大陆架位于南森和阿蒙森海盆 2 500 米等深线外不超过 100 海里的区域。

根据修订部分划界案,俄罗斯在北冰洋的扩展大陆架面积有 1 191 347 平方千米(图 1)。

使用 GeoCAP 软件对水深和地震数据进行分析,基于 3D 水深模型提取 2D 水深剖面。数字水深模型用来生成可以确定大陆坡脚点和 2 500 米等深点的水深剖面。

俄罗斯修订部分划界案所附的 GeoCAP 项目文件包含了依照《公约》第七十六条规定计算得到的公式线、限制线以及外部界限等所有计算结果,以及提供支撑的地理信息系统数据库。图 8~图 11 为俄罗斯在北冰洋的大陆架外部界限图,分别展示了修订后的 7 段外部界限以及相应的公式线和限制线:

第Ⅱ-Ⅲ-Ⅳ-Ⅴ段主要包括南加科尔洋脊及邻近的南森和阿蒙森海盆区域的扩展大陆架外部界限(第七十六条第 3 款);

第Ⅳ-Ⅴ-Ⅵ段主要包括除马卡洛夫海盆外的该区域全部扩展大陆架的外部界限(第七十六条第 6 款)。马卡洛夫海盆可能为洋壳,根据大陆坡脚外推 60 海里的标准,可能只有一小部分属于俄罗斯的扩展大陆架[第七十六条第 4 款(a)项(2)目];

第Ⅶ段主要包括马卡洛夫海盆和门捷列夫海岭海域的扩展大陆架的外部界限,门捷列夫海岭为俄罗斯大陆边缘的自然组成部分(第七十六条第 6 款);

依照《公约》第七十六条的规定确定各定点的地理坐标。划定的扩展大陆架完全位于南森和阿蒙森海盆 2500 米等深线之外,且不超过罗蒙诺索夫海岭和门捷列夫海岭陆坡附近的 2500 米等深线外推 100 海里线(第七十六条第 5 款)。

第Ⅰ段:该段的大陆架外部界限实际上就是俄罗斯与挪威在巴伦支海和北冰洋的双边海上界限(图 7),是两国 2010 年 9 月 15 日签订的条约中协商确定的。

根据条约第一条第 1 款,本界限的起始点同时作为俄罗斯和挪威的大陆架外部界限端点,该端点是点 7 和点 8 的连线,与挪威大陆架外部界限最东端点和俄罗斯大陆架外部界限最西端点连线的交叉点。

条约第一条第 1 款确定的点 7 和点 8 的坐标如下。

点 7:83°21′07.00″N,35°00′00.29″E;

点 8:84°41′40.67″N,32°03′5L36″E;

根据挪威划界案执行摘要（2006年），其大陆架外部界限最东端点（A01点）的坐标为84°41′53.00″N，29°15′12.70″E（WGS-84坐标系）；

根据1%沉积物厚度公式确定的俄罗斯大陆架外部界限最西端点（2G2点）的坐标为84°29′19.21″N，37°00′16.82″E（WGS-84坐标系）；

连接点7和点8、点A01和点2G2的两条大地测量线的交点即为俄罗斯大陆架外部界限的起始点（同时也是挪威大陆架外部界限的端点）。

因此，俄罗斯大陆架外部界限最西端点（2C1点）坐标为84°37′51.25″N，32°14′15.59″E（WGS-84坐标系）；

2G2点与2C1点之间的距离为52.9千米（28.56海里）。

图7展示了俄罗斯和挪威在巴伦支海和北冰洋双边海上界限的北部区域、挪威大陆架外部界限最东端点（A01点）和俄罗斯大陆架外部界限最西端点（2C1点）的位置。

第Ⅱ段：该段大陆架外部界限包括7个定点，这7个定点是根据海登堡公式（大陆坡脚外推60海里）和卡地纳公式（1%沉积物厚度）确定的，都不超过俄罗斯基线量起350海里（第七十六条第5款）。

第Ⅱ段的大陆架外部界限确定中，使用了2011年多波束和多道地震调查采集的第3、第4、第5、第6和第10地震测深剖面，测深剖面7也是基于上述调查数据得到的。基于测深剖面7使用GeoCAP软件进行分析确定了大陆坡脚点，使用大陆坡脚外推60海里公式确定了外界限定点2H6。地震测深剖面上的定点2G2、2G3、2G4、2G5和2G7则是根据卡地纳公式确定的。

根据卡地纳和海登堡公式确定的各点之间的距离不超过60海里。该段大陆架外部界限由定点2C1、2G2、2G3、2G4、2G5、2H6和2G7依次连接的大地测量线构成。第Ⅱ段的大陆架外部界限定点的地理坐标见附件表格（略），由定点连线构成的大陆架外部界限如图8所示。第Ⅱ段的大陆架外部界限最末端的定点3E1同时也是第Ⅲ段的起始点。

第Ⅲ段：该段的大陆架外部界限是由沿着俄罗斯北冰洋200海里专属经济区界限上的24个定点构成。

俄罗斯岛屿领土的位置使俄罗斯在南森深海海盆扩展200海里以外大陆架成为可能。第Ⅲ段的大陆架外部界限如图9所示。

第Ⅳ段：该段大陆架外部界限由4个定点构成，其中定点3E24、4G1、4G2和4G3是利用卡地纳公式基于地震测深剖面1407和1408得到的。还有一个与区域Ⅴ同时使用的定点5H1由海登堡公式计算出来（基于2010年调查获得的测深剖面36计算确定的）。这些定点由直线连接构成大陆架外部界限（图9）。根据卡地纳和海登堡公式计算出来的各定点间的距离不超过 60 海里。

第Ⅳ段的大陆架外部界限是基于新采集的地质和地球物理数据建立的，新数据证实了罗蒙诺索夫海岭是欧亚大陆边缘的自然组成部分（第七十六条第 6 款），且不超过测算领海宽度的基线量起 350 海里（第七十六条第 5 款），也不超过 2500 米等深线外推 100 海里。

第Ⅳ段大陆架外部界限由定点 3E24、4G1、4G2、4G3 和 5H1 依次连接的大地测量线构成，各定点的地理坐标见附件表格（略），由定点连线构成的大陆架外部界限如图 9 所示。

第Ⅴ段：该段主要涉及阿蒙森海盆中部区域，其外部界限由使用海登堡公式在 36、37 和 38 号测深剖面上确定的定点构成［第七十六条第 4 款（a）项（2）目］（图 10）。第Ⅴ段最末定点 6G1 是采用卡地纳公式基于地震测深剖面 1439A（2014 年调查）确定的。该段大陆架外部界限不超过 2500 米等深线外推 100 海里（第七十六条第 5 款）。

阿蒙森海盆区域修订后的大陆架外部界限的划定，先绘制从大陆坡脚划出的 60 海里为半径的圆弧，然后采用在圆弧共轭点处通过直线拉直的方法绘制外部包络线。该方法是通过 GeoCAP 软件的"外部界限最大化（Maximizing the Outer Limit Line）"功能实现的。

第Ⅴ段的大陆架外部界限由 21 个定点构成，这些定点由 5H 为前缀命名，其中部分关键点作为直线线段的起点和终点，这些定点之间的距离依照《公约》的规定［第七十六条第 4 款（a）项（2）目］不超过 60 海里。

其中关键的定点有 5H1、5H5、5H6、5H14、5H15 和 5H20。其他各定点则每隔 5 千米取一个点。定点 6G1 为第Ⅵ段的起始点，其地理坐标为：15°43′31.55″W，89°06′16.13″N（WGS-84 坐标系）。第Ⅴ段外部界限各点的地理坐标见附件表格（略），其大陆架外部界限如图 10 所示。

第Ⅵ段：该段涉及阿蒙森海盆的极区以及马卡洛夫海盆，使用了海登堡和卡地纳公式［第七十六条第 4 款（a）项（2）目］（图 10）。从地震测深剖面 1439A 和测深剖面 1442 上的大陆坡脚点为中心，划出以 60 海里为半径的弧。在地震测深剖面 1439A 上由沉积物厚度公式确定的点与海登堡弧连接，界限不超过 2500 米等深线外推 100 海里（第七十六条第 5 款）。

该段的大陆架外部界限也是先绘制从大陆坡脚划出的 60 海里为半径的圆弧，然后在圆弧共轭点处采用直线拉直的方法并通过 GeoCAP 软件绘制外部包络线划定的。

第Ⅵ段的大陆架外部界限由 52 个定点构成，这些定点由前缀 6H 命名，部分关键的定点作为直线线段的起点和终点，这些定点之间的距离依照《公约》的规定［第七十六条第 4 款（a）项（2）目］不超过 60 海里。

其中关键的定点为 6H2、6H36、6H37 和 6H52。其他各定点则每隔 5 千米取一个点。定点 6H52 为第Ⅶ段的起始点，其地理坐标为 87°34′28.27″N，168°58′37.00″W（WGS-84 坐标系）。

第Ⅵ段的大陆架外部界限各定点的地理坐标见附件表格（略），其大陆架外部界限如图 10 所示。

第Ⅶ段：该段修订后的大陆架外部界限沿着俄罗斯在北冰洋的扇形边界线建立（图 11）。

扇形线由苏联最高委员会主席团于 1979 年 2 月 21 日发布的第 8908 号政令批准。该政令确认了苏联在北冰洋极区的东部界限，将 1926 年苏联中央执行委员会主席团在"苏联陆地及北冰洋岛屿领土的宣称"中确定的纬线 168°49′30″W 改为 168°58′49.4″W（基于 Krasovsky 椭球），即为 WGS-84 坐标系中的 168°58′37.00″W，该坐标记录于 1990 年苏联-美国签订的两国在楚科奇和白令海的海上边界协定中。

第Ⅶ段的大陆架外部界限将与丹麦和挪威协商解决。

第Ⅶ段的大陆架外部界限仍将沿着基于 1990 年美苏签订协议中确立的美俄海上边界建立。美国批准了该协议，俄罗斯自签订之日起便依此执行。根据 1990 年协议的海上界限的坐标点于联合国网站公布。

美苏海上边界涉及楚科奇和白令海，协议确定了边界的起始点（点 1）位于白令海峡。协议第二条规定了"从坐标为 65°30′N，168°58′37″W 的起始点开始，海上边界向北沿着 168°58′37″W 纬线穿过白令海峡和楚科奇海直到国际法所允许的北冰洋区域"。

苏联和美国的划界协议中北冰洋的界限延伸至它与中间线的交叉点，而后者决定了美国和加拿大的海上划界。这个点称为美苏海上边界起始点（US-RF 点），其地理坐标为 80°40′31.38″N，168°58′37.00″W（WGS-84 坐标系）。

第Ⅶ段的中间点是俄罗斯在楚科奇海域的 200 海里专属经济区界限与第Ⅶ段外部界限的交点（专属经济区界限点）。其地理坐标为 74°04′05.83″N，168°58′37.00″W（WGS-84 坐标系）。

第Ⅶ段的最末点是美苏协议中确定的楚科奇海和白令海的海上边界起始点（点 1），其地理坐标是：65°30′00.00″N，168°58′37.00″W（WGS-84 坐标系）。

第Ⅶ段大陆架外部界限的起始点和最末点的地理坐标见附件表格（分别为点 US-RF 和定点 1）（略）。

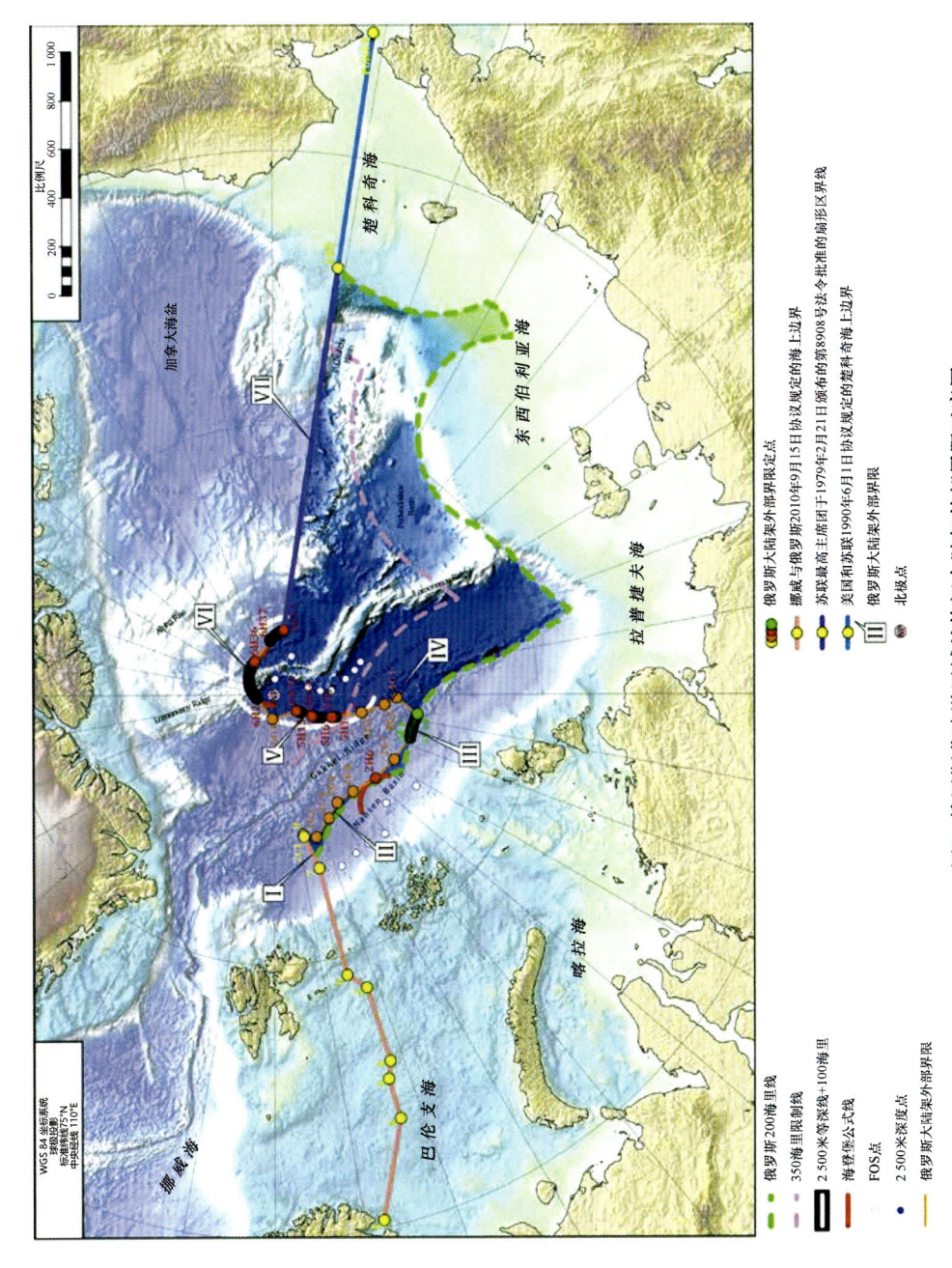

图7 俄罗斯北冰洋区域的修订大陆架外部界限示意图

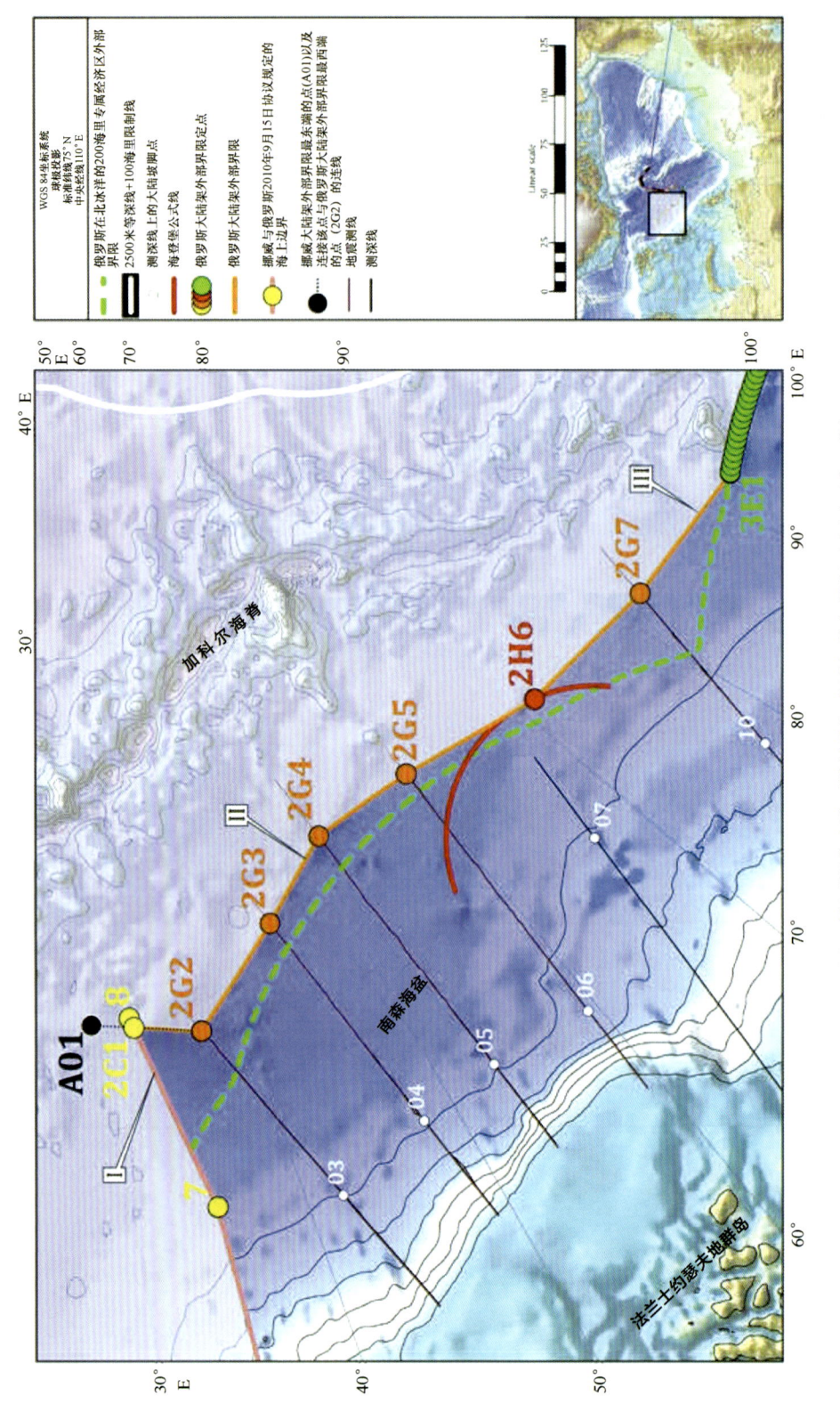

图8 俄罗斯北冰洋区域的修订大陆架外部界限示意图（Ⅰ—Ⅱ）

俄罗斯修订案：北冰洋　　183

图9　俄罗斯北冰洋区域的修订大陆架外部界限示意图 (III—IV)

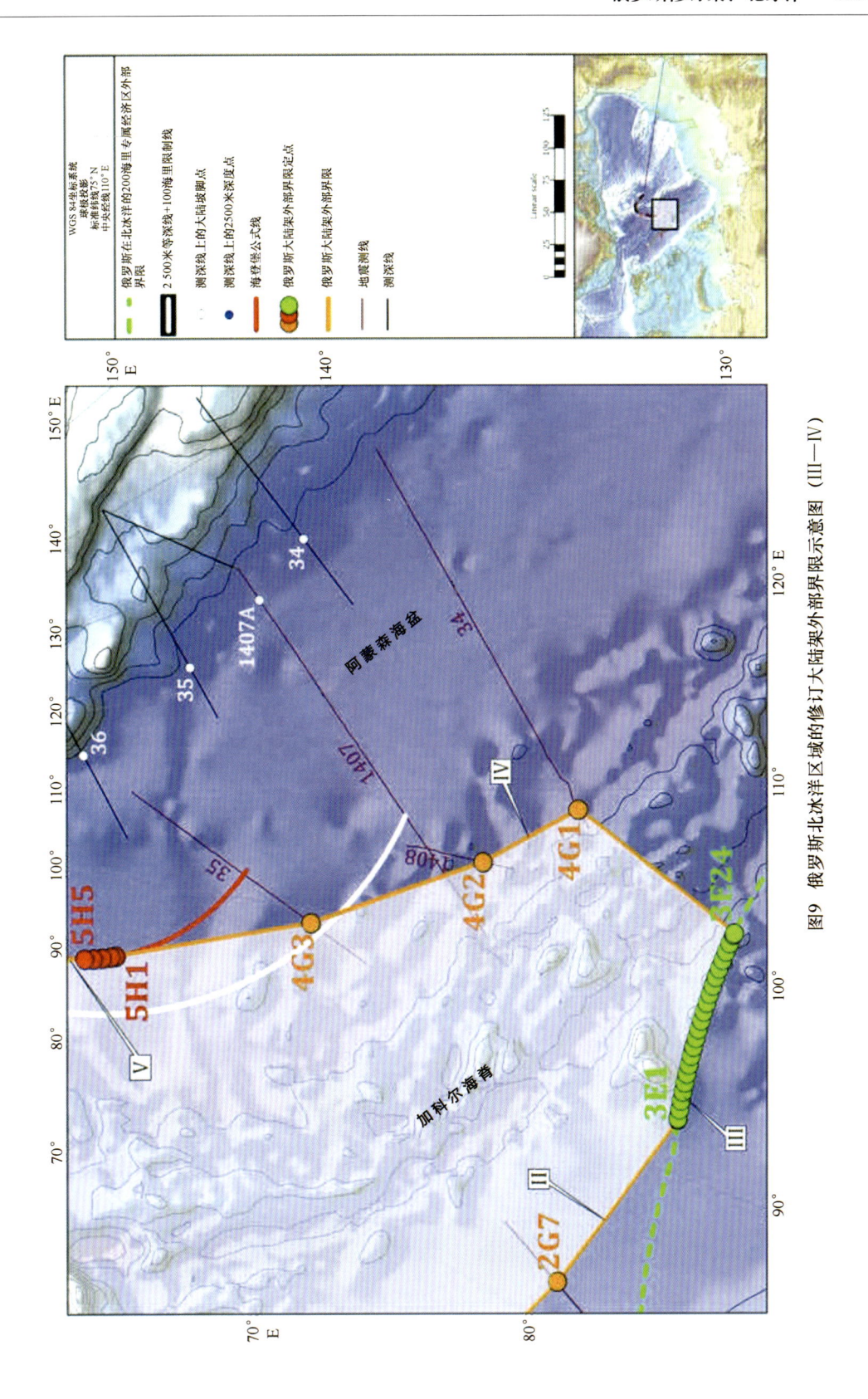

图10 俄罗斯北冰洋海域的修订大陆架外部界限示意图（Ⅴ—Ⅵ）

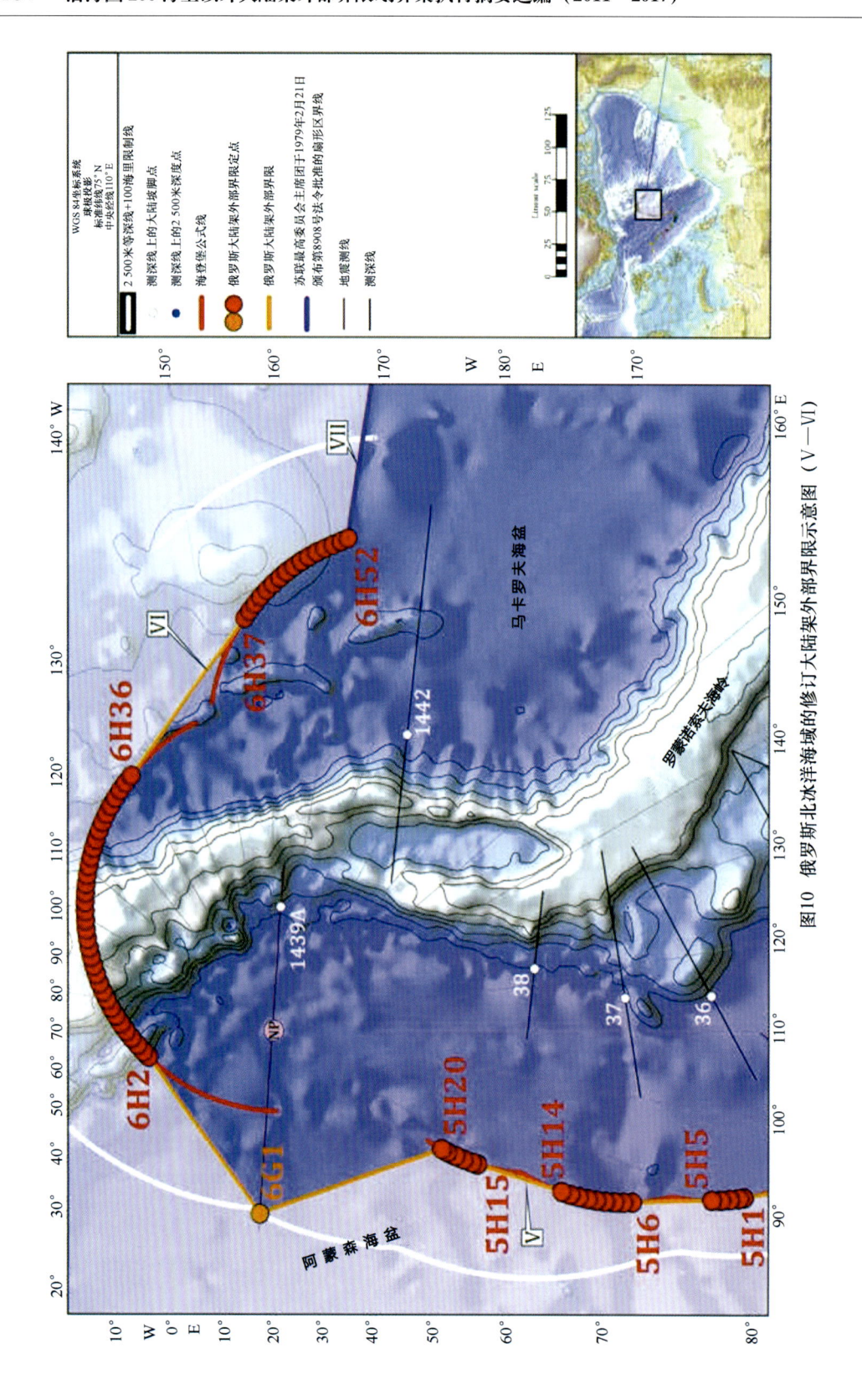

图11 俄罗斯北冰洋区域的修订大陆架外部界限示意图（VII）

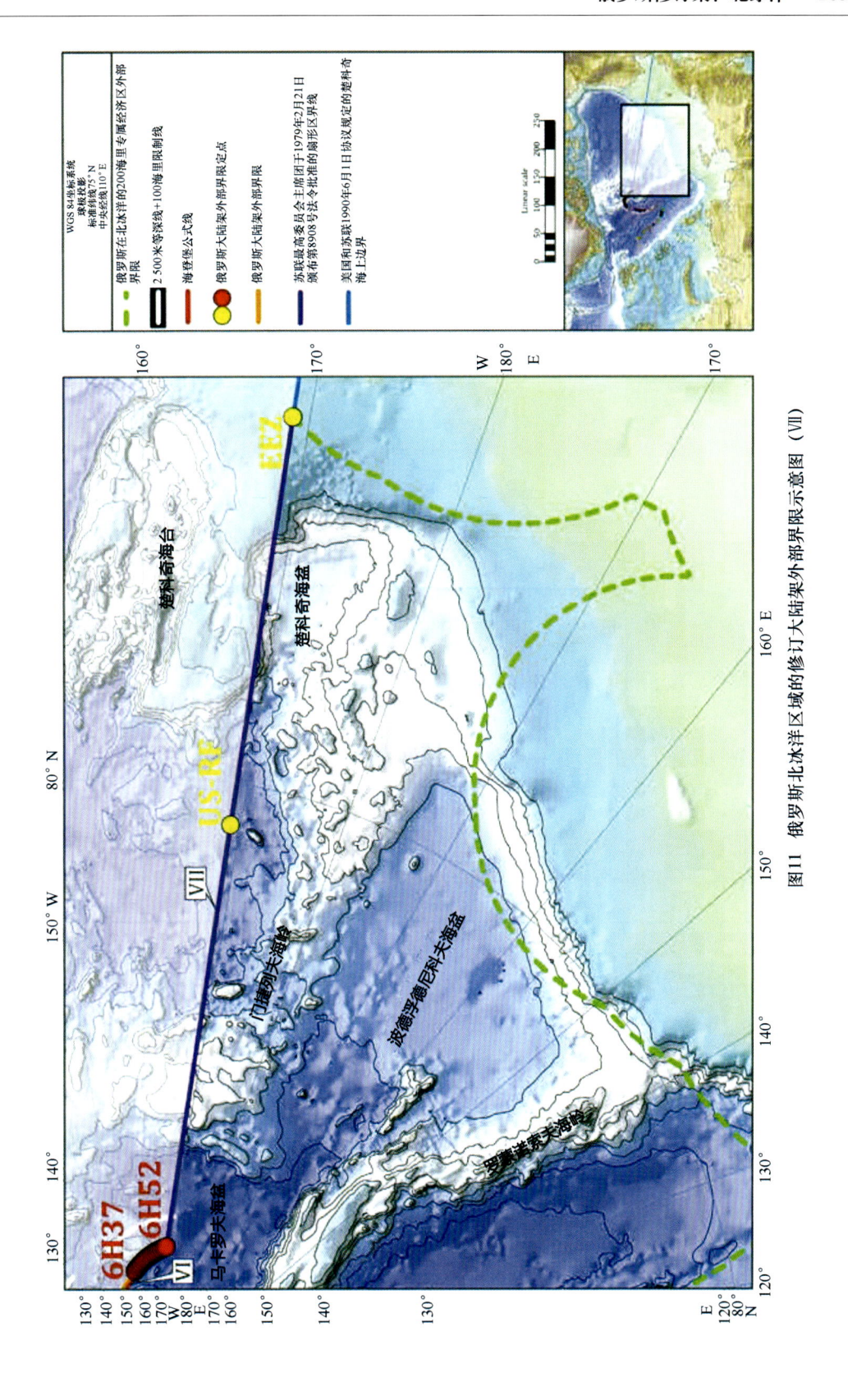

巴西修订案：南部大陆边缘

巴西关于南部区域的修订部分划界案执行摘要[①]

1　导言

巴西联邦共和国（以下简称为"巴西"）于 1982 年 12 月 10 日第三次联合国海洋法会议闭会期间签署了《公约》，并于 1988 年 12 月 22 日批准了《公约》，《公约》于 1994 年 11 月 16 日对巴西生效。

巴西于 2004 年 5 月 17 日，在历经约 17 年的研究后，向委员会提交了 200 海里以外大陆架外部界限划界案，证明其扩展大陆架为陆地领土的水下自然延伸至大陆边外缘超过 200 海里，直到《公约》第七十六条第 4 款和第 6 款规定的范围。

在巴西划界案中，大陆边缘分为三个区域：赤道大陆边缘、东部大陆边缘和南部大陆边缘。

委员会从 2004 年 8 月至 2007 年 3 月对巴西划界案进行了审议。在此期间，巴西提交了划界案补充材料，并修改了初始提交的外部界限。

2007 年 4 月 4 日，委员会通过了小组委员会于同年 3 月 23 日对巴西划界案作出的建议。

委员会建议公开后，巴西经过仔细研究，决定准备提交修订案，为此目的，巴西进行了新的水深和地球物理调查。

通过分析新采集的数据，更深入认识了巴西大陆边缘的地质特征。新的数据资料集在本修订划界案中称为 LEPLAC PHASE 2，原先提交委员会的旧数据资料集称为 LEPLAC PHASE 1。

依照《公约》附件二第八条，本划界案为修订部分案，仅涉及南部大陆边缘部分，称为南部区域，该区域北边以圣保罗洋脊为界，南边以巴西和乌拉圭东海岸的海洋边界为界（图 1）。

[①]　本划界案于 2015 年 4 月 10 日提交。

即使巴西不同意委员会关于除本划界案所涉区域以外的其他区域的建议,本修订划界案也不妨害巴西合法行使主权。

本修订划界案的准备符合委员会《科学和技术准则》(CLCS/11)及《议事规则》(CLCS/40/Rev.1)的规定。

2 支持划界案所援引的第七十六条规定

巴西援引《公约》第七十六条的第1款、第3款、第4款(a)项(1)和(2)目、第4款(b)项、第5款和第7款的规定确定本修订划界案涉及区域的200海里以外大陆架外部界限。

3 不存在海上争端

巴西与乌拉圭的海上边界已在巴西国内于1975年6月23日的75891号政令颁布,并交存联合国秘书长。2005年7月29日,该文本进行了修订,新的版本由巴西于2005年10月29日公布。

由此,巴西与乌拉圭不存在海上边界争端,《议事规则》第四十六条和附件一的规定不适用本划界案。

4 提供技术咨询意见的委员会委员

依照委员会《议事规则》第四十五条(b)款,巴西声明本划界案得到委员会委员Jair Alberto Ribas Marques先生的科学技术咨询意见。

5 划界案形式

本修订部分划界案依照委员会《议事规则》和《科学和技术准则》的要求包含了三个部分:执行摘要、主体案文以及科学和技术支撑数据。

主体案文包括:修订划界案涉及的南部区域概况,区域地质描述,援引的第七十六条规定的方法,以及A、B和C三个附件。

附件A包含了南部区域新数据集LEPLAC PHASE 2的采集和数据处理相关信息,并且包括本文件提及的补充数据信息。

附件B包含了测深剖面的描述和确定外部界限的关键大陆坡脚。

附件C包含了地震剖面的描述和确定外部界限的1%沉积物厚度点。

本划界案使用了基于地理信息系统的交互式可视化工具,展示了能够更好的解释科学争议问题的信息。

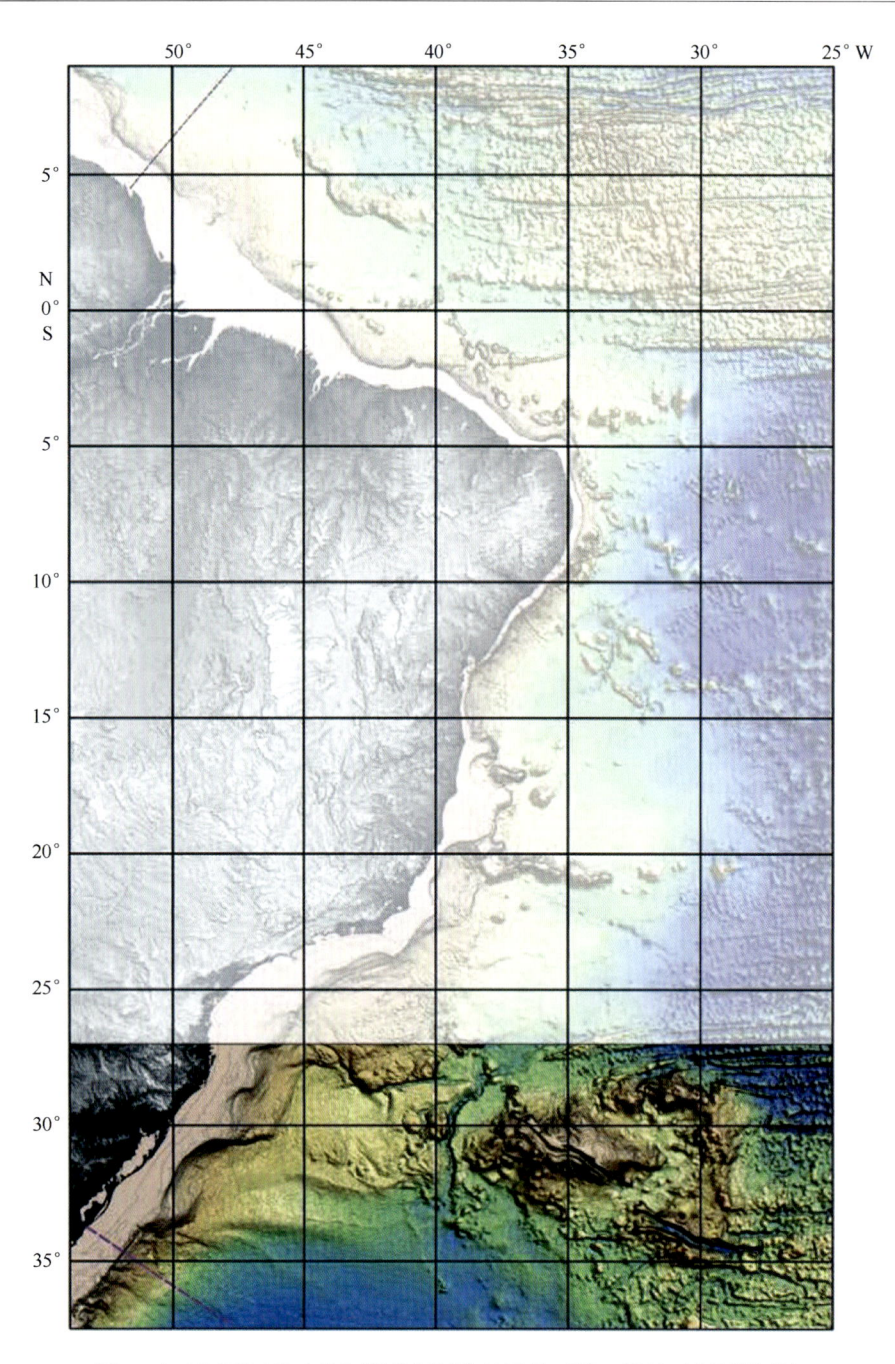

图 1 加亮矩形区为本修订部分划界案涉及的区域，即被圣保罗洋脊与乌拉圭之间的海上界线所限定的范围

6 陆坡基部区域和大陆边缘概述

巴西南部区域的大陆边缘以圣保罗脊为北部界限，南部直到与乌拉圭的海洋边界。就地质和地貌而言，南部区域大陆边缘是典型的火山型被动边缘，受沉积作用影响较强烈，尤其是在形成演化过程中。

南部大陆边缘包含了桑托斯和佩洛塔斯边缘盆地，以及以下被认为是巴西大陆边缘自然延伸或者组成部分的地貌单元：圣保罗脊、圣卡塔琳娜海台、里奥格兰德阶地、佩洛塔斯漂移体、里奥格兰德冲积锥、里奥格兰德漂移体、舒伊漂移体以及作为巨型滑坡典型代表的舒伊滑塌（图2）。

陆坡基部区域为一宽15千米到120千米、水深3 650米到4 600米的条状地带。依照《公约》和委员会《科学和技术准则》第5.2.1、5.2.6、5.2.9段以及第5.4.4、5.4.6段的规定，陆坡基部区域的确定使用了水深、地貌、地质、地球物理等证据。

本部分划界案涉及的陆坡基部区域和外部界限仅限于31°59′—36°S之间。

在31°59′—27°S范围内的陆坡基部区域和外部界限将在随后的划界案中提交。

7 大陆坡脚的确定

依照《公约》和委员会《科学和技术准则》第5.1.3、5.1.4、5.2.2、5.4.1和5.4.7到5.4.12段的规定，大陆坡脚点是基于测深剖面选取陆坡基部区域坡度变化最大之点确定的。

8 参与划界案编写的机构

本划界案由LEPLAC准备，该机构负责巴西扩展大陆架的调查研究。LEPLAC是由外交部协调，巴西海军司令部、能源矿产部、科技与创新部和教育部共同参与的海洋资源部门间委员会的项目。

上述机构对本修订部分划界案所含全部材料的质量和可靠性负责。

9 大陆架外部界限

本修订部分划界案涉及的巴西南部区域的大陆架外部界限是依照《公约》第七十六条第5、第7款和委员会《科学和技术准则》第2.3.3、2.3.5和2.3.10段的规定，通过GEOCAP软件（6.5.1版本）计算获取的。

巴西南部区域的200海里以外大陆架外部界限以及显著的地貌单元如图2所示。构成本划界案所涉巴西大陆架外部界限的各定点的描述见表1（略）。

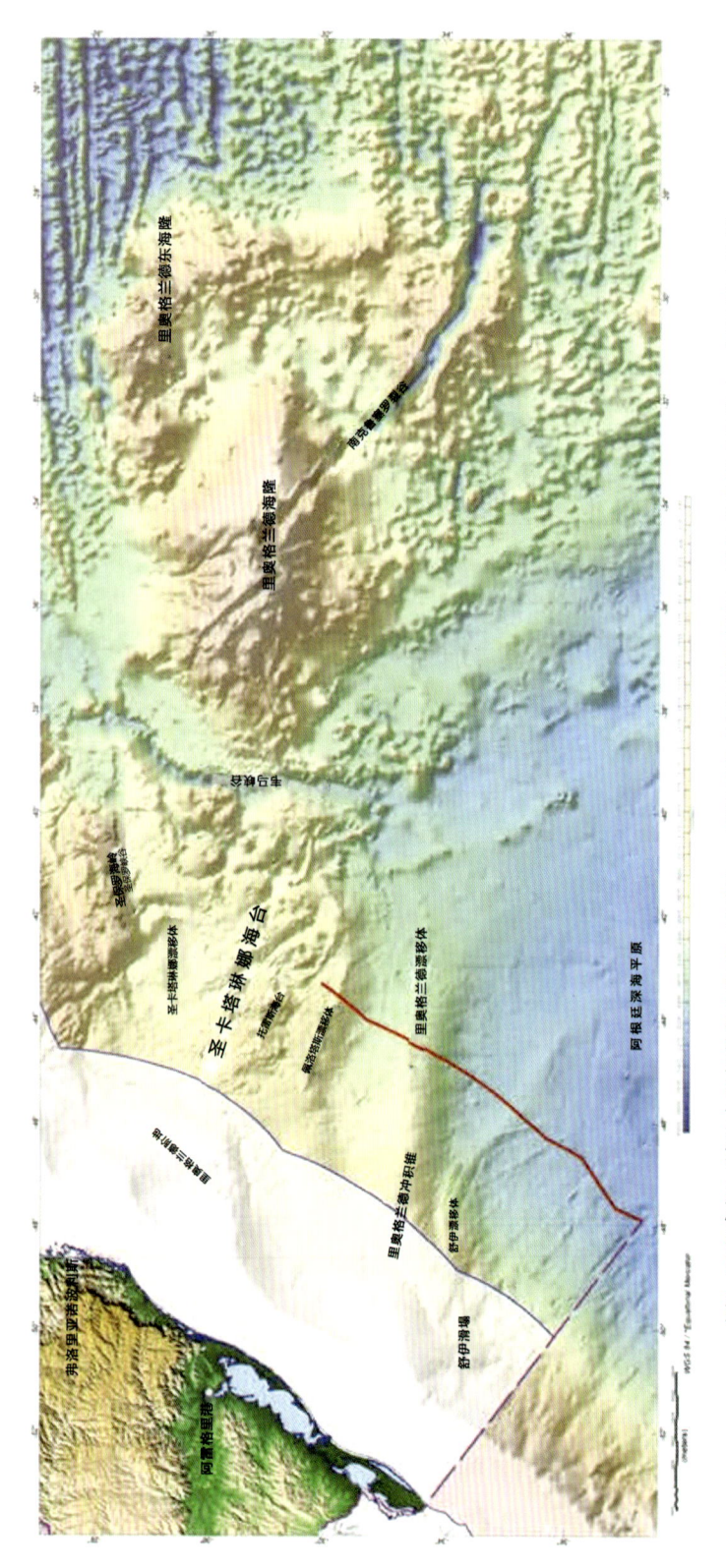

图2 巴西南部区域的大陆架外部界限图（红线），蓝线代表专属经济区界限，洋红色线代表乌拉圭一侧的海上边界

巴西修订案：赤道大陆边缘

巴西关于赤道大陆边缘的修订部分划界案执行摘要[①]

1 导言

巴西于1982年12月10日第三次联合国海洋法会议闭会期间签署了《公约》，并于1988年12月22日批准了《公约》，《公约》于1994年11月16日对巴西生效。

巴西于2004年5月17日，在历经约17年的研究之后，向委员会提交了200海里以外大陆架外部界限划界案，证明其扩展大陆架为陆地领土的水下自然延伸到大陆边外缘超过200海里，直到《公约》第七十六条第4款和第6款规定的范围。

在巴西划界案中，大陆边缘分为三大区域：赤道大陆边缘、东部大陆边缘和南部大陆边缘。

委员会从2004年8月至2007年3月对巴西划界案进行了审议。在此期间巴西提交了划界案补充材料，修改了初始提交的外部界限。

2007年4月4日，委员会通过了小组委员会于同年3月23日为审议巴西划界案而做出的建议[②]。

委员会建议公开后，巴西经过仔细研究，决定提交修订划界案，为此目的，巴西进行了新的水深和地球物理调查。

通过分析新采集的数据，更深入地认识了巴西大陆边缘的地质特征。新采集的数据资料集在被划界案中称为LEPLAC PHASE 2，初始提交委员会的旧数据资料集称为LEPLAC PHASE 1。

依照《公约》附件二第八条，本划界案为修订部分案，仅涉及赤道大陆边缘部分，包括亚马孙扇形区域、巴西圣保罗和费尔南多-迪罗尼亚海岭区域（图1）。

在合理期限内，即使巴西不同意委员会关于除本划界案所涉区域以外的其他区域的建

[①] 本划界案于2017年9月8日提交。
[②] 巴西建议摘要，DOALOS在线查阅网址：<http://www.un.org/depts/los/clcs_new/submissions_files/bra04/Summary_Recommendations_Brazil.pdf>。2014年8月5日收录。

议，本修订划界案也不妨碍巴西合法权益的行使。

本修订划界案的准备符合委员会《科学和技术准则》（CLCS/11）及《议事规则》（CLCS/40/Rev.1）的规定。

2 支持划界案所援引的第七十六条规定

巴西援引《公约》第七十六条的第1款、第3款、第4款（a）项（1）和（2）目、第4款（b）项、第5款和第7款的规定确定本修订划界案涉及区域的200海里以外大陆架外部界限。

3 不存在海上争端

巴西与法国关于圭亚那海上边界的《海洋划界条约》于1981年1月30日生效，并交存联合国秘书长进行公布（联合国，1983年[①]）。

由于巴西和法国之间不存在海上争端，《议事规则》（CLCS/40/修正版1）第四十六条和附件一不适用本划界案。

4 提供技术咨询意见的委员会委员

依照委员会《议事规则》（CLCS/40/修正版1）第四十五条（b）款，巴西声明本划界案得到委员会委员 Jair Alberto Ribas Marques 先生的科学技术咨询意见。

5 划界案形式

本部分修订划界案依照委员会《议事规则》，尤其是第四十七条的规定以及《科学和技术准则》第9.1.3段到第9.1.6段的规定，包含了3个部分：执行摘要（第一部分）、主体案文（第二部分）以及科学和技术支撑数据（第三部分）。

主体案文包括：修订划界案涉及的赤道大陆边缘概况，区域地质描述，援引的第七十六条规定的方法以及A、B和C 3个附件。

附件A包含了赤道大陆边缘新数据集LEPLAC PHASE 2的采集和数据处理相关信息，并且包括本文件所提及的补充数据信息。

附件B包含了测深剖面的描述和确定外部界限的关键大陆坡脚。

附件C包含了地震剖面的描述和确定外部界限的1%沉积物厚度点。

本划界案使用了基于地理信息系统的交互式可视化工具，展示了能够更好地解释科学

---

① 巴西联邦共和国和法兰西共和国之间的《海洋划界条约》，在线查阅网址：http://www.un.org/Depts/los/LEGISLATIONANDTREATIES/PDFFILES/TREATIES/BRA-FRA1981MD.PDF，2016年8月23日收录。

争议问题的信息。

6 大陆边缘和陆坡基部区域概述

赤道大陆边缘的海底地形特征反映出复杂的构造演化史，以分布沉积扇、海脊、断裂带、海底高原、坡尖和阶地等为特征。

该区域存在一些显著的海底地形特征可作为巴西大陆边缘的组成部分或者自然延伸部分。它们是：亚马孙海底扇（或亚马孙沉积锥），巴西圣保罗海岭和费尔南多-迪罗尼亚海岭，巴西圣保罗海台、帕拉库鲁海台、里奥格兰德北海台、塞阿拉海台和若昂佩索阿海台等；塞阿拉阶地和纳塔尔阶地及其海底峡谷、平顶海山和海山。亚马孙河口盆地、帕拉-马拉尼昂盆地、巴雷林哈斯盆地、塞阿拉盆地和波蒂瓜尔边缘盆地等也位于该区域（图2）。

巴西赤道大陆边缘的海底地貌特征反映出其不断变化的形成演化过程，其起源与裂谷作用相关，断裂带对其划分具有很深的影响。其演化结果是，西北—东南走向的裂谷段与东西走向的裂谷段交替出现，但东西向是断裂带的总体走向（图2）。这两个方向的构造组合在一起形成菱形状构造，例如巴西圣保罗海台和与其呈反曲形特征的塞阿拉海隆。这些形态被认为是沿着横向断层和转换断层发生的简单剪切作用形成的。

沿着赤道大陆边缘，陆坡形态受到巨型沉积滑坡的影响，并分布着作为阻止滑坡滑塌的自然屏障的海脊、阶地、海底高原和平顶海山。同时也受到亚马孙扇巨厚沉积物的强烈影响，导致陆坡坡度逐渐缓和；沉积物朝着西北方向延伸到德梅拉拉深海平原，并一直延伸至东部的塞阿拉深海平原。

该区域的陆坡基部区域长约2 200千米、宽约85千米、水深3 450米到4 400米。综合利用测深、地貌学、地质学和地球物理学证据，依照《公约》和《科学和技术准则》第5.1.4、5.2.1、5.2.6、5.2.9、5.4.4、5.5.5和5.4.6段规定确定该区域的扩展大陆架范围。

7 大陆坡脚的确定

依照《公约》第七十六条（4）款（b）项和《科学和技术准则》第5.1.3、5.2.2、5.4.1和5.4.8段的规定，大陆坡脚点是基于测深剖面选取陆坡基部区域坡度变化最大之点确定的。

8 参与划界案编写的机构

本划界案由LEPLAC准备，该机构负责巴西扩展大陆架的调查研究。LEPLAC是由外交部协调，巴西海军司令部、能源矿产部、科技与创新部和教育部共同参与的海洋资源部门间委员会的项目。

上述机构对本修订部分划界案所含全部材料的质量和可靠性负责。

9 大陆架外部界限

本修订部分划界案涉及的巴西赤道大陆边缘区域的大陆架外部界限是依照《公约》第七十六条第 5 款及第 7 款和委员会《科学和技术准则》第 2.3.3、2.3.5 和 2.3.10 段的规定，通过 GEOCAP 软件（6.5.1 版本）计算划定的。

巴西赤道大陆边缘 200 海里以外大陆架外部界限和显著的地貌特征如图 2 所示。构成本划界案所涉巴西大陆架外部界限的各定点的描述见表 1（略）。

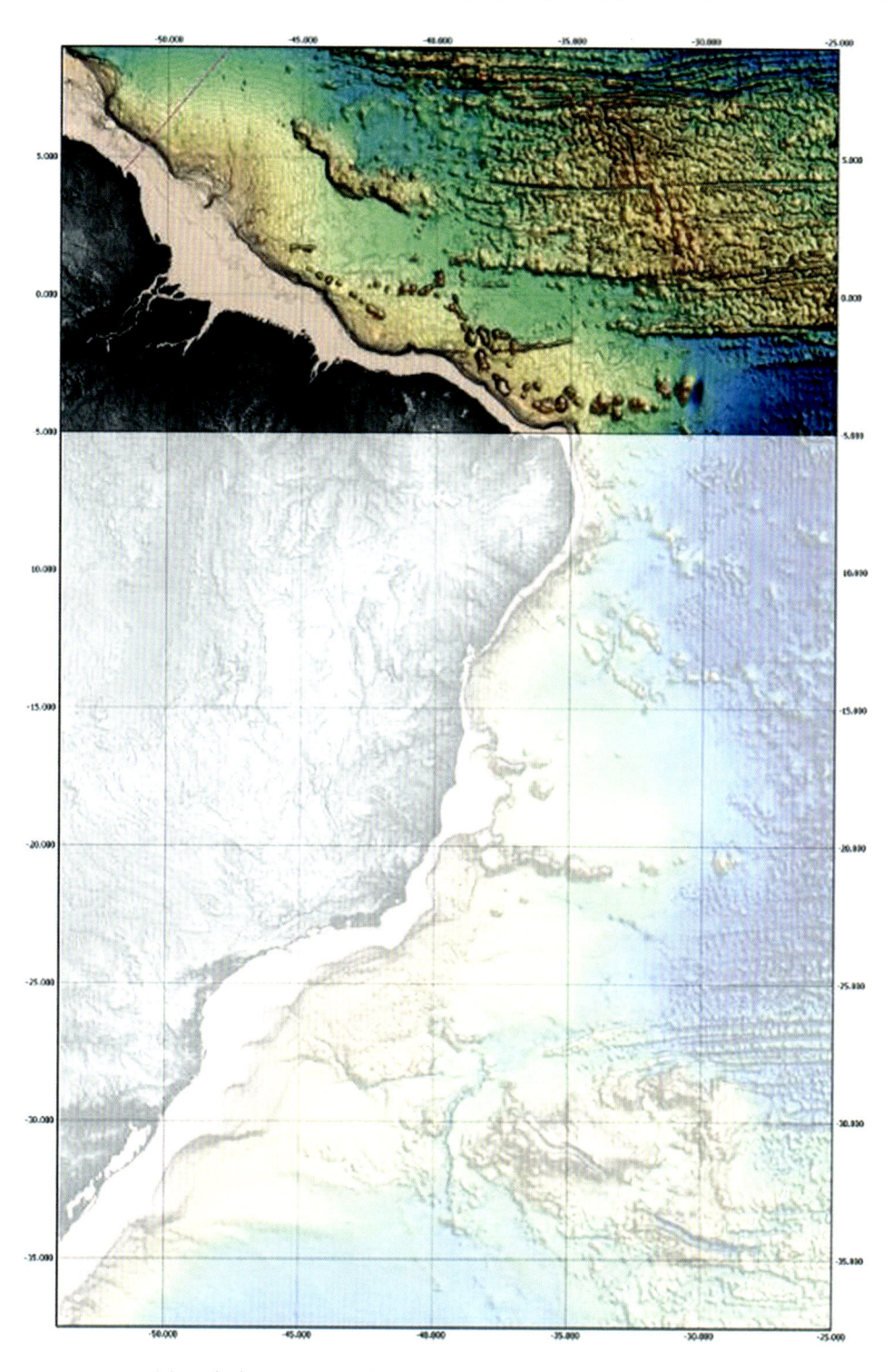

图 1　加亮矩形区为本修订部分案涉及的巴西赤道大陆边缘区域
洋红色线条代表与法属圭亚那的海上边界

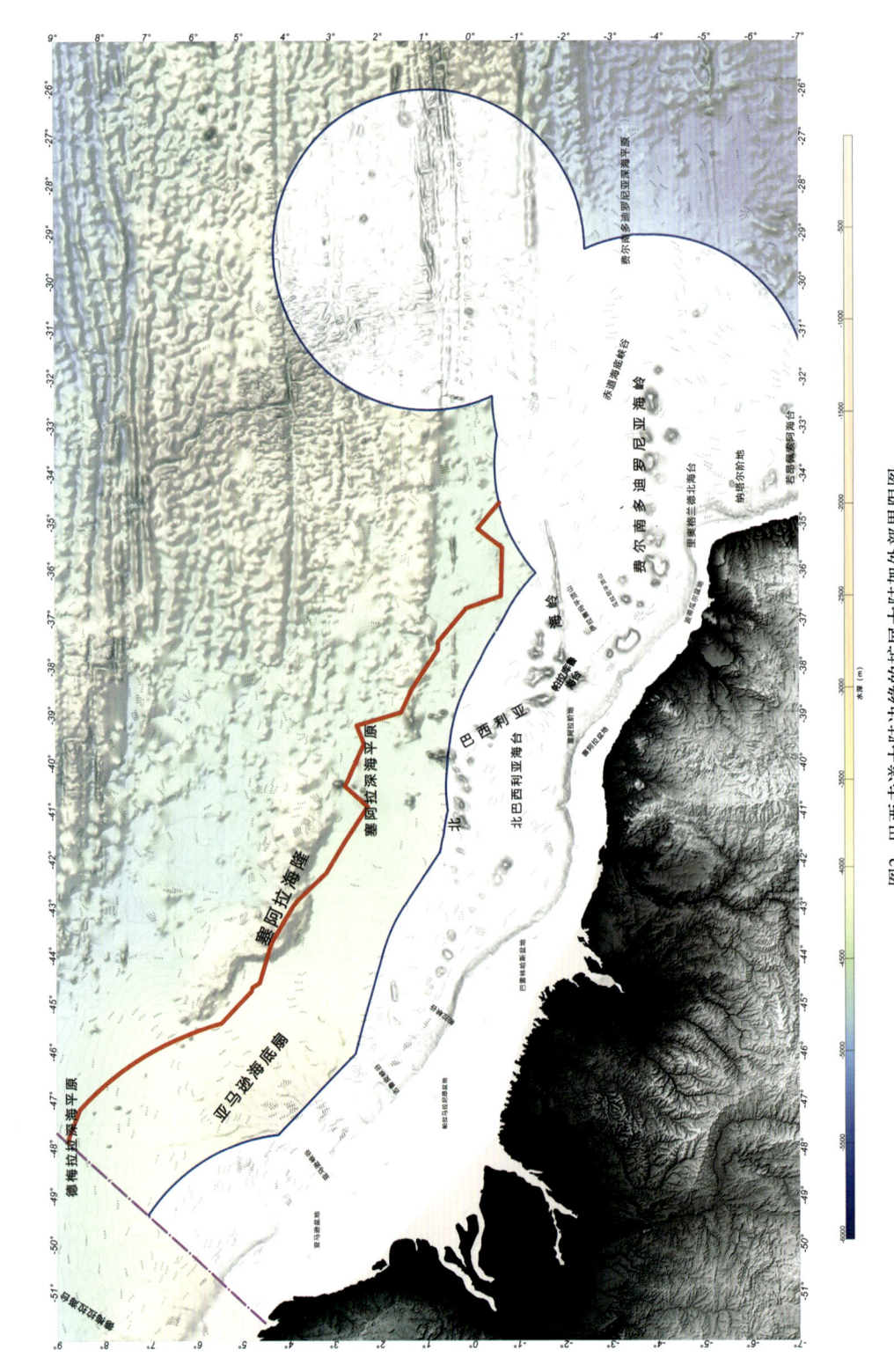

图2 巴西赤道大陆边缘的扩展大陆架外部界限图
蓝线为200海里线,洋红色线为与法属圭亚那隔海上边界

阿根廷修订案：北部海域

阿根廷修订部分划界案执行摘要[①]

1 导言

阿根廷于 1984 年 10 月 5 日签署了《公约》，于 1995 年 12 月 11 日批准了《公约》，《公约》于 1995 年 12 月 31 日起对阿根廷生效。

依照《公约》第七十六条第 8 款，阿根廷于 2009 年 4 月 21 日向联合国秘书长提交了从领海基线量起 200 海里以外大陆架外部界限的信息。

阿根廷向委员会提交了完整的划界案，包含了其大陆、南大西洋群岛和阿根廷南极区块全部陆地领土的大陆架外部界限，总共包括 6336 个外部界限定点。

由 7 位委员组成的小组委员会从 2012 年 8 月开始审议阿根廷划界案。在 2012 年 8 月到 2015 年 8 月期间，小组委员会就该划界案的审议频繁召开工作会议。

2016 年 3 月 11 日，委员会对阿根廷大陆架的外部界限作出了建议。

但关于北部海域的外部界限定点中，北端接近乌拉圭边界的前两个界限定点 RA-01 和 RA-02 在委员会建议中并未涉及。

为此，阿根廷提出了本修订部分划界案，希望委员会审议作为阿根廷大陆架外部界限的两个定点 RA-01 和 RA-02。

2 负责编写划界案的国家机构

自《公约》生效，阿根廷就设立了专门的机构，目的在于依照国际法和国内第 23.968 号立法，编写确定阿根廷大陆架外部界限的划界案。

依照国内第 24.815 号立法，设立了由外交部授权的大陆架外部界限国家委员会，为部长间委员会，由经济与公共财政部和海军水道测量服务部组成。

大陆架外部界限国家委员会在一开始就得到了总协调员和技术小组的协助。为达到目

[①] 本划界案于 2016 年 10 月 28 日提交。

标，还得到相关领域的一些国家机构和大学的支持。

阿根廷自 1997 年以来把确定最大范围的外大陆架范围作为一个国家政策来执行，拥有一支坚持不懈的工作团队。大陆架外部界限国家委员会依靠其专业的技术人员完成了任务，当然还包括相关领域的一些国家机构的支持。

3　提供咨询意见的委员会委员

委员会委员 Carlos Marcelo Paterlini 先生和前委员 Karl Hinz 博士，为本划界案的编写向大陆架外部界限国家委员会提供了咨询意见。

4　修订部分划界案

阿根廷就大陆架外部界限的两个定点 RA-01 和 RA-02，提出本修订划界案。因为委员会对阿根廷于 2009 年 4 月 21 日提交的划界案的建议中没有包含这两个定点。

5　本划界案援引的第七十六条规定

阿根廷收集并分析了所有的地貌、地质、地球物理和水文数据，在划界案的主体案文中对这些数据的结果进行了归纳，并依照《公约》第七十六条第 4 到第 10 款的规定，确定了大陆架外部界限的两个点 RA-1 和 RA-2。

依照《公约》第七十六条第 4 款（a）项（1）目和 4 款（b）项以及第 5 款中规定的沉积厚度公式和 350 海里限制线，确定了阿根廷的大陆架外部界限。

为达到最终结果，阿根廷依照委员会《科学和技术准则》第 2.3.3 段规定的三步程序：

首先，使用两个扩展公式，划定了外部包络线；

其次，使用两条限制线，划定限制线；

最后，综合上述界线划定内部包络线，以便确定外部界限点 RA-01 和 RA-02。

6　外部界限的北端

阿根廷的北部海域与乌拉圭西部相邻。

阿根廷和乌拉圭的海上界线是 1973 年依照《拉普拉塔河和海上界限条约》第 70 条确定的：

"阿根廷和西乌拉圭的海上界线和两国的大陆架外部界限是由相邻沿岸的等距离线确定，起点为连接阿根廷的蓬拉萨德尔卡波圣安东尼奥和乌拉圭的埃斯特角城这两个领海基点的直线的中间点。"

阿根廷和乌拉圭两国 200 海里以外大陆架界限仍需划定。

正如阿根廷于 2009 年 4 月 21 日提交的划界案中所述，两国大陆架的外部界限在边界区域应划一条线，连接乌拉圭依照《公约》确定的外部界限最南端的点到阿根廷依照《公约》确定的外部界限最北端的点。连线上各点的距离不超过《公约》第七十六条第 7 款的规定。

综上所述，考虑到阿根廷和乌拉圭从领海基线量起 200 海里的海域和大陆架外部界限尚未划定，阿根廷请求委员会依照《议事规则》附件一第四条（a）款的规定提出建议。

7 阿根廷大陆架外部界限概述

7.1 修订的部分划界案涉及区域的大陆边缘类型：火山型被动大陆边缘-拉普拉塔河克拉通

阿根廷大陆边缘是世界上最宽的大陆边缘之一，从地质学的角度来说，则是一个复杂的大陆边缘，涵盖了委员会《科学和技术准则》中所述的各种不同类型大陆边缘。

该火山型被动大陆边缘从乌拉圭向北延伸到近 48°S 的海域，包括拉普拉塔河克拉通大陆边缘（35°—45°S）和巴塔哥尼亚大陆边缘（45°—48°S），在该区域发现了最大厚度的沉积物。

修订部分划界案涉及拉普拉塔河克拉通大陆边缘北部，靠近乌拉圭边界。本划界案基于前缀为"ARG"命名的地震剖面采用了 1% 沉积物厚度公式。

图 1 为阿根廷于 2009 年 4 月 21 日提交的划界案中的图，图 2 为阿根廷大陆架的外部界限定点 RA-01 和 RA-02 的放大区域图。

7.2 阿根廷大陆架外部界限定点的描述

阿根廷使用"RA"作为其大陆架的外部界限定点的前缀进行命名。

阿根廷大陆架外部界限第一个定点为 RA-01，使用 1% 沉积物厚度公式确定，它靠近阿根廷和乌拉圭大陆架尚未划定的边界，即两国于 1973 年 11 月 19 日签订的《拉普拉塔河和海上界限条约》中涉及的区域。

RA-02 也是使用 1% 沉积物厚度公式确定的定点。

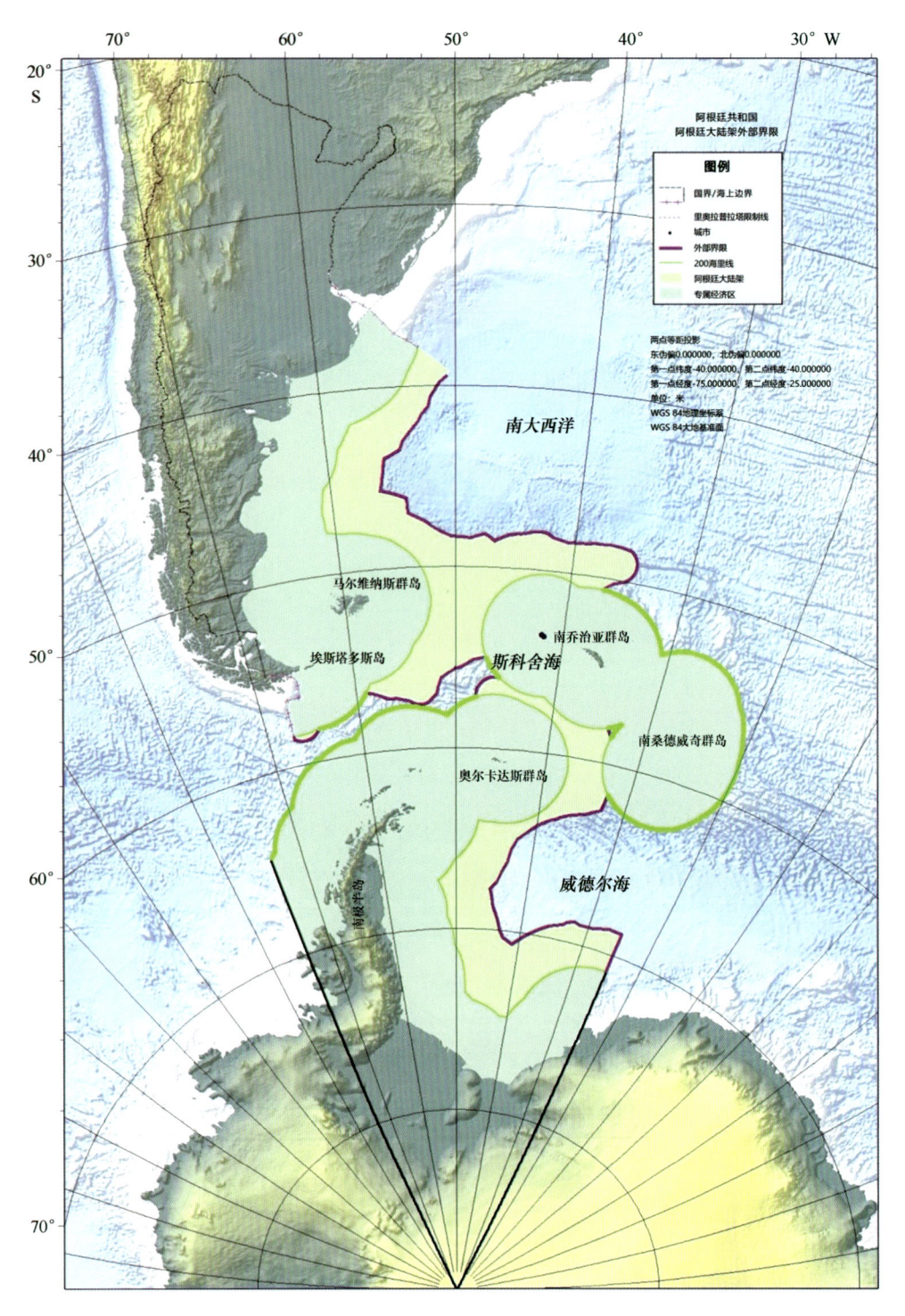

图 1　阿根廷 200 海里以外大陆架外部界限概览图

摘自阿根廷于 2009 年 4 月 21 日提交的划界案执行摘要

7.3 地图

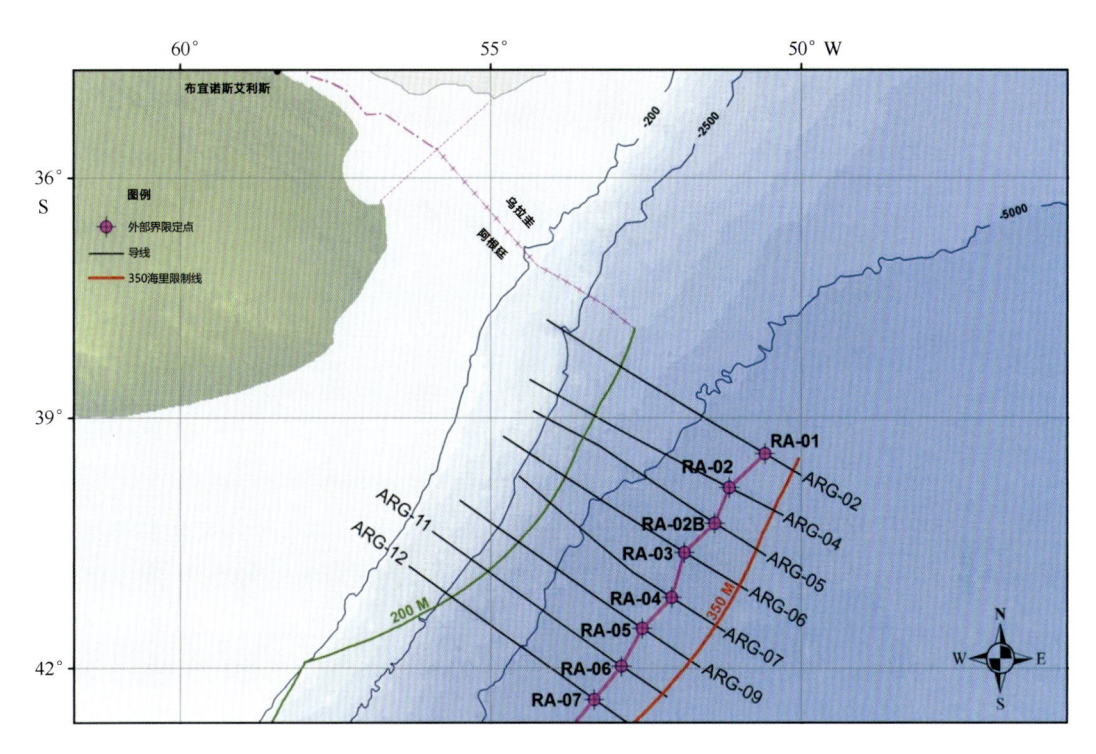

图 2　阿根廷大陆架外部界限定点 RA-01 和 RA-02 所在区域的放大图

说明：委员会在 2016 年 3 月 11 日通过的建议中，接受了从 RA-02b 到 RA-07 的定点

7.4 阿根廷大陆架外部界限点 **RA-01** 和 **RA-2** 的坐标（略）

帕劳修订案

帕劳关于北部区域的修订部分划界案执行摘要[①]

1 引言

帕劳共和国（以下简称"帕劳"）是西太平洋上的岛国，位于菲律宾共和国的东面，印度尼西亚共和国的北面，密克罗尼西亚联邦的西面和日本的南面。帕劳于1994年10月1日宣布独立，1994年12月15日加入联合国，1996年9月30日批准了《公约》。修订后的帕劳《宪法》第1条第1（a）章节规定，帕劳"对其领土拥有管辖权和主权，其领土由所有岛屿……及其水域直至二百海里专属经济区的范围……组成"。修订后的帕劳《宪法》第1条第2（a）章节规定依照国际法对其大陆架管辖权进行了延伸。《帕劳国家法》第27部分"渔业"的第141章节确定了领海基线，第144章节建立了200海里专属经济区。

在本修订部分划界案（以下简称"本划界案"）中，从领海基线量起200海里以外大陆架区域被称为"扩展大陆架"。

依照《公约》附件二第四条，以及第十一次缔约国会议（SPLOS/72）和第十八次缔约国会议（SPLOS/183）作出的与《公约》附件二第四条规定10年期限有关的决定，如果《公约》在1999年5月13日前对该缔约国生效，则该缔约国需在2009年5月13日前向委员会提交与大陆架外部界限有关的信息以及用以支撑的科学与技术资料。帕劳于2009年5月8日提交的初始划界案满足这一决定。

初始划界案涉及从帕劳领海基线量起200海里外扩展大陆架的三个区域，即北部区域、东南区域和西部区域。

在2009年8月4日向联合国秘书长提交的普通照会（编号：000820）中，菲律宾共和国指出"……菲律宾和帕劳之间存在200海里专属经济区和200海里以外大陆架海域管辖权重叠，到目前为止，两国尚未解决该问题"。菲律宾共和国要求委员会"在它们对存

[①] 本划界案于2017年10月26日提交。

在的争议问题加以讨论和解决之前，避免对帕劳共和国提交的划界案进行审议。"

在 2010 年 7 月 22 日帕劳向联合国秘书长提交的普通照会（编号：030/PMSG/10）中，帕劳作出回应：尽管菲律宾共和国的立场如此，委员会仍应继续对初始划界案进行审议。

尽管帕劳提出这样的观点，委员会仍决定推迟审议。按照目前的审议顺序，本划界案将是下一个待审议的对象（CLCS/68；第 31 段）。

帕劳在提交初始划界案后，决定根据委员会《议事规则》附件一（CLCS/68；第 19 段）（特别是《议事规则》附件一第三条）进一步完善初始划界案中提交的数据和其他资料。因此，帕劳成立了隶属于总统办公室的领土与边界工作小组。该工作小组负责执行北部区域、东南部区域和西部区域的大陆架外部界限的划定工作。到目前为止，领土与边界工作小组已顺利地对公开及非公开的测深数据进行编辑，用以支撑帕劳北部区域扩展大陆架外部界限的划定。

本划界案涉及与俗称帕劳-九州洋脊（也被称为九州-帕劳洋脊）有关的帕劳扩展大陆架区域。该海底高地形从帕劳主要岛屿延伸到 3 000 千米外的北部区域，并与日本九州岛的大陆边缘相连。帕劳主要岛屿陆块位于帕劳-九州洋脊上（图 1）。本划界案提交了新的补充数据及分析资料，为沿着帕劳-九州洋脊的帕劳北部区域陆块的地貌、地球物理及地质连续性提供了实质性证据。

依照委员会的《议事规则》附件三及《科学和技术准则》第 9.1.3 段至第 9.1.6 段中的规定，本划界案由三个部分构成，即执行摘要、作为分析和描述的主体案文和主体案文中提及的科学和技术支撑数据附录。本划界案将取代初始划界案中涉及的与北部区域有关的一切文件和数据。

帕劳随后将依照《议事规则》附件一第三条提交与初始划界案中所述东南区域和西部区域有关的修订部分划界案。由于帕劳目前及以后提交的部分划界案均是与初始划界案中所述区域相关的修订案，因此，它们仍应依照委员会《议事规则》在划界案审议序列中保持当前的位置。

2 海上区域和地图

本划界案中数据和信息涉及帕劳大陆架外部界限，尤其是从领海基线量起 200 海里以外北部区域的外部界限。

图 1 是从西南向东北方向的北部区域三维测深图。图 2 是帕劳北部区域扩展大陆架海域的彩色水深图，该图标注了本划界案确定的符合《公约》第七十六条的各定点位置，连接这些定点的直线构成帕劳扩展大陆架相关区域的外部界限。

3 援引的第七十六条规定

为支持从领海基线量起 200 海里以外大陆架外部界限的划定事宜,帕劳援引了《公约》第七十六条中的第 1 款、第 3 款、第 4 款、第 5 款和第 7 款。大陆边外缘根据与大陆坡脚之间的距离不超过 60 海里的定点确定,如第七十六条第 4 款(a)项(2)目所述。第七十六条第 6 款并不适用于帕劳大陆边缘,因为帕劳-九州洋脊属于海底高地,是帕劳大陆边缘的自然组成部分。这种地质属性的定性得到了本划界案中提供的地貌、地球物理及地质数据的支持。依照《公约》第七十六条第 7 款,大陆架外部界限由一系列定点确定,且用来连接这些定点的直线长度不超过 60 海里。

4 未决海上划界

依照《议事规则》附件一第二条,帕劳告知委员会,本划界案中涉及的扩展大陆架区域受到与海岸相向或相邻国家的未决划界事宜的影响,如本章节所述。

帕劳北部区域大陆架的延伸在一定程度上受到密克罗尼西亚联邦 200 海里线的限制。在 2006 年,两国签署了相关协定。帕劳于 2006 批准了该协定;密克罗尼西亚联邦于 2014 年批准了该协定。两国约定以等距离线作为两国 200 海里以外的海上界线。因此,根据《公约》第七十六条第 10 款及《议事规则》附件一第 2 条(b)款,本划界案不妨害与密克罗尼西亚联邦 200 海里以外大陆架划界。

帕劳北部区域大陆架沿着帕劳-九州洋脊向北延伸,可能会与日本的扩展大陆架重叠。帕劳和日本就这一问题继续展开磋商。帕劳提交的与本区域相关的划界案以及委员会的审议和建议,不妨害帕劳和日本之间 200 海里以外大陆架划界问题。

5 提供咨询意见的委员会委员

在编写初始划界案和本划界案过程中,帕劳得到了委员会前委员 Philip A. Symonds 博士(2002—2012 年)的帮助。

6 负责编写本划界案的国家机构

领土与边界工作小组负责编写本划界案,包括获取和编辑多波束测深数据[①]。本划

[①] 日本授权帕劳使用与北部区域相关的未公开的高精度测深数据,帕劳对此表示感谢。对建立本划界案扩展大陆架外部界限过程中,这些数据都是非常有价值的。

案的技术准备工作，包括地图、图表和海图的绘制以及数据库编译①，通过帕劳财政部预算与规划办公室的自动化土地和资源信息系统执行。

7 帕劳扩展大陆架

北部区域大陆边缘位于帕劳主要岛屿的北面，沿着帕劳-九州洋脊延伸，其最南端为帕劳主要岛屿陆块的组成部分。本地区是帕劳主要岛屿陆块的水下延伸。此外，帕劳-九州洋脊是构成大陆边缘自然组成部分的海底高地，因此，距离限制和深度限制均适用于北部区域。

帕劳北部区域扩展大陆架外部界限由密克罗尼西亚200海里线、日本200海里线，以及由320个定点依次连接且长度不超过60海里的直线连线共同确定（图2）。这些定点信息详见附件（略），被分成以下6类：

- 170个点由大陆坡脚外推60海里的弧线确定［第七十六条第4款（a）项（2）目］；
- 145个点由2500米等深线外推100海里限制线确定（第七十六条第5款）；
- 1个点由帕劳领海基线量起350海里限制线确定（第七十六条第5款）；
- 1个点位于帕劳200海里线上；
- 1个点为帕劳扩展大陆架外部界限与密克罗尼西亚联邦200海里线的交点；
- 2个点为帕劳扩展大陆架与日本200海里线的交点。

---

① 帕劳还得到下述机构及有关人士的培训和支持，帕劳向他们表示感谢：澳大利亚地球科学局、悉尼大学、联合国环境规划署大陆架项目、南太平洋委员会地球科学部（SOPAC）、Elaine Baker博士（UNEP-GRID/悉尼大学）、Yannick Beaudoin先生（UNEP-GRID）、Rosemary Rayfuse博士（新南威尔士大学）、Joshua Brien先生（联邦秘书处）、Peter M. Hunter先生（英国联合国海洋法公约工作小组）、Scott Sweet先生和Harald Sund先生（Geocap）、Mark Alcock先生和Philip A. Symonds博士（澳大利亚地球科学局）、Robyn Frost女士（澳大利亚总检察署）、Andrick Lal先生和Emily Artack女士（南太平洋委员会地球科学部）。帕劳还要感谢土耳其政府及联合国信托基金对本项目的财务支持。

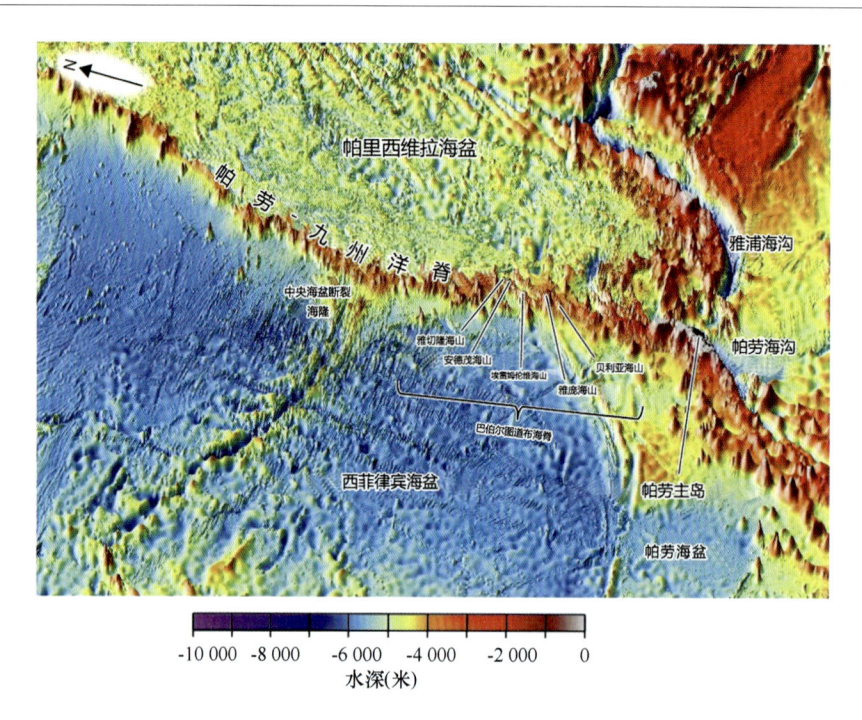

图 1 从西南向东北方向的北部区域三维测深图

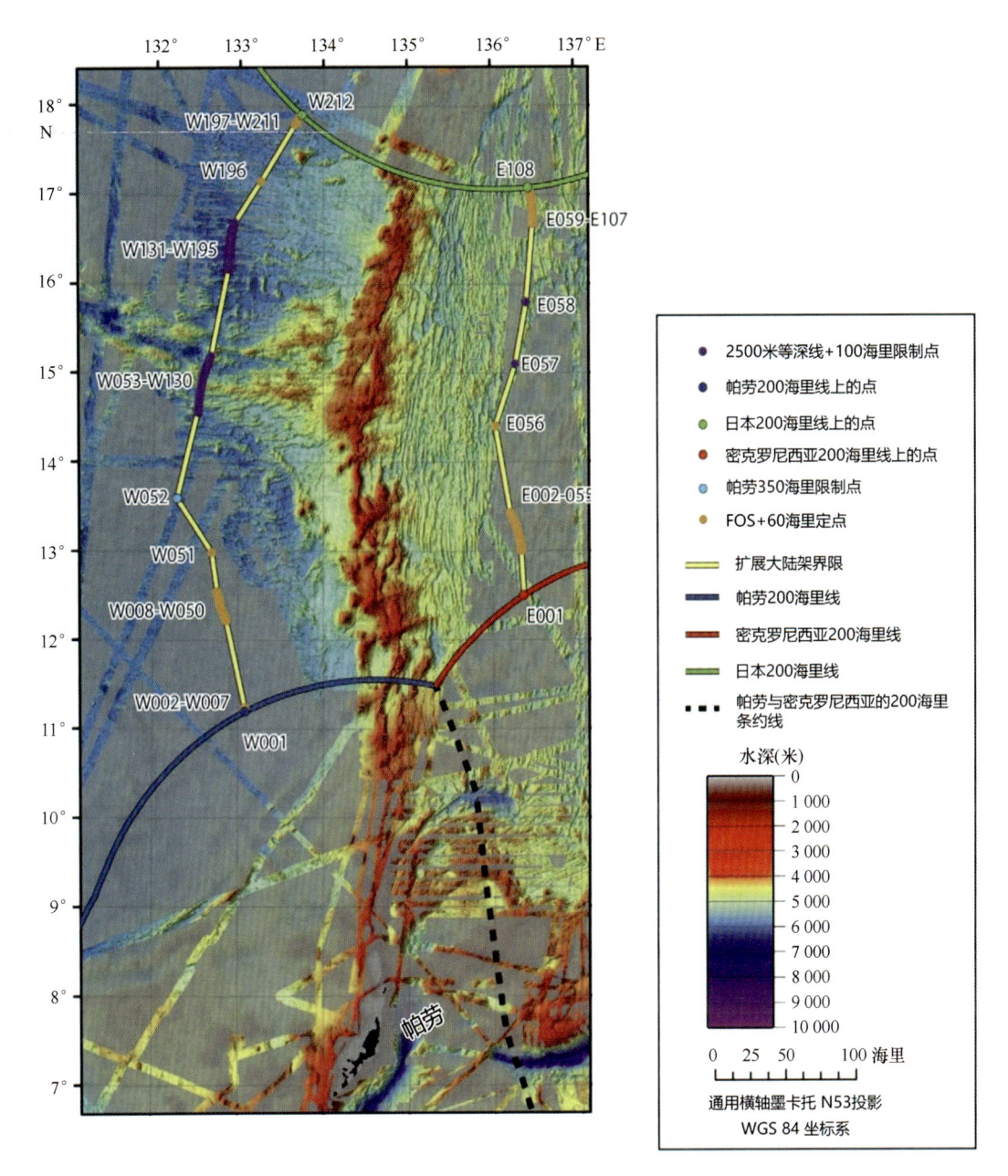

图 2 帕劳北部区域扩展大陆架的彩色水深图

该图标注了依照七十六条规定构成相关区域外部界限的各定点位置